キャンパス・アジア共通教科書

東アジアの経済協力と共通利益

編著　田口雅弘・金　美徳

ふくろう出版

平成23年度大学の世界展開力強化事業

【タイプA:キャンパス・アジア中核拠点形成支援】I:日中韓のトライアングル交流事業

「東アジアの共通善を実現する深い教養に裏打ちされた中核的人材育成プログラム」

共通教科書の刊行にあたって

　東西冷戦の終焉とともに。グローバル化のうねりは一層大きくなったが、同時に世界の政治・経済の不安定度も高まった。こうした流れの中で、地域レベルで協力と安定を図るために様々な試みがなされている。しかしながら、1990年代にはある程度順調に見えた地域統合の動きも、現在では最近のEU情勢に象徴されるように紆余曲折の道のりを辿っている。

　アジア地域においては、日中韓経済がアジア地域において事実上の中心になっている。しかしながら、それぞれの国の経済は必ずしも順調ではなく、不安定要因がむしろ拡大しつつある。また、相互政治・経済関係も良好とは言えない。他方、ASEAN諸国は、10カ国合わせて日本のGDPの3分の1程度にすぎないものの、域内人口ではEUを凌駕しており、高い経済成長率を維持している。また2015年には、これまでの様々な体制の諸国を包含したしなやかな地域統合を発展させ、FTAを深化させたASEAN経済共同体を発足させる。日中韓は、こうしたアジア地域における経済統合の動きに対し、ASEAN＋αという形でコミットメントしているにすぎない。

　このように、日中韓は世界経済の中で重要な位置を占めながら、相互の経済の制度的連携や将来の東アジアのあるべき姿について十分に議論してこなかった。この教科書は、キャンパス・アジア事業で構想している東アジアの「共通善」（東アジアの人々の個人の幸福と全体の幸福の同時追求）をベースに、東アジア経済の現状を相互に認識し、その上に立っていかなる相互関係を構築していく必要があるのかを考えるための基礎的学習書として開発された。読者は学生のみならず日中韓関係に関心のある読者、ビジネスマンを広く想定し、分かりやすい記述に心がけた。章末の演習設問を手がかりに、日中韓の経済関係をどのように構築して行くことが望ましいのか、読者におおいに議論していただきたい。

岡山大学キャンパス・アジア共通教科書編纂委員会を代表して

田 口 雅 弘（岡山大学）

金 　美 　徳（多摩大学）

キャンパス・アジア共通教科書

東アジアの経済協力と共通利益

目　次

第1章　グローバル化と東アジア

………………………………… 田口　雅弘（岡山大学）　*1*

はじめに *1*

Ⅰ．世界経済のグローバル化 _____ *1*

Ⅱ．グローバル化と東アジア諸国の経済構造変化 _____ *6*

　　1　東アジア経済の規模と相互依存 *6*

　　2　東アジア諸国の経済構造改革と摩擦 *11*

おわりに *17*

第2章　東アジアの経済連携

　　　　－アジアと日本の知恵を生かす－… 金　　美徳（多摩大学）　*19*

はじめに *19*

Ⅰ．アジア・ユーラシアダイナミズムといかに向き合うか _____ *19*

Ⅱ．アジア平和に対する敏感さで信頼関係を築く _____ *25*

Ⅲ．地政学的立地を見極めグローバル戦略展開 _____ *26*

　　1　北東アジア経済圏の地政学的優位性 *27*

　　2　北東アジアの域外経済連携 *35*

　　3　日中韓経済の知恵を生かす *40*

　　4　アジアはエネルギー資源のフロンティア *48*

　　5　ユーラシア大陸を繋ぐ国際物流拠点 *50*

おわりに *52*

第3章　日本経済の発展と構造変化

………………………… 釣　　雅雄（岡山大学）　*55*

はじめに *55*

Ⅰ．戦前日本経済の繁栄と後退 _____ *56*

iii

Ⅱ．戦後復興から高度成長期へ ———————————————— *60*

1 戦後の混乱からの回復：ハイパーインフレと経済政策 *60*

2 高度成長期 *64*

Ⅲ．石油ショックからバブル経済 ———————————————— *68*

1 石油ショック *68*

2 円高とバブル経済 *71*

Ⅳ．長期不況と構造問題 ———————————————————— *75*

おわりに *79*

第4章 日本経済が直面する様々な課題について

……………………………………… 下井 直毅（多摩大学） *82*

はじめに *82*

Ⅰ．人口減少と今後の経済成長 ———————————————— *82*

Ⅱ．貿易の自由化の動き ———————————————————— *85*

1 自由貿易圏の拡大の動き *85*

2 日本のFTA・EPAの動き *87*

3 RTAのメリットとデメリット *89*

4 今後、日本が目指すべき道について *90*

Ⅲ．為替レートの動き ————————————————————— *91*

1 円ドルレートの推移 *91*

2 重要なのは実質為替レートの動き *94*

3 円高や円安のメリットとデメリット *96*

4 円高が長期的に日本経済に及ぼす影響 *96*

5 円高時代あるいは円安時代にやるべきこと *97*

Ⅳ．社会保障と財政再建への道 ———————————————— *99*

1 日本の財政赤字と社会保障費の拡大 *99*

2 財政赤字の問題点 *102*

3 財政赤字の維持可能性 *103*

4 なぜ消費税増税なのか *104*

おわりに *105*

iv

第5章　胡錦濤・温家宝体制の回顧と今後の中国経済展望

……………………………… 巴　特　尓／バートル（多摩大学）*107*

はじめに *107*

Ⅰ．胡錦濤・温家宝体制の回顧 _____ *108*

　1　経済規模 *108*

　2　対外貿易 *109*

　3　対内外投資 *109*

　4　世界最大の自動車市場 *110*

Ⅱ．習近平・李克強新体制の課題 _____ *111*

　1　経済構造の転換 *111*

　2　「国進民退」の克服 *113*

　3　格差是正 *115*

　4　人口対策と生産性の向上 *117*

　5　エネルギー需給問題と環境対策 *121*

　6　地方経済と地方債務問題 *127*

　7　金融改革 *131*

おわりに *132*

第6章　韓国経済の現状と課題

……………………………………… 金　　美徳（多摩大学）*136*

はじめに *136*

Ⅰ．韓国経済の現状と課題 _____ *136*

Ⅱ．険悪な日韓関係と密接な日韓経済 _____ *140*

　1　韓国企業と日本企業の経営比較 *147*

　2　日韓企業の強みと戦略 *152*

　3　韓国企業のグローバル戦略 *162*

　4　韓国企業の弱み *169*

おわりに *180*

第7章 貿易投資に見る日本と中国の経済関係

……………………………………………… 滕　　鑑（岡山大学）*182*

はじめに *182*

Ⅰ．日中の貿易投資の展開 _____ *183*

1　1978〜1990年：激しい変動期 *183*

2　1991〜1998年：安定的拡大期 *185*

3　1999〜2011年：飛躍的拡大期 *186*

4　2012年以降：縮小傾向期 *188*

Ⅱ．貿易構造の変化 _____ *189*

1　1950〜1970年代の輸出：日本の資本集約財と中国の資源・労働集約財 *189*

2　1980〜1990年代の対中輸入：資源集約財の退場と資本集約財の登場 *190*

3　2000年代の対中輸入：資本財の拡大 *190*

Ⅲ．東アジアの分業構造と日本の対中直接投資 _____ *194*

1　東アジアの三角貿易と日本の直接投資 *194*

2　日中間の相互供給体制 *196*

Ⅳ．日中経済摩擦 _____ *198*

1　貿易不均衡の拡大 *198*

2　貿易摩擦 *200*

3　知的財産権と対中投資環境 *201*

おわりに *204*

第8章 東アジア政治関係と経済協力の課題

－日中関係を中心に－ …………… 沈　　海涛（吉林大学）*207*

はじめに *207*

Ⅰ．日中関係と経済協力へのアプローチ _____ *208*

1　日中関係および東アジア地域協力の問題点 *208*

2　東アジア地域協力の変容に日中経済関係は？ *209*

3　「政冷経熱」または「政冷経涼」と言われた日中関係 *210*

Ⅱ．東アジア地域における日中関係と経済協力 _____ *213*

 1 2000年以降の日中貿易関係の推移 *213*

 2 日中韓協力の枠組みにおける日中環境協力 *217*

 3 「戦略的互恵」を求める日中経済関係—エネルギー協力を

  例として *223*

Ⅲ．日中関係および日中経済協力の課題 _____ *229*

 1 「チャイナ・プラス・ワン」と日中経済関係の競合 *229*

 2 「四点原則共通認識」後の日中関係の行方 *232*

おわりに *233*

第1章　グローバル化と東アジア

はじめに

　日中韓の経済関係は、相互経済関係についてだけではく、世界のグローバル化の中に位置づけてとらえる必要がある。3国が、世界経済の中でどのような役割を果たしており、その協力関係がどのような効果を生むかを考えることによって、3国間関係の効果的な協力の形態が明らかになり、将来の展望がひらけてくるだろう。

　本章ではまず、世界のグローバル化の現状と世界経済における東アジアの位置を確認し、次に日中韓がそれぞれ抱える主要な経済問題を明らかにし、各国の直面している経済構造改革の概要を整理したい。

Ⅰ. 世界経済のグローバル化

　グローバル化とは、様々な物事が地球規模で進行することである。具体的には、社会的、文化的、そして経済的活動（国境を越えるさまざまな財・サービスの取引や国際的な資本の流れ）を通じて、さらには情報通信分野のめざましい技術革新と普及を通じて、世界中の国々が相互依存をますます深めていく状態をいう。

　グローバル化は、1990年代に加速化された。1989年、当時社会主義国だったポーランドに非共産党政権が誕生すると、その動きはドミノ現象となって周辺の東欧諸国に伝搬していく。そしてそれは、ベルリンの壁崩壊（1989年）、東西冷戦の終結を宣言したマルタ会談（1989年）、ソ連邦の崩壊（1991年）へと波及していく。中国でも1978年から改革開放が進行した。1992年の鄧小平の南

巡講話以降、改革はさらに加速され、経済自由化と対外開放化を基礎とした社会主義市場経済の構築が進んだ。グローバル化の下で新興市場と呼ばれる国・地域が成長し、西側先進国経済と次第に融合していくだけではなく、新興国が世界経済の牽引力になっていく。

自由市場経済の拡張と直接結びついた現象のひとつは、世界貿易の拡大である。世界のGDPに占める貿易額の割合は、全体の4分の1程度に拡大しており、この傾向はますます強まり、世界の景気の連動性は高まっている。さらに、お互いに関税などの障壁を設けず貿易を行おうとする自由貿易協定（FTA）が各地で締結されることにより、貿易はますます活性化している。現在、世界の様々な地域で150以上の多国間・二国間自由貿易協定が結ばれている。たとえば、韓国の輸出依存度（輸出の対GDP比）は50％近くである。貿易と並んで、海外直接投資（FDI）も急速に増加しており、とくに新興国にとって海外直接投資の受け入れは経済成長の要となっている。その中で、多国籍企業のグローバル化に果たす役割もきわめて大きいといえる。

金融部門の拡大もグローバル化を促進している。外国為替市場の為替取引量は一日平均約5.3兆ドルで、過去20年間で約8倍に膨れ上がった。一方、世界貿易額の一日平均取引額は約1,000億ドルで、金融部門がいかに肥大化しているかがわかる。

こうした流れの中で、労働市場もグローバル化、ボーダレス化が進行している。労働力の国際的移動が流動化したことにとどまらず、中東・ヨーロッパに見られるように、政情不安による不法移民、難民などの人の流れも活発化した。

この市場のグローバル化を支えるのが、情報通信技術（ICT）の発達である。情報通信技術の発達によって、私たちは世界の価格動向や生産・在庫の状況、需要、雇用の現状などを瞬時に把握できるようになり、また国境を越えた新しいビジネスを次々と生み出した。

グローバル化は、全体として世界の人々の生活を底上げし、より広い地域を成長軌道に乗せた。この20年で1日1ドル以下で生活する最貧層が大幅に減少したが、とりわけ東アジアで大きく減少した。開発途上国は、世界市場に組み込まれていく過程で成長力を高めている。世界人口約72億人のうち、10億人が

まだ貧困状態におかれているものの（Bottom Billion）、60億人以上は成長軌道に乗ることができた。

　しかしながら、グローバル化を進めればすべての企業が繁栄し、人々が豊かになるわけではない。熾烈な闘いで淘汰されていく企業や、競争についていけず負け組となる人たちもいる。また、市場の論理は、いつも生活者に優しいとは限らない。グローバル世界のルールは、脆弱な開発途上国にとっては厳しいものである。国内の弱小企業が駆逐されて多国籍企業の支配が強まる。また、農産物輸出が活発なのも、実は米国、カナダなどの先進国である。また金融面では、国内の金融制度を強化しないまま安易に開放化すると、投機目的の資金が大量に流れ込み、経済を混乱させたり不安定化させる。

　また、情報通信技術の目覚ましい進歩も、生産を効率化し生活を豊かにする一方、そうした技術を駆使する人とそれにアクセスできない人との格差が助長される。これをデジタル・ディバイドと呼ぶ。こうした現象は、一国の社会の中でも起こるし、国家間・地域間でも起こる。

　このように、グローバル化は経済を活性化、効率化する一方、厳しい競争を市場に持ち込む。そして、総体としては経済を成長させることに寄与するが、大きな経済格差、とりわけ所得格差を生み出す。世界各地で起こっているテロ活動の根底にも、こうしたグローバル化が生み出す格差に対する反発がある。彼らは、こうした格差は公正でないメカニズムによって生み出されたと感じ、グローバル化のルールに対して自分たちのルールを適用しようとし、大きな社会的摩擦を生む。

　グローバル化は自由市場経済化をベースとして進行しているが、市場の拡大とともに、市場の力では解決できない問題群もグローバル化している。地球温暖化問題、世界を巻き込んだ資源・エネルギーの争奪戦、世界的な食糧自給問題、先進諸国・途上諸国間の経済格差および先進・途上諸国すべてに共通する国内経済格差の拡大などがそうである。したがって、これらの対策、コントロール、統治もグローバルな枠組みが要求される。このように、グローバル化が「市場の失敗」を克服できないまま膨張していることも大きな問題である。いうまでもなく、東アジアにおいても、これらは地域全体が抱える問題である。

グローバル化はまた、勢いのある文化による文化の画一化と、その裏腹にある国民文化の多様性喪失も伴う危険性がある。グローバル化によって文化同士が接触し、相互に新しいものをとりいれて文化がより豊かになるという議論もある。しかし実際には、大衆受けする「グローバル化された」文化が容易に社会に浸透し、社会の「マクドナルド化」（＝合理化過程の過度な進展）などの現象が進行する。他方、ナショナル・アイデンティティが希薄になり、伝統的に強いきずなを持っていた社会が崩壊して不寛容な行動が増加する。しっかりしたアイデンティティを持ち、異文化と交流してその多様性を認識することが、共生を図るうえでは大切なことである。

　これらの問題は、表1-1に整理した。

第1章　グローバル化と東アジア

表1-1　グローバル化の光と影

	光	影	対策
自由市場経済化	・競争による経済効率化 ・市場拡大による世界経済成長の促進	・熾烈な競争による競争力の弱い企業の駆逐と弱者の貧困化 ・国家間、地域間の格差拡大	・自由化のインパクトに耐えられる経済制度の構築と人材育成 ・セーフティネットの構築
貿易、直接投資	・自由貿易の拡大による経済活動の活性化 ・商品、製品の低価格化 ・投資効果による新興市場の発展	・多国籍企業による開発途上諸国経済の支配	・地域経済協力による地域経済の安定化と海外直接投資のコントロール
金融	・資金調達の自由化、規模拡大のよる投資の活性化 ・大規模な資金調達が可能になったことによる大型M&Aの進行	・流動性の高い投機的資金による経済混乱	・開発途上諸国における脆弱な金融システムの改革 ・地域通貨協力による金融の安定化 ・国際的な短期的資金移動規制（トービン税など）
労働	・自由な労働力の移動 ・安い労働力の確保と労働力不足解消 ・能力に応じた報酬の拡大	・全般的な低賃金化による所得格差の拡大 ・経済格差の世代間を通じた固定化 ・不法移民の増大	・教育の充実による自立できる市民の育成 ・職業再訓練の拡大、ニート対策、最低賃金制などの制度整備 ・労働者の権利や社会統合などの外国人労働者受け入れ環境整備
情報通信技術	・世界の需要、生産、技術、価格情報を素早く容易に入手できることによる、生産の効率化、低価格化	・デジタル・ディバイドの深刻化	・開発途上諸国の情報通信技術インフラ整備支援 ・情報公開促進による情報操作、情報独占の弊害除去
福祉	・福祉分野におけるビジネスの拡大とサービスの向上	・弱者切り捨て	・教育を通じた自立できる市民の育成 ・セーフティネットの拡充 ・市民が平等にアクセスできる公共財の充実
国家	・政府のスリム化 ・財政赤字の削減	・国家の役割低下による教育、医療、社会保障水準の貧困化	・NGO、NPOの育成
文化	・異文化への容易なアクセス	・拡張力のある文化によるマイナーな文化の駆逐 ・社会の不寛容な行動増加	・国民、民族文化の再興 ・ナショナル・アイデンティティの再構築
環境	・先進諸国の環境基準の世界規模でのスタンダート化と環境保護対策技術の容易な移転	・経済発展の加速化による環境破壊の進行	・国際機関、NGO、NPOの役割強化 ・環境保護に向けた地球規模のルール作り

出所：田口[2008]，pp.200-201.

Ⅱ. グローバル化と東アジア諸国の経済構造変化

1 東アジア経済の規模と相互依存

こうしたグローバル化の流れの中で、東アジアはここ数十年の間に大きく変貌した。東アジアのほとんどの国・地域が成長軌道に乗り、絶対的貧困（1日1.25ドル未満で生活する人々）の割合は大幅に減少した。日中韓の経済規模は、米国、EUに肩を並べるまでに成長した（図1-1参照）。世界全体のGDP総額に占める3国の割合は21％で、ほぼ米国の規模に匹敵する。

東アジアと並んで、東南アジアも新興諸国・地域として大きく発展した。もっとも、東南アジアが急速に成長しているとはいっても、規模で見ると、東アジアおよび東南アジア（日中韓とASEAN諸国）のGDPに占める日中韓の割合は、全体の90％近くに達する。アジアにおいて、日中韓の経済が規模的に圧倒的に大きいことがわかる（図1-2参照）。

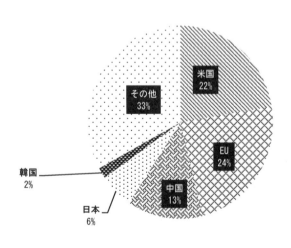

図1-1　世界のGDPに占める各国・地域の比率（2014年）
出所：World Bank [2015] を基礎に筆者作成。

第 1 章 グローバル化と東アジア

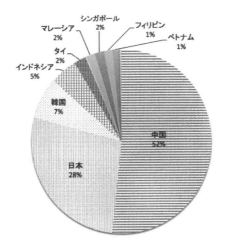

図 1-2　日中韓と ASEAN 諸国の GDP 規模（2013 年）
出所：IMF [2015]を基礎に筆者作成。

　貿易は、東アジアの成長にとって重要な役割を果たしている。特に、アジア域内での相互依存率が高まっていることが大きな特徴である。アジア全体でみると、1980年代に30％台であった域内貿易依存率は、2013年には約50％になっている。「米国がくしゃみをするとアジアが風邪をひく」といわれた時代からはかなり構造が変化しているといえる。日本のアジア域内貿易依存率は、1983年の24％から、1998年の30％、2013年の45％と急速に高まっている。中国を中心に東アジアにおける工程間分業による相互の結びつきも高まっており（表1-2、図1-3）、部品等の域内取引が急速に増加している。ただし、中国の域内貿易依存率自体は低下している。

　東アジアの貿易の発展を展望した場合、自由貿易協定の締結は重要なステップとなる。3国の貿易、産業連携が高まってきている中、日中韓FTAの締結は急務である。しかしながら、中韓で交渉が進んでいるものの、日中、日韓の交渉は十分に進展していない。日本は環太平洋戦略的経済連携協定（TPP）のルールをひとつのスタンダートと考えている。それに対してASEANは、中国が提唱する「東アジア自由貿易圏（EAFTA:ASEAN+3）」と、日本が提唱する

「東アジア包括的経済連携（CEPEA;ASEAN+6）」を束ねた東アジア地域包括的経済連携（RCEP）を構想しており、中国がこの構想に積極的であるが、まだ妥協点は見つかっていない。

1980年代以降は、世界貿易の伸び率に対して海外直接投資が大きく伸びてきた。グローバル化が進展する中で、多国籍企業の活動が活発化した。先進国への海外直接投資が相対的に減少する一方、アジアを中心とした新興国への海外直接投資が拡大している。中国の対外開放政策も、海外直接投資の拡大に大きく貢献した。世界の日中韓に対する海外直接投資は、世界金融危機を挟んで一時落ち込んだが、世界金融危機以降はとりわけ中国に対する直接投資がいち早く回復している。2013年には対中海外直接投資は1,239億ドルである。一方、対韓海外直接投資は122億ドル、対日海外直接投資は23億ドルであった。また、世界の対中海外直接投資は、長い間工業が中心であったが、近年はサービス部門が5割を超えている。韓国への海外直接投資もサービス部門が中心であるが、日本は工業が依然中心を占めている。

対日、対中、対韓海外直接投資の主要国・主要地域は表1-3に示した。対中海外直接投資の7割近くは香港によって占められている。日本の対中投資は減少気味であるが、それでも国・地域別では第3位である。日韓合わせると、対中海外直接投資の8.6%を占める（日中貿易および海外直接投資の構造と課題については第8章参照）。

金融面では、1997年のアジア金融危機以降、アジア諸国間で様々な協力関係が構築されている。日本の宮沢首相が提唱したアジア通貨基金（AMF）構想は実現しなかったものの、チェンマイ・イニシアティブ（CMI）が合意され（2000年）、2国間の通貨スワップ協定が参加国間で結ばれるなど、アジア域内における通貨安定化のための協力が進展した。また、東アジア・オセアニア中央銀行役員会議（EMEAP）、APEC財務大臣会議（APEC-FMM）、ASEAN＋日中韓財務大臣会議（10+3財務大臣会議）などの協力・調整メカニズムが多角的に構築された。さらに、アジア開発銀行のイニシアティブでアジア通貨単位（ACU）の模索も始まっている。

8

第1章　グローバル化と東アジア

表1-2　日中韓の主要な貿易相手国・地域（2013年）

	中国		日本		韓国	
	輸出	輸入	輸出	輸入	輸出	輸入
1	米国	日本	米国	中国	中国	中国
2	香港	韓国	中国	米国	米国	日本
3	日本	台湾	韓国	オーストラリア	日本	米国
4	韓国	米国	台湾	サウジアラビア	香港	南アフリカ
5	ドイツ	ドイツ	タイ	アラブ首長国連邦	シンガポール	カタール
6	オランダ	オーストラリア	香港	韓国	ベトナム	オーストラリア
7	インド	マレーシア	シンガポール	カタール	台湾	クウェート
8	イギリス	サウジアラビア	ドイツ	マレーシア	インドネシア	ドイツ
9	ロシア	ブラジル	インドネシア	インドネシア	インド	インドネシア
10	シンガポール	南アフリカ	オーストラリア	ドイツ	ロシア	アラブ首長国連邦

出所：Trilateral Coopertion Secretariat [2014], p.31.

単位：10億ドル

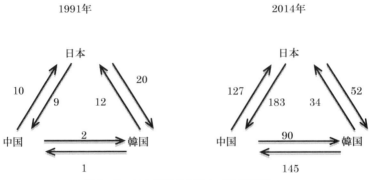

図1-3　日中韓貿易の拡大（輸出総額）

出所：Trilateral Coopertion Secretariat [2014].

表1-3　対日中韓海外直接投資主要国・地域（2013年）

（単位：100万米ドル）

中　国

順位	地　域	FDI
1	香港	78,302
2	シンガポール	7,327
3	日本	7,064
4	台湾	5,246
5	米国	3,353
6	韓国	3,059
7	ドイツ	2,095
8	オランダ	1,281
9	イギリス	1,039
10	フランス	762
	合計	109,528

日　本

順位	地　域	FDI
1	米国	1,378
2	ルクセンブルグ	1,279
3	イギリス	618
4	オランダ	537
5	スウェーデン	505
6	オーストラリア	366
7	シンガポール	325
8	台湾	186
9	香港	172
10	中国	140
	合計	5,505
13	韓国	48

韓　国

順位	地　域	FDI
1	米国	3,535
2	日本	2,690
3	香港	976
4	オランダ	618
5	フランス	530
6	中国	481
	合計	8,830

出所：Trilateral Coopertion Secretariat [2014], p.46.

表1-4　日中韓の対外直接投資主要国・地域（2013年）

（単位：100万米ドル）

中　国

順位	地　域	FDI
1	香港	78,302
2	ASEAN	7,327
3	米国	7,064
4	ロシア	5,246
5	オーストラリア	3,353
6	EU	3,059
7	日本	2,095
	合計	109,528

日　本

順位	地　域	FDI
1	米国	1,378
2	イギリス	1,279
3	タイ	618
4	中国	537
5	オランダ	505
6	オーストラリア	366
7	ブラジル	325
8	インドネシア	186
9	シンガポール	172
10	韓国	140
	合計	5,505

韓　国

順位	地　域	FDI
1	米国	3,535
2	中国	2,690
3	ケイマン諸島*1	976
4	オランダ	618
5	フランス	530
	合計	8,830

*1 ケイマン諸島は西インド諸島を構成する諸島の一つでイギリス領。タックス・ヘイヴンであるためオフショア・バンキングが盛ん。

出所：Trilateral Coopertion Secretariat [2014], p.50.

第1章　グローバル化と東アジア

　東アジアの将来的な金融面での協力関係を展望した場合、問題は少々複雑である。まず、各国の為替制度、金融の開放度がバラバラであり、統一的なメカニズムを構築することが難しい。また、このことに加え、発展のステージが違うため、各国の為替が米ドルに対して異なった動きをする。結果的に、相互の為替差損が増幅されることもある。また、米国や国際金融システムに対する距離感の違いも、相互の歩調を合わせにくい要因となっている。APECの枠組みを重視するか、10+3の枠組みを重視するかでも、将来展望は違ってくるだろう。

2　東アジア諸国の経済構造改革と摩擦

　このように、日中韓の世界経済、アジア経済におけるプレゼンスは大きく、相互の経済は密接に関連している。しかしながら、制度的経済協力は十分に進展していない。それは、それぞれのグローバル社会における立ち位置、発展のステージ、国内経済政策や対外経済政策相違点が大きく、共通のベクトルを見つけていくのが難しいからである。また、各国は現在の経済状態を改善するためにそれぞれ根本的な経済構造改革を迫られており、そのことが相互の経済摩擦も生み出している。

　中国の経済的課題については、第5章で展開している。中国は、2007年の世界金融危機以降、それまでの輸出主導型発展から内需主導型発展に政策の重点を転換した。それは、地方政府主導のインフラ整備と不動産投資をテコとした発展であった。その結果、世界でもいち早く成長を回復させたが、現在はその副産物である過剰不動産投資、資産価格バブル崩壊、地方政府債務の増大に苦しんでいる。2015年末までに、3兆2000億元といわれる地方債のうち1兆8600億元分の返済期限が到来する。危機脱却のためには、中国経済の「三頭馬車」と言われる輸出、投資、消費を抜本的に見直す必要がある。世界金融危機までは輸出主導で、金融危機以降は国内インフラ投資主導で経済を牽引してきたが、今後は地方政府の債券発行によるインフラ投資を抑制し、長期的に消費を原動力とした発展パターンを強化する必要がある。そのためには、これまでの第二次産業の発展をモーターとした高度成長モデルから、第三次産業を中心とした低い成長率でも安定した成長モデルに緩やかに移行する必要がある。しかし現

11

在は、国内の不動産・公共投資というエンジンにブレーキをかけたものの、消費というモーターがまだ十分に動いていない状態といえよう。

また一方では、中国は「中所得国の罠」に陥ったとの議論もある。「中所得国の罠」とは、新興国において一人当たりGDPが中程度の水準に達したところで成長率が長期にわたって停滞する現象で、多くの発展途上国に見られる。中所得国の罠の原因は、一般的には、従来の労働集約的な成長パターンがある程度限界に達し、他方、さらなる成長のエンジンとなる要素がタイムリーに生まれてこない状況だと考えられている。具体的には、安い労働力による非耐久消費財生産や外資導入をテコとした初期的な成長要因が尽き、一方でイノベーション主導的な生産要因が十分に育っていないことが背景にある。もう一段の成長を達成し先進国並みの水準に達するには、(1)内包的な成長要素（技術開発力、品質の向上）の開発、(2)投資の効率化、(3)高度人材の育成、(4) 産業・輸出構造の高度化・多様化、(5)ブランド力の向上、をいかに達成するかが鍵である（図1-4、表1-5）。この壁を乗り越えるには、日中韓の経済・技術協力は不可欠である。

これから中国で予想される急激な少子高齢化も、経済に与える影響は深刻である。中国の発展の基盤であった人口ボーナス（大量の若くて安い労働力）が、人口オーナス（少子高齢化による非生産労働人口の増大と賃金の上昇、社会保障・年金等支出の拡大）に変わりつつある。

中国は、こうした局面を打開するために、安定成長に移行するための新しい方針「新常態」（ニューノーマル）を打ち出している。また、アジアインフラ投資銀行（AIIB）構想をテコに、地方でのインフラ投資から国外でのインフラ投資に主軸を変えつつある。これは、中国と欧州を結ぶ「一帯一路」（新シルクロード）構想とも連動している（図1-5）。

図1-4　経済の発展段階

出所：Schwab, WEF [2014], p.97.

第1章 グローバル化と東アジア

表1-5 発展段階

		一人当たりの年間所得 (US$)			
		<2,000	2,000-2,999	3,000-8,999	9,000-17,000	>17,000
発展段階	第1段階	生産要因				
			移行1->2			
	第2段階			効率化		
					移行2->3	
	第3段階					イノベーション

@
出所：Schwab, WEF [2014], p.97.

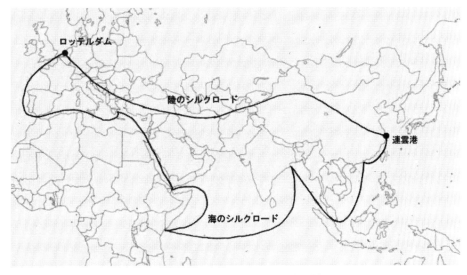

図1-5 「一帯一路」(新シルクロード) 構想
出所：筆者作成。

13

韓国の最大の経済構造問題は、貿易依存型発展パターンの変革と、財閥依存型経済構造の改革である。

表1-6　韓国の主要財閥

財閥（グループ）名	総資産（兆ウォン）2014年4月	特徴
サムスン	331	三星財閥とも呼ばれる。グループ企業64社。韓国最大の財閥グループ。李氏一族の同族企業。中核企業にサムスン電子、サムスン電機、サムスン重工業、サムスン物産など。製糖、繊維から出発し、電子、航空、機械、化学、造船、金融など多角的な事業を展開。
現代自動車	181	韓国最大手の自動車メーカー現代自動車（HYUNDAI）と、その傘下にある起亜自動車（KIA）のグループ。2000年に現代財閥から分離。トラック、バスなどを総計した世界規模の生産台数は、トヨタ、GM、フォルクスワーゲンに次いで世界第4位。
SK	145	旧「鮮京」。紡績・繊維業から出発。その後、石油精製、化学、通信、建設などに進出。
LG	102	旧「ラッキー金星グループ」。2005年にLGグループとして分離。エレクトロニクス（LG電子）、化学、ハウジング、通信など。
ロッテ	92	1965年の日韓国交正常化を期に、在日韓国人の重光武雄氏が韓国ロッテグループを設立。百貨店、ホテル、製菓、ホームショッピングなどのほか、石油化学などの分野にも進出している。
現代重工業	58	2002年に現代財閥から分離。造船、産業ロボット製造、プラント設備製造、太陽光・風力発電、発電設備製造、重機械・建設機械製造、トランスミッション・エンジン製造などを手がけている。造船事業は世界一位。
GS	58	2005年にLGグループから分離独立。グループ持ち株会社のGSホールディングス、GS建設、GSショッピング（通信販売業など）。
韓進	40	1945年に趙重勲氏が韓進商事を設立。トラック運送業から出発し、ベトナム戦争時にはアメリカ陸海空軍の物資輸送を請け負い成長。大韓航空、韓進海運、韓進交通などの企業を抱える。物流が中心。
ハンファ	37	火薬製造企業である「韓火」から出発。軍需産業に強い。現在は、ハンファ生命保険（旧・大韓生命）、ハンファ損害保険、ハンファ証券、ハンファケミカル、ハンファ建設などを擁する。
斗山	30	1896年に朴承稷氏が設立。韓国の財閥の中で一番歴史が長い。繊維品の貿易から出発し、現在は重工業中心。斗山重工業（発電所設備など）、斗山インフラコア（建設機械、重機械など）、斗山建設＆エンジニアリング（ゼネコン）などが中心。

出所：筆者作成。

第1章　グローバル化と東アジア

　韓国の輸出依存度（輸出の対GDP比）は53.9％（2013年）で、この数字は韓国の輸出競争力の強さを示している反面、国民経済が世界経済の動向に左右されやすく、また国内需要が弱いことも示している。特に、中国への輸出は輸出総額の約4分の1であり、中国の景気がストレートに韓国経済の景気に影響する構造になっている。

　また、第6章でも詳しく紹介しているように、韓国経済の屋台骨を支えているのは財閥である。4大財閥（サムスン、現代、LG、SK）の売上高はGDPの約50％に相当する（主要財閥は表1-6に示した）。また、2014年のサムスン電子の売上高は1959億2000万ドルで、1社だけで韓国の名目国内総生産（GDP）1兆4169億ドルの13.83％に達している（IMFデータ）。これらの財閥が好調で、輸出を伸ばしていた時期には、韓国経済は大きな恩恵を受けたが、現在の世界経済の不況、ウォン高（2011年は1円＝約16ウォン、2015年初頭は1円＝約9ウォン）の中で、利益を上げているのはサムスン、現代のみで、LGがなんとか赤字を免れている状況である。財閥の経営が苦しい中で韓国経済の雇用を支えるのは限界があり、それは雇用環境の悪化、所得格差として国内に跳ね返ってくる。現在、非正規雇用は30％を超えており、社会保障が適用されない雇用のケースも含めると50％近くに達するという統計もある。

　財閥と国内中小企業との格差がますます拡大する中で、財閥就職を目指した受験競争は激化し、教育費の増大が少子高齢化にも拍車をかけている。国内消費が伸び悩む一方で、住宅ローン、教育ローン、早期退職者向け事業ローン（韓国では独立指向が強く早期退職後に起業するケースが多い）などの負担が増大している。

　日本経済の主要な構造的問題は、少子化による潜在成長率（とくに経済成長に対する労働投入の寄与の低下）の低下、高齢化による社会保障費・年金負担の増大、平均賃金の低下と所得格差の拡大、産業の国際競争力の低下、個人消費の伸び悩み、などである。

　少子高齢化は深刻である（詳しくは第4章）。生産年齢人口は、1995年をピークに減少傾向に転している。若い労働力の不足は、全般的な潜在成長率の低下につながる。しかし、日本は積極的な移民受入政策を行っていないし、抜本

15

的な少子化対策対策も財政的な制約から行えていない。こうした中で対外的競争力を確保しようとするば、経済構造全体を高付加価値生産の方向に誘導していくか、または企業の海外移転と国内の賃金切り下げで生き残りを図るしかない。一方で、老人医療・福祉費は大きく膨れ上がっている。現在は、グローバルな競争に生き残るため、後者の国内の賃金切り下げで対応しているのが現状である。高齢者1人を支えるのに必要な生産年齢人口は、2010年の2.8人に1人から2060年の1.3人に1人（予想）と、急激に低下する。他方、高付加価値生産（ナノテク、素材産業、人工知能・ロボット、バイオテクなど）は、まだ日本経済を力強く牽引するまでには育っていない。社会保障制度、年金制度などの制度面で不安が大きい日本において少子化、低賃金化が進行すれば、国民は将来の生活に不安を持ち消費を控える。また、近隣諸国との競争を、高付加価値生産の育成ではなく、低賃金化、非正規雇用拡大で乗り切ろうとすれば、若者が将来に期待を持って学ぼうとする意欲が衰える。

　日本政府は、長期不況、デフレから脱却するためにアベノミクスを軸に経済構造改革を推進してきた。アベノミクスとは、デフレを脱却し、富の拡大を図るための経済戦略で、三本の矢（「大胆な金融政策」、「機動的な財政政策」、「民間投資を喚起する成長戦略」）を通じて推進される。具体的には、2%のインフレを目標として資金供給量（マネタリーベース）を2年間で2倍に拡大するという「異次元の金融緩和」政策、大規模な公共投資を通じた「国土強靱化」計画、法人税引き下げや投資の促進・規制緩和を軸とした成長政策の推進を実施している。しかしながら、大胆な資金供給にもかかわらずターゲットとするインフレ率には達しておらず、また成長戦略もほとんど成果が見えていないのが現状である。

図1-6　アベノミクスの3本の矢

出所：首相官邸HP。

第1章　グローバル化と東アジア

　このように、3国はそれぞれ経済構造改革という岐路に立たされているものの、それぞれが抱えている課題や解決の方向性は異なる。こうした移行期には社会が不安定になりやすく、その結果、政策が迷走したり逆に対策が強硬になったりすることがしばしばある。また、内政を優先することにより、対外的には協調路線が崩れ、近隣諸国と摩擦を生み出すことがある。

　もう一つの大きな問題は、バランス・オブ・パワー、またはヘゲモニーの問題である。最近の20年で、日中韓の経済力バランスは大きく変化した。このことが、誰が東アジアのグローバル化を牽引するのか、またどの方向に向かって発展させるのかという問題をめぐって、摩擦を起こす原因となっている。各国が、バランス・オブ・パワーの変化を見据えて新たな協力関係を再構築し、世界に対しても相応の責任と義務をしっかりと負うことが必要であろう。

　また、各国の経済構造改革が、相互の経済的摩擦を拡大するだけではないことを認識する必要がある。少子高齢化で市場が縮小する日本、韓国にとって、中国の経済改革が成功し、中間層が拡大して消費市場が成長・成熟することは大きな魅力である。また、中国が「中所得国の罠」を脱却するためには、日本との技術協力、韓国とのマーケティング分野における協力は重要である。中国がAIIBを通じてアジアの旺盛なインフラ需要に応えることは、長期的にはアジア経済の成長を促し、東アジアと欧州の物流インフラ強化にも資する。相互の利害を調整しながら、いかに相乗効果を効率的に生み出していくかが今後の課題である。

おわりに

　この章で見てきたように、グローバル化の中で、東アジア諸国は大きな成長を遂げた。相互依存関係の深化は、お互いに大きなメリットをもたらしている。しかし、東アジアにおいては、19の閣僚級会議を含む50以上の政府間協議メカニズムが存在しながら、全体的にソフトパワーが脆弱である。すなわち、実際の地域経済はグローバル社会において大きな影響力を持つまでに育っている

が、制度的な経済連携・協力システムは、十分に構築されていない。本章で見てきたように、各国の構造改革のベクトルが違い、相互の摩擦を生み出していることがその主な原因である。急速な変化の中にある東アジアにおいて、どのような経済協力関係を打ち立てていくかは、この地域の安定と発展にとって極めて重要である。

[演習]

1. グローバル化のメリットとデメリットをふまえ、私たちはグローバル化にどのように対応すべきか議論せよ。
2. 相手の利益を優先に考えないまでも、少なくとも共通の利益を考えることが、安定的で継続的な関係を築いていく上でのカギとなる。それでは、東アジアにどのような共通の利益が存在するのか、またその利益を獲得するにはどのような協力関係が望まれるかを、議論しまとめよ。
3. 「共通の利益」と「共通善」とは、どういう点で一致しており、どういう点で異なるか、議論してまとめよ。

[参考文献]

[1] 田口雅弘[2008].『介護福祉のための経済学　介護福祉士のための教養学6』（新村聡編著　田口―「第10章　グローバル化は福祉に何をもたらすか？―世界経済と社会福祉―」、pp187.-202）弘文堂。
[2] IMF [2015]. *World Economic Outlook Databases.*
[3] Klaus Schwab, World Economic Forum [2014]. *The Global Competitiveness Report 2013-2014.*
[4] Trilateral Coopertion Secretariat [2014]. *2014 Trilateral Economic Report.* Seoul: Trilateral Coopertion Secretariat (TCS).
[5] World Bank [2015]. *World Development Indicators.*

田口　雅弘（たぐち　まさひろ・岡山大学大学院社会文化科学研究科教授）

第2章　東アジアの経済連携

－アジアと日本の知恵を生かす－

はじめに

　経営学とは何か。その解答には、多くの学説や経験知がある半面、未解明な点も数多く残されている。寺島実郎多摩大学学長は、「経営とは、時代認識だ」と指摘している。確かに成功した多くの経営者は、「時代が良かった」「時代が味方した」「時代が追い風となった」などと「時代」を成功要因として挙げている。やはり「新しい時代を創る志」を持つことや、「時代と向き合い」「時代と戦う」ことが、経営者やリーダーにとって大切である。

　本章では、世界経済を牽引するアジア・ユーラシアダイナミズムといかに向き合うか、さらにはアジア・ユーラシアダイナミズム時代を創造する志とは何かを考察する。これこそがアジア・グローバルリーダーに必要な資質と考える。具体的には、①東アジアにおける経済連携が拡大する反面、国際関係が緊張するという政経矛盾（アジア・パラドックス）をいかに産業的に解消するか。②北東アジア経済圏の地政学的優位性を分析し、いかに地政学的知恵を絞り、グローバル戦略を展開するか。③アジア平和に対する敏感さで信頼関係を築き、いかに日中韓各国の企業益・国益・アジア益を合致させるかを考える。

Ⅰ．アジア・ユーラシアダイナミズムといかに向き合うか

　ハーバード大学のエズラ・ヴォーゲル名誉教授が1979年に出版した『ジャパン・アズ・ナンバーワン』は、当時70万部を超えるベストセラーとなり、一世風靡した。この著書の特徴は、戦後の日本経済の高度経済成長の要因を分析し、日本的経営を高く評価したことである。単に日本人の特性を美化するにとどま

らず、何を学ぶべきで、何を学ぶべきでないかを明確に示唆した。この著書に啓発された米国企業は、日本企業からしっかりと学び、1980年代に衰退していた米国経済を見事に復活させた。米国は、1945年から1952年の7年間日本を占領し、ある意味先進国が途上国に政治・経済システムを教えたはずであったのが、その立場を逆転させてまで日本的経営から学ぶに至るには相当な屈辱感と大きな葛藤があったに違いない。しかし、そこは大人になって謙虚に学び、米国の懐の深さを見せた。

　今、日本経済は、構造改革の遅れにより未だ「失われた20年」から抜け出せずにおり、そこに追い打ちをかけた東日本大震災による約20兆円とも言われる経済的損失により、衰退の一途を辿っている。日本企業はというと経営改革の遅れから中小零細企業420万社のうち7割の300万社が赤字経営に陥っており、大手企業も相次いで5千人から1万人規模のリストラを断行している。また、安倍首相が2013年1月の所信表明演説で「危機」という言葉を14回繰り返しており、経済再生が最大かつ喫緊の課題であると強調している。

　また、国際社会も日本経済や日本企業に対して悲観的な見方をしている。たとえば世界の主要シンクタンクが、日本の1人当たりGDPが将来的に韓国に抜かれると予想している。英国エコノミストは韓国の1人当たりGDPが2030年に日本を抜き2050年には日本の2倍になる、経団連・21世紀政策研究所は2050年に日本は韓国（世界14位）に抜かれて世界18位になる、米国シティーバンクは2050年に韓国が日本を抜いて世界4位になると予測している。また、マレーシアのマハティール元首相は、「日本経済の過ちから教訓を得て、韓国経済により多くを学ぶべきだ」（朝日新聞2013年1月15日付）と述べている。さらに、米国ワシントンポスト（2012年10月28日付）は、日本衰退論の特集を組んでおり、「衰退する日本はかつての希望に満ちたチャンピオンの座に戻れない」という刺激的な見出しとなっている。この日本衰退論の根拠としては、日本の人口が1億2,700万人から2100年には4,700万人に激減することや、2050年の平均年齢が52歳と高齢人口が圧倒的に多くなることで、2010年に世界3位に転落した日本経済の衰退スピードが加速するなどとしている。また、この特集記事にはエズラ・ヴォーゲル名誉教授「毎年首相が変わるような政治的混迷によってデフ

レに陥ったことで、若者が未来に希望を持てなくなってしまった」や、朝日新聞の船橋洋一元主筆「日本人はもうナンバーワンになるのを諦めてしまった。中国に敵うわけはないと思うようになり、トライしようとしない」のコメントも掲載されていた。

　安倍政権は、経済危機対策の一つとして「アジア経済圏を取り込む」というのがある。アジア経済は、巨大な市場規模や豊富な天然資源など潜在性が高いことから、世界経済を牽引することは間違いない。アジア開発銀行（ADB）のシナリオによると、アジアGDPが世界に占める割合は、2010年の27％から2050年には52％になると予測されている。早ければ2030年代にも50％を超えるとの見方もある。2010年アジアGDP17兆ドルが、2050年にはアジアGDPが174兆ドルに膨らむと試算している。とりわけ世界GDPに占める割合は中国が20％、インドが16％となり、米国の12％を上回るというのが特徴である。英国のトップシンクタンクの国際戦略研究所（IISS）も「戦略概観」において同じような予測をしており、「アジアの世紀」が到来する根拠として、アジア域内の中間層が過去20年で3倍以上に増えたことを指摘している。アジアは、このような域内経済連携が拡大するだけでなく、欧米諸国のアジアシフトにより域外経済連携も強まる。まさしく「アジア経済＝世界経済の時代」となる。

　今後、日本は政府も企業もアジアのヒト・モノ・カネ・情報の取り込みに躍起になるだろうし、もはや韓国企業や中国企業などアジア企業から学ばざるを得なくなるであろう。

　果たして1980年代に米国企業が日本企業から学んだように、2010年代に日本企業はアジア企業からしっかりと学ぶことができるだろうか。これは、決して簡単なことでない。なぜならアジア企業でさえ、欧米企業からは学べるがアジア企業から素直に学べないからだ。アジア企業から何が学べるのだろうか。経営理論やビジネススキルと言われてもなかなか腑に落ちない。そこで考えられるのは、「アジアの知恵」、「地政学的戦略」、「新興国ビジネスモデル」である。このような視点であれば、アジア企業から少しは学ぶ気になるのではなかろうか。

　そこでアジア企業から「アジアの知恵」、「地政学的戦略」、「新興国ビジネス

モデル」をいかに学び、日本経済の再生や日本企業の革新にいかに活かせるか
を考える。

　2012年9月に開催された第86回日本経営学会では、統一論題を「新しい資本
主義と企業経営」としながらも、サブテーマとしては「アジア企業の経営から
学ぶ」、「アジア内需の時代の企業経営」とされていた。報告テーマでも「中国
の企業経営から学ぶ」、「韓国の企業経営から学ぶ」、「日本アジア間連携的経営」、
「岐路に立つアジア経営」などが目を引いた。この学会に関しては、2012年9
月18日付の日本経済新聞に「経営学のお手本、米国からアジアへ」という見出
しで掲載された。これまで日本で「経営のお手本」といえば米国企業であった
が、近年その傾向に変化がみられ、アジア企業がお手本になりつつあるという。
今や日本企業は、アジア市場に進出するか、アジアのヒト・モノ・カネ・情報
を取り込まずにして、生き残れないということは言うまでもない。極言すれば
「ビジネス＝アジア」「人生＝アジア」という価値観の大転換を余儀なくされて
いる。もうすでに日本の製造業やサービス業のみならず、地方自治体も、アジ
ア市場での販売・生産拠点の開拓や、アジア観光客やアジア企業の日本への誘
致に躍起になっている。

　それでは日本企業やビジネスパーソンが、アジアビジネスで成功するには、
どのような素養や能力が必要であろうか。まずは、アジア企業情報の収集・分
析・発信力、アジア消費者ニーズの把握、アジア戦略やアジアビジネスモデル
の策定力、アジア政治・経済・文化の理解力、アジア近現代史など歴史観であ
る。次にこれらの情報・知識・スキル・観点を繋ぎ合せて体系化し、アジア・
マインドやアジアセンスを磨くべきだ。そして最後は、アジアの企業やビジネ
スパーソンがもっている「アジアの知恵」を引き出し、これを日本の企業やビ
ジネスパーソンがもっている「日本の知恵」と結びつける、もしくは融合させ
る地政学的知恵が求められる。

　ロンドンオリンピックで日本は、金7、銀14、銅17の38個に上る過去最高の
メダルを獲得した。また、金メダル獲得ランキングでは11位（7個）であった。
ただ、アジア勢の順位で言えば、2位中国（38個）、5位韓国（13個）に次ぐもの
である。

第2章　東アジアの経済連携　－アジアと日本の知恵を生かす－

　日本が過去最高のメダルを獲得した秘訣は、何だったのだろうか。それは、「結束力」、「女性力」、「裾野の広さ」、「絆」などの言葉に集約される。競泳は、北島康介選手を中心とした結束力で戦後最高の11メダルを獲得し、女子の卓球とアーチェリー、男子フェンシングは団体初のメダルとなった。メダル38個の内訳は、男子が21個で、女子は17個であったが、関わった選手の人数でみると延べ84人のうちサッカーやバレーボールでメダルを獲得した女子が53人と圧倒的であった。メダル獲得した競技種目数は、過去最多の13競技であったことから、競技種目の裾野が広がるとともにレベルの底上げが進んでいると言える。競技する日本選手と応援する国民との間に深まった「絆」は、可視化され、世界の人々からも喝采を浴びた。この「結束力」、「女性力」、「裾野の広さ」、「絆」は、まさしく「日本の知恵」が最も詰まったものではなかろうか。

　ロンドンオリンピックで日本のお家芸である柔道は、日本男子が五輪史上初めて金メダルなしの惨敗に終わった。一方、韓国男子は2個、ロシア男子は3個の金メダルをもたらした。日本柔道の敗因については、日本のメディアなどで「日本柔道のガラパゴス化」だと書き叩かれ、「日本は日本の柔道にこだわり、世界のJUDOに遅れている」、「日本の柔道監督に外国人を起用すべきだ」などと批評された。また、韓国の鄭勲（チョン・フン）・男子柔道監督も「日本選手の技術が高いことに変わりはない。ただ、国によって柔道のスタイルが違い、それに対応できていないのではないか」と同じようなコメントをしている。これは昨今、パナソニックやソニーなどの日本企業が、サムスンやLGなどの韓国企業に打ち負かされている敗因とも相通ずるところがある。日本企業は、モノ作りにこだわり、世界最高の技術をもって製品を製造しているのにも関わらず、アジアや新興国市場で稼ぎ切れていない。その理由は、国によって違う市場の特性に合わせたマーケティングが展開できていないからだ。

　また、女子柔道で中国が銀メダルと銅メダルを獲得し、日本選手を脅かしたことも気にかかる。中国の女子柔道選手は、柔道の技を磨く過程で隠し味として中国の太極拳を取り入れているそうだ。そこで柔道における「アジアの知恵」とは何かと考えるならば、日本の柔道、中国の太極拳、韓国のテコンドーをさまざまな組み合わせで織り交ぜることではなかろうか。当然、講道館柔道から

すれば、邪道と言われるかもしれない。

　今後、スポーツ界では否応なく、アジアは「日本の知恵」を、日本は「アジアの知恵」を意識し始めるだろう。これは、産業界においても同じで、アジア企業は「日本の知恵」をこれまで以上に取り入れるだろうし、日本企業も「アジアの知恵」を本腰入れて取り入れて行くだろう。そのためにも前述したアジアビジネスの素養や能力が不可欠である。しかしこれまでの日本の教育課程や企業研修などの場で学ぶ機会がほとんどなかったと言える。したがって今後は、強い問題意識をもって相当な学習やトレーニングが必要である。

　アジアビジネスには、至極当然であるが、アジアの理解が求められる。ただ、アジアと一言でいっても広義では48カ国があるので、それらすべてを一挙に理解することは不可能だ。それでは、アジア理解の突破口、または入門編としてどの国から理解すればよいだろうか。企業やビジネスパーソンによってそれぞれ得意・不得意があり、一概には言えない。タイなど東南アジアで強みを持っている企業もあれば、中国や韓国に力を入れているビジネスパーソンもいるだろう。ただ、強みを持っているからといって現地で支持を得ていなければ、力を入れているからといってその国に魅力を感じていなければ、ビジネスは上手くいかない。決してあってはならないことは、東南アジア・中国・韓国などアジアを軽蔑していたり、嫌いなのにビジネスをやりたがることだ。または、逆にアジアビジネスの時代といって、急にへりくだってアジア企業をおだてたり、媚を売ることだ。これは、かえって相手側が気持ち悪がるし、警戒感を強めるだけだ。それではどうすれば良いのかというと、やはりアジアをフラットに見る、アジア企業とフラットに付き合うことである。

　もはや、アジアは、急速な経済発展を遂げ、自信に満ち溢れており、世界におけるプレゼンスがこれまでになく高まっている。したがって現在のアジアを理解するには、これまで以上に深い理解が求められおり、特に相手側からの信頼が不可欠となる。

Ⅱ．アジア平和に対する敏感さで信頼関係を築く

　21世紀は、まさしくアジア・ユーラシアダイナミズムの時代である。アジアの地理概念は、ユーラシア大陸のヨーロッパ以外の地域であり、ユーラシア大陸の面積の約80％（4457万km²）をアジアが占め、人口は世界人口の約60％（40億人）がアジアに住んでいる。アジアの国数は、広義では48カ国で東アジア（6カ国）、東南アジア（11カ国）、南アジア（7カ国）、北アジア（1カ国）、中央アジア（5カ国）、西アジア（18カ国）に地域分類される。内訳は、東アジア（6カ国）が日本、モンゴル、中華人民共和国（中国:香港・マカオ含む）、朝鮮民主主義人民共和国（北朝鮮）、大韓民国（韓国）、台湾。東南アジア（11カ国）がインドネシア、カンボジア、シンガポール、タイ、フィリピン、ブルネイ、ベトナム、マレーシア、ミャンマー、ラオス、東ティモール。南アジア（7カ国）がインド、スリランカ、ネパール、パキスタン、バングラデシュ、ブータン、モルディブ。北アジア（1カ国）がロシア（シベリア連邦管区、極東連邦管区）。中央アジア（5カ国）がウズベキスタン、カザフスタン、キルギス、タジキスタン、トルクメニスタン。西アジア（18カ国）がアフガニスタン、イラン、イラク、トルコ、キプロス、シリア、レバノン、イスラエル、ヨルダン、サウジアラビア、クウェート、バーレーン、カタール、アラブ首長国連邦（UAE）、オマーン、イエメン、パレスチナ（一部）、エジプト（一部）である。狭義では、24カ国（東・東南・南アジア）である。アジアの中核をなすのは、日本・中国・韓国の3カ国であることから、この地域の呼称を東アジア、または北東アジアという。

　アジア経済は、巨大な市場規模や豊富な天然資源など潜在性が高いことから、世界経済を牽引することは間違いない。アジア開発銀行（ADB）のシナリオによると、アジアGDPが世界に占める割合は、現在の27％から2050年には52％になると予測されている。早ければ2030年代にも50％を超えるとの見方もある。2010年アジアGDP17兆ドルが、2050年にはアジアGDPが174兆ドルに膨らむと試算している。とりわけ世界GDPに占める割合は中国が20％、インドが16％となり、米国の12％を上回るというのが特徴である。英国のトップシンクタン

クの国際戦略研究所（IISS）も2012年版「戦略概観」において同じような予想をしている。経済危機を背景に欧米の軍事力が下がる一方、アジア経済の成長が続き、「アジアの世紀」到来を予感させる。中国やインドなどアジア諸国の伸長を強調し、世界に占めるアジアGDPの割合は30％に近づいており、2050年までに50％になると試算。その根拠としては、アジア域内の中間層が過去20年で3倍以上に増えたことを指摘している。

またアジア経済は、域内経済連携が拡大するのみならず、欧米諸国のアジアシフトによりアジアの域外経済連携も強まる。まさしくアジア経済＝世界経済の時代となる。

しかしながらアジアには、安全保障（領土問題・歴史認識・ナショナリズム・テロ・人権）、経済発展（サステイナビリティ）、環境・エネルギー（地球温暖化・大気汚染・省エネ）、社会文化（貧困・感染症・保健・教育・アイデンティティ）などの多くの問題が横たわっている。このようにアジアは、経済連携が拡大する反面、国際関係が緊張するという大きな政経矛盾を抱えながらも、新たな経済発展段階を迎えようとしている。

とりわけ北東アジア（日本・中国・韓国・ロシア極東シベリア・モンゴル・北朝鮮）で政経矛盾が顕著に表れている。北東アジア政治情勢は、冷戦（米日韓と中ロ朝の対立による地域冷戦）、北朝鮮問題（核・ミサイル・拉致）、領土問題（日中：尖閣諸島、日韓：竹島・独島、日ロ：北方領土、朝鮮半島：38度線・北方限界線）、歴史認識（中韓と日本：教科書・靖国神社、朝鮮半島と中国：高句麗）、環境・エネルギー問題、日中ヘゲモニーなど対峙の構図にあり、葛藤が深まっている。

Ⅲ. 地政学的立地を見極めグローバル戦略展開

一方、北東アジア経済（日本・中国・韓国・ロシア極東シベリア・モンゴル・北朝鮮）は、EU（27カ国加盟）やNAFTA（北米自由貿易協定）と並ぶ世界の一大経済圏を形成しつつある。北東アジア経済圏の経済規模は、世界経済に占

める割合が2割（GDP23％、貿易21％）に上る。直接投資は、世界経済に占める割合が対内と対外がそれぞれ約1割（対内直接投資9.2％、対外直接投資12.8％）である。市場規模を表す人口に至っては、2割強（24％）を占め、他の経済圏（アセアン8.5％、EU7％、NAFTA6.4％、メルコスール4.8％）を圧倒している。また、北東アジア経済圏の一部である環渤海経済圏だけでも世界経済に占める割合がGDP6.8％、貿易12.9％と、アセアン（GDP4.8％、貿易7.2％）を上回っている。北東アジア経済圏では、日中韓が中核となっており、GDP・貿易・投資・人口はそれぞれ北東アジアの8割を占めている。

　このように北東アジアは、域内経済連携が拡大しており、特に日中韓3国間経済連携や中国・韓国・ロシア・モンゴル・北朝鮮の2国間の相互依存関係が深まっている。また、欧米諸国を中心にアジアシフトを強めていることから域外経済連携も活発化している。

　今後、北東アジアは、東アジア共同体構想（ASEAN＋3、もしくは6、6プラス米国・ロシア）、 APEC（アジア太平洋経済協力、加盟国21カ国）、上海協力機構（中国・ロシア・カザフスタン・キルギス・タジキスタン・ウズベキスタンの6カ国加盟＋準加盟国など28カ国＝34カ国）などを通じて政経矛盾を解消する道を模索しながら、アジア・ユーラシアダイナミズムを牽引するであろう。

1　北東アジア経済圏の地政学的優位性

　北東アジア経済圏の地政学的優位性は、大きく4つにまとめることができる。1つは、市場化を進めるユーラシア経済圏の中核であり、北東アジアから中央アジア、アセアン、インドまでを結ぶネットワーク型経済発展の原動力であること。2つ目は、日中韓3カ国が北東アジア経済圏と世界経済をリードしていること。3つ目は、アジアに残された最後で最大のエネルギー資源のフロンティアであること。4つ目は、日本とユーラシア大陸を繋ぐ国際物流拠点であること。これらの地政学的優位性は、絵空事でなく、実際ダイナミックに開花し始めている。アジア企業は、このような地政学的立地のメリットとデメリットを見極め、

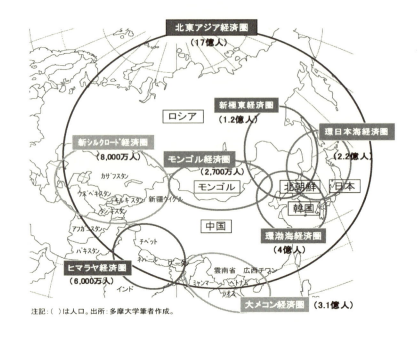

注：（ ）は人口。
出所：筆者作成。

図2-1　環渤海経済圏に触発される環日本海経済圏

グローバル戦略を展開している。それでは、地政学的立地をいかに分析し、どのように戦略を描いているかを見てみる（図2-1参照）。

　一つ目のアジア・ユーラシアダイナミズムの中核であり、ネットワーク型経済発展の原動力の事例を挙げる。

　北東アジア経済圏を最も牽引している環渤海経済圏は、九州・中国華北沿岸部・韓国南西沿岸部の自動車と半導体産業を中心に日中韓で国際分業を上手く行っており、相互補完関係を形成している。また、同地域の人口が4億人に上ることから、巨大な消費市場としても急成長している。環渤海経済圏の推進母体は、都市の自治体であり、企業である。この地域では、日中韓の約30都市が中心となり、「都市間ネットワーク」を形成し、ヒトやモノの交流を活発化させて

いる。欧州では、すでにバルト海都市連合（150都市）や地中海アーチなどが「都市間ネットワーク」を通じて、国家を超えたビジネスネットワークを形成し、共存共栄を図っている。環渤海経済圏は、このアジア版となるが、今後注目される。

　環日本海経済圏は、日本海を取り囲む日本の日本海側、ロシア極東、モンゴル東部、中国東北部、北朝鮮北部、韓国東部などの地域から形成される人口2億2,000万人を有する経済圏構想である。これは、国連開発計画（UNDP）の主導で1990年頃から開発が進められているが、決して上手くは行っていない。しかしこの地域の地方自治体や企業は、常にこのような経済圏構想をもって行政やビジネスを行っており、それなりの成果を上げている。たとえば北東アジアのエネルギーを見事に取り込んでいる鳥取県の事例を紹介する。鳥取県は、日本海を挟んだ対岸諸国と古くから交流があることから、この地政学的立地を最大限に生かし、「環日本海交流」を積極的に展開している。交流相手は、韓国江原道、中国吉林省と河北省、ロシア沿海地方、モンゴル中央県で、これらの自治体と「北東アジア地域国際交流・協力地方政府サミット」を1994年より持ち回りで開催している。

　この「環日本海交流」は目に見える成果を生み出しており、最近では、北東アジアゲートウェイ構想を打ち出し、その一環として環日本海定期貨客船航路を開通させたことだ。鳥取県境港市－韓国東海市－ロシア・ウラジオストクの定期便就航により年間約2万人の韓国人やロシア人の外国人観光客を誘致している。同定期貨客船航路は、中国・韓国・ロシア・モンゴルの4カ国が進めている「広域図們江（ともんこう）開発計画（GTI）」の運輸部会のプログラムに盛り込まれており、鳥取県はGTIにオブザーバー参加している。GTIは、中露と北朝鮮の国境地帯から日本海に注ぐ図們江の沿岸地域などを対象にした開発計画で、国連開発計画（UNDP）の支援を受け、運輸・観光・資源・環境の4部会から構成されている。鳥取県は今後、このルートを生かして、二十世紀梨、スイカ、メロンを輸出する一方、韓国からパプリカを輸入するなど物流の活性化も図る。また、空の便とのシナジーも狙う。すでに韓国アシアナ航空の米子－ソウル便が好調で、2012年8月の搭乗率は63.6％に上る。

2つ目は、韓国ドラマの「アイリス（虹の女神）」の第2弾の「アテナ（戦争の女神）」のロケ誘致に成功し、2011年4月日本での放映以降、韓国人のみならず、日本人の観光客が増加した。「アテナ」は、朝鮮半島と世界を脅やかすテロ組織アテナと、これに対抗する韓国国家危機防止局の要員の活躍像を描いた諜報アクションドラマだ。有名男優のチョン・ウソン（代表作「私の頭の中の消しゴム」）が出演しており、2010年12月13日の初放送では「アイリス」を上回る視聴率22.8％を記録した。ロケ誘致にあたっては、5～6カ所の地方自治体が名乗りを上げたが、平井伸治鳥取県知事のリーダーシップや韓国留学経験のある鳥取県職員たちの誠意が、韓国の制作会社社長に伝わったようだ。

　実際、私自身も平井知事や鳥取県職員たちのアジア・マインドや人柄と接して、ロケ地が鳥取県になった理由が十分に理解できた。やはりここでの経験は、アジアビジネスにとって大切なことは韓国人やアジア人と「心と心の交流」を図ること。そして、自らが相手に先駆けてまず開くこと、すなわち日本が先にアジアに声をかけることである。

　3つ目としては、韓国江原道とLEDの共同開発などにも取り組んでいることだ。最早、日本の企業のみならず、地方自治体もアジアのエネルギーを取り込まずして、生き残れない時代が到来したと言えよう。アジアのエネルギーを取り込むというのは、アジアのヒト・モノ・カネ・情報を日本に受け入れることであり、日本のヒト・モノ・カネ・情報をアジアに受け入れてもらうことだ。

大メコン経済圏と新極東経済圏

　大メコン経済圏（人口3.1億人）は、タイ、カンボジア、ラオス、ベトナム、ミャンマーの5 カ国と中国雲南省、広西チワン族自治区の2省にまたがるメコン川流域を開発する経済圏構想である。構成国各国の経済や軍事面での思惑や利害がさまざまで決して一枚岩ではないが、中長期的には相互依存体制を確立すると見られており、アジア企業は挙って同地域戦略に着手している。

　この経済圏構想は、アジア開発銀行（ADB）の主導により1992年からこれらの国で経済開発協力プログラム（GMSプログラム）として開始された。農業、エネルギー、環境、人材育成、投資、電話通信、観光、交通インフラ、運輸・

第2章　東アジアの経済連携　－アジアと日本の知恵を生かす－

貿易の9分野を中心に開発を行っており、南北・東西・南部の3つの経済回廊の
開発がその大きな特徴的である。南北経済回廊は、中国雲南省の省都である昆
明からラオスまたはミャンマーを経由し、タイのチェンライと首都バンコクま
でを結ぶ約2,000kmの国際道路。東西経済回廊は、ベトナムのダナン港からラ
オスのサバナケット、タイのムクダハンを経由し、ミャンマーのモーラミャイ
ンまでを結ぶ約1,500kmの国際道路。南部経済回廊は、ベトナムのホーチミン
からカンボジアのプノンペンを経由し、バンコクまでを結ぶ約1,000km の道路
であり、第2 東西経済回廊とも呼ばれている。

　どこまでもビジネス上の仮説であるが、新極東経済圏（ロシア極東・中国東
北部、1.2億人）、ヒマラヤ経済圏（中国チベット自治区・ネパール・インド北
部、6,000万人）、新シルクロード経済圏（中国新疆ウイグル自治区・中央アジ
ア、8000万人）、モンゴル経済圏（中国内モンゴル自治区・モンゴル、3,000万
人）の姿がうっすらと浮かび始めている。まさしく「眠れる龍が目を覚ます」
ようなものである。

　新極東経済圏では、ロシアがアジアシフトを睨み極東開発を本格化する一方、
中国が東北部開発をセカンドステージと位置づけ開発を加速させている。ロシ
アは、2012年9月ウラジオストクAPECの開催を機に、極東をアジアへのエネル
ギー輸出戦略と自動車産業の拠点化に弾みをつけた。エネルギー輸出戦略は、
欧州経済の悪化により欧州市場で売れなくなった石油やガスを成長著しいアジ
ア市場に売るという狙いがある。全長4,000kmに及ぶ原油のパイプラインが、
2012年内にウラジオストクまでの全線が開通する。また、鉄道・パイプライン・
送電などのロシア・韓国・北朝鮮3角協力を推進し、物流網の整備も急いでいる。
自動車産業の拠点化は、2012年9月にマツダの自動車組み立て工場（年産5万台）
が完成した。ロシアは、極東開発戦略の狙いをアジアシフト拠点とする一方、
この地域での中国の影響力や日本との北方領土問題に対する牽制も意識してい
る。中国の東北部開発（遼寧省・吉林省・黒竜江省・内モンゴル自治区東部）
は、これまでの開発計画に一区切りを付け、2012年3月にセカンドステージと
いうべき「東北振興第12次5カ年計画」を発表した。この地域は、中国経済の抱
える課題が凝縮されたもので、中国経済の将来を展望する上で試金石になると

位置付けられている。また、中国の東北部開発に北朝鮮を利用しようとしている。北朝鮮北西部の中国国境・鴨緑江河口の中州である黄金坪（ファンググムピョン）は、2011年6月に中国と北朝鮮が、共同開発する工業団地の着工式を行った。黄金坪は、面積11.5平方kmで、情報、観光文化、農業、軽工業の4大産業を重点的に発展させ、知識集約型の新興経済区域とする計画である。北朝鮮北東部の中国国境・豆満江（中国の呼称:図們江）流域の開発計画である「長吉図（長春—吉林—図們）開放先導区」建設も進められている。これは、中国の長春—吉林—図們にかけて一大工業地帯を建設し、製品を中国の図們または琿春経由で、北朝鮮の羅津や清津などの港湾を通じて物流すればコストと時間を大幅に節減できるというものだ。

ヒマラヤ経済圏と新シルクロード経済圏

　ヒマラヤ経済圏（中国チベット自治区・ネパール・インド北部、6,000万人）は、インド・ネパール・ブータン・ミャンマー4カ国と国境を接するチベットが、2006年の青蔵鉄道（中国西部青海省西寧とチベット首府ラサを結ぶ高原鉄道）の開通に加え、中印間の陸上貿易ルートの要衝であるナトゥラ峠の44年ぶりの再開やチベットとネパールを結ぶ「中尼道路」の整備を機に、中国国内はもとより南アジアとの国境貿易と観光で脚光を浴びている。中国は、チベットの人権問題などを抱えつつも、経済面ではチベットを「西部大開発」国家プロジェクトに組み込み、大規模な投資やインフラ建設などの強化に注力している。国境を隣接するインドやネパールなど南アジアとの経済交流や貿易拡大を推進する上で、陸上貿易ルートの玄関口として期待を寄せている。

　新シルクロード経済圏（中国新疆ウイグル自治区・中央アジア、8,000万人）は、アジア・ユーラシアダイナミズムのストライクゾーンであり、東西文明が交差するシルクロードとして復活するが如く、経済マグマが蠢き始めている。2012年8月に新疆ウイグルの自治区首府であるウルムチ市とシルクロードの要所であるトルファン市を現地視察したが、中国とは思えないエキゾチック街並みや、目覚ましい経済発展ぶりに驚かされた。まさしく中国のエネルギーと中央アジアのエネルギーが激しくぶつかり合いながらも荒々しく組み合わさるユ

第2章　東アジアの経済連携　－アジアと日本の知恵を生かす－

ーラシアダイナミズムを体感したと言わざるを得ない。また、世界最大かつ最も先進的と言われている新疆国際大バザール（建築面積10万平方メートル＝3万坪）などでは、中国新疆地域と中央アジア諸国の隣接する地域との間で活発な商取引が行われているが、これはただの生活や商売レベルではなさそうだ。国家経済にも大きな影響を及ぼす規模となっている。最早、地域経済の域を超えて、中国と中央アジアの国家間の経済連携、さらにはユーラシアダイナミズムの一翼を担うインパクトをもち始めている。中国の西北に位置する人口2,200万人の新疆ウイグル自治区は、日本の4.4倍の面積を有し、チベットに次いで中国で2番目に大きな行政区域である。経済は、豊富な地下資源を強みにGDPは年率15％を超える高成長を続けている。石炭は、中国全体の埋蔵量の40％、天然ガスは同33％、石油は同28％を占めている。また、シェールガス埋蔵は、新疆ウイグルに最も集中しており、エネルギー地政学的にもこの地域から中央アジアにかけての重要性が新たな意味を持ち始めている。ウルムチ市の人口は、約310万人で、ここ10年で2倍以上に増えている。1人当たりGDPが5万元（63万円）で、ハルビンや西安よりも高い水準となっている。また、ウルムチ市では、漢民族が7割、残り3割がウイグルを含む少数民族が占めている。新疆ウイグルは、トルファンなどがシルクロードで有名な観光都市でもある。国内外からの観光客は、年間2,500万人（うち外国人132万人）に上り、日本の外国人観光客800万人を大きく上回っている。訪問した時もウイグル騒乱（死者800名）の3周年を迎えた時期で厳重な監視体制が取られていたものの、空港は観光客で大変、賑わっていた。中国は、インド・パキスタン・アフガニスタン・タジキスタン・キルギス・カザフスタン・ロシア・モンゴルの8カ国と国境（国境線5,600km）を接する新疆ウイグルを、対中央アジア貿易・投資の「窓口」と位置づけ、西部大開発プロジェクトと連動させながら攻勢をかけている。また、上海協力機構やCAREC（中央アジア地域経済協力）などの多国間協力機関を通じて影響力の拡大を図っている。特に中央アジア諸国との関係強化は、同地域に拠点を置く「東トルキスタン・イスラム運動（ETIM）」を牽制する意味も持つ。ETIMとは、新疆ウイグル自治区を東トルキスタンと呼び、これを中国から分離独立させることを目指す独立運動組織である。一方、世界銀行（WB）

やアジア開発銀行（ADB）などの国際機関は、世界全体の経済成長の観点から中央アジアを中心とした「新シルクロード」の構築へ向けて関係国・地域の協力のもとでインフラ整備を含む各種プロジェクトを推進している。アジア開発銀行は、自らが主導し、中国・モンゴル・カザフスタン・キルギス・タジキスタン・ウズベキスタン・アフガニスタン・アゼルバイジャンの8カ国がユーラシア大陸を横断する「新シルクロード」を構築する。これは、2018年までに中央アジア経由の東西回廊のほか、ロシアと南アジア、中東を結ぶ南北回廊など計8つの交通・輸送回廊を整備する計画である。これらの計画の進展により同地域に存在する「イスラム」という共通軸から考えた場合、経済的に将来は中国の新疆や寧夏回族自治区から中央アジア、さらにパキスタンなど南アジア地域を包括する広域ビジネスのネットワークが形成される可能性が大きい。

モンゴル経済圏

　モンゴル経済圏（中国内モンゴル自治区・モンゴル、3,000万人）では、中国が内モンゴルの資源供給地としての重要性に加え、隣国のモンゴル、ロシア両国と長い国境線（4200km）を隔てて接している地政学的重要性に鑑み、内モンゴルを対モンゴル、ロシア両国の経済貿易拡大の橋頭堡と位置づけている。内モンゴルは、近年豊富な石炭などエネルギー・鉱物資源を背景に経済が急成長を遂げており、特に2002年以降は中国トップの高成長率を維持している。また、2007年に発表された「東北地区振興計画」により内モンゴルの東部（フルンボイル市・興安盟・通遼市・赤峰市・シリーンゴル盟）が、同計画の対象地域に編入された。これは、内モンゴル東部を東北地域に組み込むことによって経済発展への牽引役として期待されている証である。さらにはモンゴル経済圏を北東アジア経済圏にリンクさせたいという大きな地域発展戦略も見え隠れする。こうした中、内モンゴルは、隣接する国内の8省・自治区と協力・連携しつつ、北隣のモンゴル、ロシア両国への企業進出や経済交流の拡大を図る、いわゆる「南連北開」戦略を展開している。現地調査で感じたことは、内モンゴルが、モンゴルの天然資源をストローで吸い込むが如く、飲み込み始めているということだ。モンゴルは、3,000カ所に及ぶ鉱山がある鉱物の宝庫である。経済発展

のため鉱業を重視し、鉱産物の輸出拡大を目指し、投資環境整備の施策・鉱業法の整備、地質情報提供の整備などを行い、積極的に外資導入を進めている。主な鉱物資源は銅・モリブデン、非金属鉱物資源はホタル石、その他に金・錫・タングステンなどである。特に注目されるのが、南ゴビ地方の世界級のオユトルゴイ銅鉱床とタバントルゴイ炭田（埋蔵量50億トン）である。資源輸送は、中国がゴビ砂漠の南部と「チャイナランドブリッジ輸送回廊（中国を横断し連雲港に繋がる鉄道）」を道路で繋げ、トラックで石炭を運んでいる。しかしトラック輸送は、環境問題と輸送量の限界から2ヵ所に鉄道を引く計画が浮上している。これに対してモンゴルは、鉱山・石炭開発が活性化し、資源輸送も捗ると興味を示す反面、鉱物をすべて中国に吸い取られてしまうのではないかと警戒感を露にしている。モンゴルは、1992年に社会主義を放棄して資本主義体制を確立し、これまでソビエト連邦の影響下にあったことやロシアからのエネルギーや経済の依存などにより思うように自立ができなかった。そこで中国が1990年代後半から対モンゴル投資・貿易を本格化させたことから、モンゴル経済が活性化される一方、ロシア経済への依存度が下がり、やっと自立の道を歩み始めた矢先であった。しかし今度は、中国経済への依存が新たな悩みの種となっているようだ。

　今後、「天津・ウランバートル輸送回廊」の複線化・物流処理能力向上や、モンゴル東部のチョイバルサンと内モンゴル・イルシ間の鉄道を連結して「図們江輸送回廊・日本海航路（戦前まで連結機能していた）」の開通が図られれば、中国内モンゴルとモンゴルのみならず、日本、北朝鮮、ロシア、韓国をも巻き込んだ北東アジアのエネルギー資源・物流革命となり得るし、環境問題にも大きな貢献が可能となるであろう。

2　北東アジアの域外経済連携

　このように勢いづいた北東アジアのエネルギーは、域内に止まらず、域外にも溢れ出し始めており、域外経済連携も活発化している。たとえば北東アジアと欧州の経済連携だ。2010年10月にベルギー・ブリュッセルでアジア欧州会議（ASEM、43カ国加盟）が開催されたが、欧州がアジアの成長に取り込みに躍

起になっている。その第1弾が、韓国とEUのFTA締結である。EUは、韓国を突破口にしてアジア市場への食い込みを図ろうとしている。

　北東アジアと中央アジアは、両地域をつなぐ上海協力機構（SCO）が、そのプレゼンスを高めている。上海協力機構は、中国・ロシア・カザフスタン・キルギス・タジキスタン・ウズベキスタンの6か国による多国間国家連合で2001年6月15日に中国上海にて設立された。第1回設立会議が上海で行われたためこの呼び名となった。2001年10月には、第13回アジア太平洋経済協力（APEC、21カ国加盟、1989年設立）首脳・閣僚会議が、上海で開催されたが、これに先立ち上海協力機構の存在を国際的にアピールする結果となった。正式加盟国は、中国、ロシア、ウズベキスタン、カザフスタン、キルギス、タジキスタンの6カ国である。それ以外にも11の国・地域が関わっており、オブザーバー（準加盟国）としてモンゴル、インド、パキスタン、イラン、アフガニスタン。対話パートナーとしてベラルーシ、スリランカ、トルコ、客員参加としてトルクメニスタン、CIS（独立国家共同体）、ASEAN（東南アジア諸国連合）である。上海協力機構に関わる国の総面積は、ユーラシア大陸の5分の3を占めており、総人口は15億人で世界人口の4分の1を占めている。

　2012年6月には、第12回上海協力機構が、中国北京で開催され、中ロを軸に、「反欧米」で結束した地域ブロックとして力をつけていることを国際社会に示した。同首脳会議では、反体制派の武力弾圧が続くシリアへの軍事介入や制裁に反対する立場を強調し、北大西洋条約機構（NATO）が欧州で進めるミサイル防衛（MD）システムの配備も批判した。従来のイランやインド、パキスタンなどに加えてアフガニスタンを「オブザーバー（準加盟国）」に迎え、トルコにも「対話パートナー」の資格を与えるなど地理的な拡大も見せている。経済面では、中国によってSCO発展銀行の創設、SCO特別会計の新設、SCO諸国による自由貿易圏の形成という3つの構想が提唱された。SCO発展銀行の主な目的は、エネルギー探査と石油ガスパイプラインなどインフラプロジェクト向けの資金提供である。

　また、北東アジアと中央アジアの経済連携では、2012年9月に「第2回中国・ユーラシア博覧会」が中国新疆ウイグル自治区の首府であるウルムチ市で開催

された。この博覧会には、300人以上の政府要人が招かれたほか、5,000人以上の外国業者が参加し、入場者は5日間で10万人を突破した。開幕式では、中国の温家宝首相が、挨拶をしたが要点は以下の通りである。「アジア・ヨーロッパの各国は、市場開放を拡大させ、共同発展を促すべきだ。アジア・ヨーロッパ大陸は、世界で最も消費の潜在力が大きい地域の一つである。各国が互いに市場を開放しあえば、互いの優位を補うことができ、長期で安定した協力関係を築くことができる。地域内のヒト・モノ・カネ・技術とサービスが自由に行き来できるように促し、貿易保護主義に共に反対し、商談と自由貿易協定を加速させ、金融協力を強化し、重大協力プロジェクトに資金を提供し、困難がある国に必要な援助を行い、それらの自主的発展能力を強化させる。整備されたインフラ施設は、経済貿易協力における重要な柱である。中国は、中国〜中央アジア天然ガスパイプラインプロジェクト、中国〜カザフスタン原油パイプラインプロジェクトなどを着実に推し進め、新エネルギーの協力についても積極的に取り組みたい。中国は引き続き国境を越えてのインフラ施設への融資を支持する。」

　今後、アジア・ユーラシアダイナミズムのトレンドを捉える上で、北東アジア・中央アジア経済連携と上海協力機構の視点は、大変重要と考えている。

　北東アジアと南西アジアとの域外経済連携も動き始めている。インドは、これまで世界の企業をただ受け入れるだけの受け身の姿勢であったが、最近ではインド企業が北東アジアに乗り出し始めている。たとえばインド企業が、韓国自動車メーカー6社のうち2社を買収した。タタ財閥傘下でインド自動車メーカー2位（世界商用車メーカー5位）のタタ・モーターズが、2004年に経営破綻した韓国大宇自動車の商用車部門（乗用車部門はGMが買収してGM大宇を設立）を1億ドルで買収し、「タタ大宇（100％子会社）」を設立した。タタ大宇は、今や韓国第2位のトラックメーカーとして発展を遂げている。2011年度の売上高は前年比5.1％増の7,634億ウォン（533億円）で、アフリカ・中東・インドなど40カ国への輸出も行っている。現在、5トン以上の大型トラックを製造しており、韓国大型トラック市場シェア30％を占めている。タタ大宇は今後、小型から大型トラック、バスにまでラインアップを広げるとともにインドでの一部生

産などにより価格競争力の向上を図る。また、ヒュンダイ自動車が独占する韓国の中小型トラック市場に切り込み、韓国商用車市場シェア40%を目指している。さらには、韓国を中国や世界市場への戦略拠点にすることも視野に入れている。

このタタ大宇の成功に後押しされたのが、インドのマヒンドラ財閥である。同財閥傘下で、インド自動車メーカー4位のマヒンドラ・アンド・マヒンドラ（M&M）が、2010年11月に経営破綻して再建中の韓国の双竜（サンヨン）自動車を5,225億ウォン（400億円）で買収した。これによりマヒンドラは、双竜自動車の株式の70%を保有することになった。双竜自動車の買収に名乗りを挙げていたのは6社であったが、最終的に買収案を提示したのは、インドのマヒンドラ財閥、エッサール財閥、韓国帽子メーカーのヨンアン帽子の3社であった。なぜなら3社のうちインド企業が2社であった。アナンド・マヒンドラM&M副会長は、2010年8月にソウルでの記者会見で「韓国の自動車産業は優れている。双竜自動車は、研究開発と革新の分野で豊かな伝統を持っている。双竜自動車にとって、スポーツ多目的車（SUV）市場が急成長しているインドは、新成長のチャンスとなる。また、類似性のある両社の企業伝統をひとつにすることで相乗効果が得られ、世界SUV市場の新たな強者に浮上できるだろう」と述べた。アナンド・マヒンドラ副会長は、マヒンドラ財閥の創業者の1人であるJ・Cマヒンドラの孫で、米国ハーバード大学でMBAを取得した後、2003年から同財閥の副会長を務めている。

それでは、マヒンドラの狙いは何なのか。1つは、同じくSUVを手掛ける双竜自動車の買収でシナジーを引き出し、プラットホーム（車台）やパワートレイン（駆動系）の共同開発や海外市場での販売チャネル共有を図ることである。具体的には、双竜自動車の新車である小型SUV「コランドC」の米国輸出を狙っている。米国市場以外では、双竜自動車が中国・ロシア・東欧など新興市場で競争力をもっていることから、同地域も念頭に置いている。また、双竜自動車の高級SUV「レクストン」のインド需要も見込んでおり、2012年11月から販売する予定だ。さらに、双竜自動車とともに電気自動車を共同開発し、韓国市場での販売を目指している。マヒンドラがすでに買収したインドの電気自動車

38

メーカーREVA社を通じて電気自動車事業に力を入れていることから、これを双竜自のブランド価値と新規事業につなげるようだ。

マヒンドラのもう1つの狙いは、世界SUV市場でプレゼンスを高め、グローバルプレーヤー入りを目指すものと考えられる。マヒンドラは、インド乗用車市場シェア4位、同商用車市場シェア2位であるが、乗用車で圧倒的シェアを持つマルチ・スズキ・インディアや、超低価格車「ナノ」で知られるタタ・モーターズに比べると、世界では知名度が低い。ただ、SUVやミニバンなど多目的車に関してはインド国内ではその存在感が際立っており、インドの多目的車市場に限ればトップシェアである。インド企業は、韓国の地政学的立地を活用し、中国をはじめとする北東アジア市場のみならず、世界戦略までも描き始めている。

域外経済連携は他にも北東アジアと中東アフリカの関係があるが、韓国企業や中国企業が中東アフリカ市場への進出を加速している。投資パターンは、鉄道などのインフラを整備する代わりに、エネルギー資源権益を取得するというものだ。また、北東アジアと中南米の関係では、こちらも韓国製品や中国製品が凄まじい勢いで中南米市場のシェアを伸ばしている。

北東アジアの域内外の経済連携の実態は、日本からは見えにくいが、世界からはそのポテンシャルがよく見えており、熱い視線を注いでいる。日本からは、見えにくいというよりも、見ようとしていないのかもしれない。日本からは、どうしてもブラインドがかかるようであるが、このブラインドとは北朝鮮・中国・韓国・ロシア・モンゴルなのか、それともこの5カ国すべてなのか。日本は、北東アジアに属しており、北東アジア人であることは偽らざる事実である。この点をしっかりと直視し、自覚しなければ、北東アジアがぼやけてしか見えなくなる。これは、すなわち自らの足元を見つめられないことになる。また、北東アジアを通してしか見ることのできないユーラシアダイナミズムやアジア・新興国を中心とした世界経済の構造転換など世界潮流を捉え損ねかねないこととなる。

3 日中韓経済の知恵を生かす

　北東アジア経済圏の地政学的優位性は、1つ目のアジア・ユーラシアダイナミズムの中核・ネットワーク型経済発展の原動力に続き、2つ目は日中韓3カ国が北東アジア経済圏と世界経済をリードしているということだ。前述したように北東アジア経済圏の経済規模は、世界経済に占める割合がGDP、貿易、人口（市場規模）がそれぞれ2割を占め、EUやNAFTAと並ぶ一大経済圏である。そしてこの北東アジア経済圏の中核となっているのが日中韓であり、GDP・貿易・人口は同経済圏に占める割合が8割に達する。したがって日中韓経済は、北東アジア経済圏を牽引し、そして北東アジア経済圏が世界経済をリードしているということとなる。

　これを可能にしているのが、日中韓の域内経済連携である。日中韓の貿易構造は、もちつもたれつの関係となっており、その親密度は益々深まっている。日本と韓国にとって中国は、最大の貿易相手国であり、中国にとっても日本と韓国が第2位と第3位の貿易相手国である。この日中韓貿易は、交渉が進められている日中韓FTAが締結・発効すればより一層加速し、その存在感は世界貿易において冠たるものとなり、名実共に世界経済をリードするであろう。昨今、尖閣諸島問題は中国国内の反日デモが暴徒化するなど過去最大規模となり、竹島・独島問題も従軍慰安婦問題など歴史問題に飛び火し、日中韓の政治情勢が最悪の状況に陥っているが、日中韓FTA交渉だけは粛々と進められている。

　この日中韓の域内経済連携が特に上手く行っているのが、九州の自動車と半導体産業を中心に中国華北沿岸部や韓国南西沿岸部とバランスのとれた国際分業を行っている環渤海経済圏である（図2-2参照）。前述したように環渤海経済圏は、北東アジア経済圏の一部にも関わらず、世界経済に占める割合がGDP3.1％、貿易6.1％となっており、アセアン10カ国（GDP2.2％、貿易6％）を上回っている。九州では、自動車と半導体の産業集積が急速に進展しており、渤海湾や黄海湾の沿岸地域との産業構造と市場需要との補完性を強めている。自動車産業は、自動車メーカー大手3社の日産、トヨタ、ダイハツの工場が集積し、生産台数100万台、出荷額1兆円を超える。半導体産業は、国内生産の23％を占めており、関連企業570社、出荷額1兆円を超える。また、新製品開発や生

第2章　東アジアの経済連携　－アジアと日本の知恵を生かす－

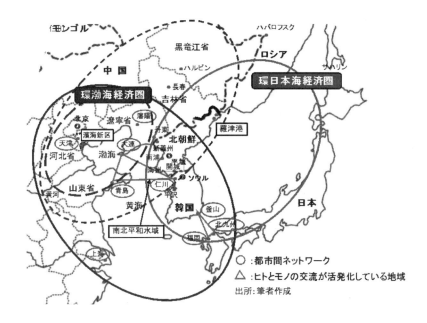

図2-2　拡大する環渤海経済圏と触発される環日本海経済
出所：筆者作成。

産工程改善に際して先ずは九州で試してからアジアで展開するという所謂「九州工場のマザー工場化」を目指している。因みに九州は、「日本の1割経済」と言われており、人口が10.6％、面積が11.2％、自動車生産が9.5％、輸出額が9.2％を占めている。

　中国華北沿岸部では、家電や鉄鋼などの世界的生産拠点があり、ソフトウエアなどハイテク産業も急速に発展している。また天津・濱海新区を中心に環渤海湾地域を発展させ、これを東北3省へ繋げて北東アジア時代に向けた現代的新興地域とする環渤海経済圏を重点指向する方針が打ち出されている。韓国南西沿岸部では、自動車や半導体の生産技術や人材が集積しており、特にコンピューター産業の関連技術が蓄積されている。特に蔚山市は、韓国一の産業都市であり、自動車最大手のヒュンダイ、造船最大手の現代重工業、エネルギー最

大手のSKのお膝元である。

　九州の対韓国貿易（2011年）は、前年比2.3％増9,193億円でうち対韓輸出が前年比2％増の6,649億円、対韓輸入が前年比3.3％増の2,544億円。九州の対中国貿易（2011年）は、前年比2.3％増の1兆8,174億円でうち対中輸出が前年比1％減の1兆747億円、対中輸入が前年比7.6％増の7,427億円である。環渤海経済圏では、日中韓で産業間・工程間で分業ネックワークが形成されており、貿易相互依存関係が深化している。たとえば自動車産業は、九州が自動車部品を韓国から輸入する一方、自動車や関連部品を中国に輸出する。また、半導体産業は、九州が半導体を中国から輸入する一方、半導体製造装置および部品材料を韓国へ輸出するという補完関係が確立している。

　今後は、九州の自動車メーカーと半導体メーカーの相互乗り入れで「シリコンアイランドとカーアイランドの融合」が期待される。自動車メーカーは、「安全」、「快適」、「省エネ」をキーワードに自動車の電子化が急速に進む一方、半導体メーカーが自動車産業への進出を強化するであろう。このように環渤海経済圏での自動車産業と半導体産業の融合が進めば、日中韓の垂直分業から水平分業へ、産業間・工程間分業から産業・工程を超えた技術移転や共同研究開発へとより深くかつより高度な補完関係が求められることとなる。こうした場合、九州など日本は、研究開発拠点や高付加価値品の生産拠点としての位置づけをより明確にする必要が出てくる。この点を腹を据えて覚悟すれば、研究開発や高付加価値品の生産に関する雇用を積極的に創出できるので、海外に生産拠点を移しても産業の空洞化はある程度避けることができるのではなかろうか。

　日中韓、特に環渤海経済圏の地政学的立地を最大限に生かしたグローバル戦略を打ち立てる動きもある。世界3位の自動車メーカーに浮上したフランスのルノーグループは、日韓の地の利と傘下企業を生かし、大胆なグローバル生産・販売戦略を展開しようとしている。

　カルロス・ゴーン会長（1954年生まれ58歳）は、2010年6月に韓国5位の自動車メーカー双竜自動車（サンヨン、年産24万）を買収しようとしたが、最終的には資金問題で断念した経緯がある。ルノーグループ傘下の韓国のルノーサムスン（出資比率：ルノー80.1％、サムスン19.9％）と同グループ傘下の日産自動

第2章　東アジアの経済連携　－アジアと日本の知恵を生かす－

車が共同で、買収意向書まで提出した。この買収にあたりゴーン会長は、2010年6月に開催された日産の株主総会で「韓国で生産能力拡大が必要だ」と述べた。買収目的は、まずはルノーサムスンの生産不足への対応である。輸出・内需向けともに好調で、2010年5万台、2011年には10万台以上が不足するとの認識である。しかしこれだけであれば、日産が出資する意味は薄いと言える。したがって2つ目の目的として、双竜自動車の平沢市（ピョンテク、京畿道南西部）にあるメイン工場が視野に入っていたと考えられる。この工場は、西側が黄海に面した新興の港湾都市にある。中国向けの生産拠点や現地組立輸出（CKD）の拠点としての利用価値は大きい。韓国平沢市は、中国・韓国・日本などに囲まれた環渤海経済圏の中央に位置する。上海や北京などの巨大消費地に対して地の利は大きく、その要衝となりうる高いポテンシャルをもっている。また、日産の九州工場（福岡県苅田町）との連携も期待できるはずだ。ゴーン社長は、このような韓国平沢市の地政学的立地に目をつけた可能性が高い。双竜自動車（平沢工場）は、手に入れられなかったものの、ルノーサムスンの釜山工場や日産の九州工場は、拡充させている。買収目的の3つ目としては、双竜自動車の中国でのネットワークの活用があったのではなかろうか。双竜自動車は、2005年に中国の上海汽車に買収されて経営再建の途上にあったため、中国からの部品供給網や人的ネットワークを培っている。ただ、主力の北米向けSUV輸出の急激な縮小から経営が再び悪化し、2009年には上海汽車が双竜自動車の経営から手をひいた。4つ目は、ルノーサムスンが培った韓国企業経営のノウハウを双竜自動車の再建に生かすことだ。ルノーが、2000年に旧サムスン自動車を買収した時、この会社は業績不振にあえいでいた。旧サムスン自動車は日産から技術支援を受けて、モデルにしていた日産セフィーロの性能とデザインを上回るでき栄えであった「ルノーサムスンSM5（セダン）」（第1回韓国カーオブザイヤー大賞受賞）を発売したものの、研究開発費が膨らみ過ぎてしまった。その上、韓国政府からの要請でこの新車の販売価格を安く抑えざるを得なくなり、利益を出せなかったことなどで経営が傾いた。しかしルノーが買収してからは、ルノーサムスンで製造した車種を日産およびルノーのブランドにリバッジ（車名やブランド名のバッジを変えて販売する手法）して輸出を拡大し、見事に息を

43

吹き返した。

　考えてみればルノーは、1999年に日産を救済した際も、日本の企業文化を維持しつつも、旧来の古いしがらみを断ち切ることなどで、V字回復に結び付けている。中国では、日産は東風汽車との連携を深めており、現地開発車などのヒットで大きく販売台数を伸ばしている。日中韓のそれぞれで、現地メーカーと巧みに連携している企業は他にはない。

　ゴーン会長は、双竜自動車の買収は断念したものの、虎視眈々と次の日中韓の地政学を活かした戦略を考えているのは間違いない。また、双竜自動車の買収に成功したインドのマヒンドラもこのような地政学的戦略に出ると見られる。日中韓の地政学的立地を生かして中国・アジア戦略を描くという地政学的知恵が、グローバルビジネスにおいて求められている。

　カルロス・ゴーン会長は、2012年7月に訪韓し、ソウルでの記者会見で「アジアの拠点は韓国」、「韓国は政府の支援もあり、強みがある」と繰り返し述べた。改めて韓国の重要性を強調し、韓国でのリベンジを図っている。双竜自動車買収を断念したゴーン会長の次なる韓国戦略の狙いを探ってみる。ルノーグループは、傘下の日産自動車を使って、韓国のルノーサムスンに大胆な支援に乗り出すと発表した。支援内容は、1つは2014年から日産のSUV（多目的スポーツ車）「ローグ」の次期モデルをルノーサムスンに生産委託する。韓国の釜山工場で年産8万台を計画している。2つ目は、ルノーと日産の連合で1億6,000万ドル（約130億円）を設備投資し、ローグ生産のための釜山工場ラインを整備することだ。「ローグ」は、北米向けの輸出専用車で、現在、日産の九州工場で生産しているが、モデルチェンジや販売増で生産能力が8万台不足すると見込まれている。この生産能力不足分は、当初、米国のスマーナ工場（テネシー州）工場で全量を生産することを決め、米国工場の設備拡張で解決しようとしていた。しかしこの生産能力不足分をルノーサムスンの釜山工場に振り向けることにより、日産の生産能力不足をカバーするとともに、経営不振に陥っているルノーサムスンの釜山工場の稼働率を高めることができる。釜山工場の生産能力は、30万台であるが、2011年生産台数24万台、2012年同22万台の見込みと低下していた。次期モデル「ローグ」は、釜山工場で2014年から向こう6年間、年間8

万台、合計48万台が生産され、北米市場に投入されることになる。

　このようにゴーン会長の日産を活用したルノーサムスン支援の狙いは、日産の生産能力不足のカバーとルノーサムスンの釜山工場の稼働率向上であるが、果たしてこれだけなのであろうか。さらに一石二鳥、一石三鳥を考えている節がある。1つは、すでに発効している韓印FTA、EU韓FTA、韓米FTAや交渉が始まっている韓中FTAである。韓国から欧州への小型車輸出にかかる10％の関税は、すでに6.6％に下がり、2016年までに完全に撤廃される。また、ルノーサムスンは、欧州市場への独自の販路があるという読みもある。韓国から米国への乗用車輸出にかかる2.5％の関税は、2016年に撤廃されるため、輸送コストがかかったとしてもペイできる。何よりも一番の狙いは、韓中FTAではなかろうか。このような韓国のFTAを活用すれば、輸出拠点としての価値は益々高まり、相当、魅力的に映っているようだ。2つ目は、韓国のインフラである。法人税の実効税率は、24.2％で日本の原則35.6％を大きく下回る。電気代は、日本の半分の水準。内需も年間150万台程度と侮れない市場規模だ。3つ目は、急速に育っている韓国の部品産業だ。4つ目は、韓国を日産の海外拠点として「韓国製日本車」を生産し、北米市場をはじめとする世界市場に投入することだ。5つ目は、生産拠点を日本の本州から九州に移し、「九州－釜山－中国」の生産・販売ネットワークの拡大を図ることではなかろうか。この「韓国製日本車」は、お見事と言わざるを得ない。日韓の強みを見事に融合させたものである。どれだけ売れるかは、わからない。ただ、日本や韓国などアジアでは、「韓国製日本車」と言われてもピンとこないかもしれないが、欧米や新興国市場ではもしかして日韓の強みを合体させたものとして受け入れられるかもしれない。このような挑戦は、史上初のことであるので、大変大きなリスクとなるであろう。しかしリスクの大きさは、チャンスの大きさでもある。また、「九州－釜山－中国」の生産・販売ネットワークは、日中韓や環渤海経済圏の地政学的立地を最大限に生かしたものと思われる。まさしく地政学的知恵の結晶である。

　今後、ゴーン会長のこのような韓国を拠点としたアジア戦略やグローバル戦略が上手くいくかどうか未知数であるが、さらなる次の一手も考えているようだ。日産を使って、ルノーサムスンを買収させると韓国メディアで報じられて

いる。日産によるルノーサムスンの買収は、韓国を拠点としたアジア・グローバル戦略をより現実のものにするための戦略なのか。それともルノーグループが、ルノーサムスンの株式を日産に売却することによって得られる約700億円の現金を他のグローバル戦略に投じるのか、注目されるところだ。

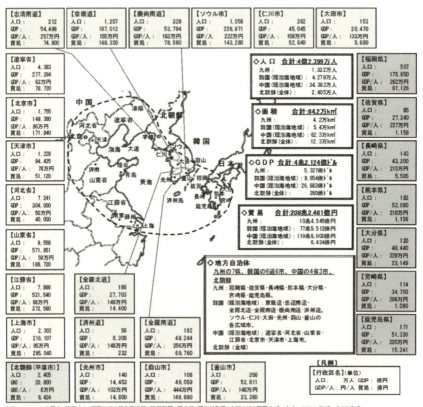

図2-3　環渤海経済圏の経済規模

出所：JETRO、内閣府、(財)福岡アジア都市研究所、門司税関調査部調査課、九州アジア国際化データベース2010年データより作成。

第2章　東アジアの経済連携　－アジアと日本の知恵を生かす－

　このように環渤海経済圏は、地政学的知恵、日中韓経済連携、アジアビジネスモデルを考える上での、視点や情報が多く詰まっている。
　今後、環渤海経済圏が、北に東北3省、東に朝鮮半島と東日本へ拡大し、さらに環日本海経済圏をも触発し得る力強い原動力となるだろう（図2-3）。
　環渤海経済圏から環日本海経済圏、北東アジア経済圏から世界経済という複眼的かつ広大な視野でアジアの問題や課題を探し出し、産業的解決策を考える中で戦略性が磨かれる。

注：●等の記号は、表2-1参照。
図2-4　北朝鮮の地下資源主要埋蔵地域
出所：筆者作成。

4 アジアはエネルギー資源のフロンティア

　北東アジア経済圏の地政学的優位性の3つ目は、アジアに残された最後で最大のエネルギー資源のフロンティアであることだ。ロシアの極東シベリアやサハリン、カムチャッカ半島は、原油や天然ガス埋蔵量が豊富で、モンゴルには石炭や銅などの鉱物資源が豊富にある。北朝鮮にも未開発のレアメタルなどの鉱物資源がたくさん眠っている（図2-4、表2-1）。北朝鮮のレアメタルなどの資源の価値は、推定6兆ドルといわれ、この北朝鮮資源を巡って世界各国はさま

表2-1　北朝鮮の主要鉱物埋蔵および分布状況

区分	品位	埋蔵量	分布地
鉄（Fe）	20〜50%	20〜40億トン	咸鏡北道、茂山、咸鏡南道・利原、黄海南道・殷栗、戴寧、平安南道・价川、江西
重石（Wo3）	65%	20〜30万トン	黄海北道・新坪、咸鏡南道・大興、平安南道・陽徳、平安北道・昌城
モリブデン（MoS2）	90%	1,000〜3,000トン	黄海北道・遂安、咸鏡北道・鍾城、魚郎、江原道、金剛
マンガン（Mn）	40%	10〜30万トン	咸鏡北道・富坪、江原道・金剛
ニッケル（Ni）	3%	1〜2万トン	咸鏡南道・廣川、咸鏡北道・ブユン
石炭	6,000cal	147億トン（無煙炭117億トン、有煙炭30億トン）	平安南道・ジュンサン、徳川江東、价川、安州、平安北道・球場、咸鏡南道・高原、咸鏡北道・セッピョル
亜鉛（Zn）	100%	1,000〜2,000万トン	咸鏡南道・廣川、平安南道・成川、价川、慈江道・狼林、松源、謂原
金（Au）	100%	1,000〜2,000トン	平安北道・東倉、雲山。黄海北道・遂安、延山、咸鏡南道・虚川、江原道・金剛
銀（Ag）	100%	3,000〜5,000トン	同上
マグネサイト（Mgo）	45%	30〜40億トン	咸鏡南道、廣川、陽光白岩、雲興
石灰石（CaO）	50%	1,000億トン	平安南道・江東、黄海北道・馬洞、咸鏡北道・会寧、古茂山、咸鏡南道・利原

第2章　東アジアの経済連携　－アジアと日本の知恵を生かす－

地下資源	産出地
鉄鉱石　○	茂山、利原、虚川、徳城、戴寧、下聖、安岳、松林、黄州、价川、泉洞
亜鉛精鉱、鉛鉱石　●	笏洞、甲山、検徳、楽淵
無煙炭　△	安州、高原、新倉、竜登、鶴松、三神洞、竜門
大理石　▲	金策、平山
鉄（Fe）　▽	茂山、利原、殷栗、戴寧、价川、江西
重石（Wo3）　▲	新坪、大興、陽徳、昌城
モンブデン（MoS2）◇	遂安、鍾城、魚郎、金剛
マンガン（Mn）　◆	富坪、金剛
ニッケル（Ni）　☆	廣川、ブユン
石炭　★	ジュンサン、徳川江東、价川、安州、球場、高原、セッピョル
亜鉛（Zn）　□	廣川、成川、价川、狼林、松源、謂原
金（Au）、銀（Ag）　▨	東倉、雲山、遂安、延山、虚川、金剛
マグネサイト（Mgo）※	廣川、陽光白岩、雲興
石灰石（Cao）　×	江東、馬洞、会寧、古茂山、利原
【その他】 チタン精鉱、タングステン精鉱（特に鉄マンガン重石と灰重石）、モリブデン精鉱（主に輝水鉛鉱）、モナズ石精鉱（希少類の含有30％～60％）、ジルコン（原子炉材料の金属ジルコニウム、超高速鋼の原料）、鱗状黒鉛、土状黒鉛、マグネサイトおよびマグネシア・クリンカー、苦灰石（白雲石）、藍晶石、ブルサイト（水滑石）、蛭石（変黒雲母）、耐火粘土、耐火レンガ、カオリン、紅珪石、珪石、珪砂、長石、球石（遮湖）、ライニングストーン（内張石）、タルク（滑石）、黄土、重晶石、蛍石、花崗岩、雲母、雲母スクラップ、天然スレー	

出所：韓国統一院[1995]。

ざまな動きをしている。中国は、すでに茂山（ムサン）鉱山などの鉄鉱石開発に深く関与しており、銅や石炭も開発中である。2011年中国の対北朝鮮輸入額24億2,000万ドルのうち65.1％を鉄鉱石と石炭が占めた。この鉄鉱石輸入のほとんどは、北朝鮮北部・咸鏡北道の茂山鉱山で採掘されたものである。

茂山鉱山の開発権（50年契約）は、中国の通化鉄鋼グループ、延辺天池鉄鋼グループ、中鋼グループの3社のコンソーシアムが取得している。中国コンソーシアム側が、機械設備や技術など14億ドル相当を提供し、毎年1,000万トンの鉄鉱石を搬出する計画である。現在、北朝鮮から中国への鉄鉱石搬出量は、1日4,000トンで100台の10トントラックが毎日2往復している。茂山鉱山は、北東アジア最大規模の埋蔵量を誇る鉄鉱山で、鉄鉱石埋蔵量30億トン、可採埋蔵量

13億トンといわれる。1930年代半ばまでは、三菱鉱業（現在の三菱マテリアル）
によって開発・採掘され、鉄鉱石は北朝鮮北部・咸鏡北道の港湾工業都市であ
る清津市（道都）などの製鉄所に供給されていた。

　韓国は、黒鉛鉱山や電子部品原料の7鉱種（ニッケル・クロム・タングステン・
コバルト・モリブデン・マンガン・バナジウム）を狙う。また、赤字続きの金
剛山観光（現在中断中）を続ける理由は、金剛山に埋蔵されているタングステ
ンとモリブデンという見方もある。ロシアは、極東の剰余電力を供給する見返
りに鉱山開発権を要求している。英国は、北朝鮮開発投資ファンド組成し、ウ
ランなど鉱山開発や北朝鮮領海（黄海）の石油・天然ガス開発を探っている。
米国は、ゴールドマン・サックスやシティグループがウラン濃縮疑惑以前にウ
ランなど資源開発に関心を寄せた。また、国防総省（地質学者7名）が北朝鮮金
鉱山の資料収集を日本の国会図書館で行ったことがある。ドイツは、自動車軽
量化原料のマグネシウムを狙う。スイスは、鉱山資源輸入専門会社クィンテル
ミナ社がマグネサイトを輸入しており、開発も計画している。このマグネサイ
トは、オーストリアの世界的耐火煉瓦メーカーRHI社などに販売されている。
ブラジルは、伯朝外相会談（2009年5月）でペトロブラス社が北朝鮮領海（日本
海）の深海油田探査に協力することで合意した。

5　ユーラシア大陸を繋ぐ国際物流拠点

　地政学的優位性の4つ目は、日本とユーラシア大陸を繋ぐ国際物流拠点にな
るということだ。北東アジアには輸送回廊として鉄道網が11ルートあり、この
うち図們江（豆満江）輸送回廊、朝鮮半島西部輸送回廊、朝鮮半島東部輸送回
廊の3つのルートが日本からユーラシア大陸への玄関口となる（図2-5参照）。
この中でも最も物流能力が高いのが、北朝鮮北東部沿岸の羅津港（羅先特別市）
を通じる図們江輸送回廊である。これは、戦前に日本が建設したものだ。羅津
は、良港としても知られており、北朝鮮経済特区として発展すれば物流拠点と
して大きな役割が期待されている。この羅津の埠頭など利権は、もうすでに中
国、ロシア、モンゴルなどが取得しており、韓国も食い込む機会を見計らって
いる。朝鮮半島の東部・西部の各輸送回廊も2007には試運転が行われ、物流機

第2章　東アジアの経済連携　－アジアと日本の知恵を生かす－

図2-5　北東アジア輸送回廊（11ルート）
出所：筆者作成。

能の一端を担うことが期待されている。韓国では、この回廊をいずれは玄界灘に海底トンネルを通して日本にも直結させようとする構想までもある。最近では、2012年9月に開催された韓国の全国経済人連合会「観光産業特別委員会」で朴三求（パク・サムグ）委員長が、観光客誘致に向け韓国と日本、韓国と中国を結ぶ海底トンネル建設の必要性を提言した。朴三求（1945年生まれ67歳）氏は、韓国財閥10位の錦湖アシアナ財閥の会長である。朴委員長は、「来韓客の50％を超える中国と日本人観光客を取り込むためには、海底トンネル建設などに関する議論を再開すべきだ」、「観光産業は、経済が低迷する際、内需を活性化し、雇用を創出するのに最適だ」と述べた。

　韓国では、国土海洋部が中心となり、済州海峡トンネル（韓国西南部・木浦市～韓国済州島）、韓中海底トンネル（中国山東半島・威海市～韓国仁川市）、

日韓海底トンネル（韓国釜山市～日本対馬島～日本福岡市）の「3大海底トンネル構想」が提言されている。済州海峡トンネルは、区間距離167km（海底距離73km）、総工費14兆6,000億ウォン（1兆円）、事業期間11年。韓中海底トンネルは、区間距離341km（海底距離332km）、総工費123兆ウォン（8兆6,000億円）、事業期間10年。日韓海底トンネルは、区間距離223km（海底距離147km）、総工費92兆ウォン（6兆4,300億円）、事業期間10年と試算されている。

日韓海底トンネル構想が実現するかどうかはともかく、日本とユーラシア大陸との物流機能を考えたときに、貿易港と鉄道網という視点から、朝鮮半島は戦略的な位置付けにあると言える。

このようにアジア・ユーラシアダイナミズムのトレンドや世界潮流を捉え、北東アジア経済圏の地政学的優位性を見極め、グローバル戦略を展開してこそ、企業やビジネスパーソンの経営戦術や経営スキルも生かされる。逆に企業やビジネスパーソンの経営戦術や経営スキルをいくら磨いても、世界潮流と地政学的立地にあった経営戦略が展開できなければ上手く経営はできない。したがって世界潮流を見抜き、地政学的立地を見極めるには、時代と並走する意思、世界を見る目、歴史に関する見識、文化に対する造詣などが求められる。アジアの企業やビジネスパーソンは、一概にこれらの素養や見識が優れているとは言えないが、関心が深く、学ぶ姿勢が相対的に強いということは言えそうだ。

おわりに

世界経済を牽引するアジア・ユーラシアダイナミズムは、東アジア・北東アジアを中心に巻き起こっている。東アジア・北東アジアは、アジア・パラドックスという政経矛盾を抱える一方、北東アジア経済圏が優位な地政学的立地を活かし、ネットワーク型経済発展を遂げている。北東アジア経済圏の地政学的優位性とは、①市場化を進めるユーラシア経済圏の中核であり、北東アジアから中央アジア・アセアン・インドまでを結ぶネットワーク型経済発展の原動力であること。特に環渤海経済圏、環日本海経済圏、大メコン経済圏、新極東経

済圏、ヒマラヤ経済圏、新シルクロード経済圏、モンゴル経済圏などの経済圏が可視化・実体化されるとともにリンケージしている。②日中韓3カ国が北東アジア経済圏と世界経済をリードしていること。③アジアに残された最後で最大のエネルギー資源のフロンティアであること。④日本とユーラシア大陸を繋ぐ国際物流拠点であることである。

　今後、アジア・ユーラシアダイナミズムのエネルギーを取り込むためには、同地域の地歴学や国際関係に関する見識が必要である。また、アジア・ユーラシアダイナミズム時代を創造するという視点から俯瞰力・構想力・戦略力が求められる。さらには、日中韓の不条理、アジア・パラドックス、アジア平和に目を向け、行動・解決する当事者リーダーとしての覚悟が大切である。寺島実郎多摩大学学長は、著書『世界を知る力』（PHP新書、2010年）の中で「世界の不条理に目を向け、それを解説するのではなく、行動することで問題の解決にいたろうとする。そういう情念をもって世界に向き合うのでなければ、世界を知っても何の意味もないのである」と述べている。

[演習]

1. アジア・ユーラシアダイナミズムをどのように認識し、どう向き合うべきだと思うか。アジア・ユーラシアダイナミズム時代を創造する志とはどのようなものか。

2. ビジネスパーソンが平和に敏感でなければならない理由とはなにか。

3. ビジネスパーソンにとって必要な教養（リベラルアーツ）とはどのようなものか。

4. 地政学的知恵とはどのようなものか。また、地政学的優位性をいかに捉え、地政学的戦略をいかに展開するか議論せよ。

5. 経済発展と環境保護のバランスをいかに保つべきか。

6. 日韓海底トンネルと中韓海底トンネル構想について賛成するか。

7. 東アジアの国際関係をいかに捉え、どのように改善すべきか議論せよ。台湾や北朝鮮とどう向き合うか考えよ。

8. FTA（自由貿易協定）、EPA（経済連携協定:貿易・サービス・投資の連携）、TPP（環太平洋戦略的経済連携協定）、WTO（世界貿易機関: 自由貿易促進を主たる目的）など通商のあり方を議論せよ。

9. どの国や地域と積極的に経済外交を展開すべきか考えよ。

10. アジア・グローバル人材とはどのような資質を持った人材と考えるか。

[参考文献]

[1] 韓国統一院[1995].『1995年北朝鮮概要』。

[2] 金美徳[2012a].『図解 韓国四大財閥早わかり』角川・中経出版、電子書籍 2015年。

[3] 金美徳[2012b].『なぜ韓国企業は世界で勝てるのか-新興国ビジネス最前線-』PHP研究所、電子書籍 2015年。

[4] 金美徳[2012c].『한국기업,세계에서 왜 잘나가는가：韓国企業、世界でなぜ上手く行くのか』韓国滄海出版社（韓国語版）。

[5] 金美徳[2013a].『韓国企業だけが知っている日本企業没落の真実-日本再浮上27核心-』角川・中経出版、電子書籍 2014年。

[6] 金美徳[2013b].『図解 韓国四大財閥』台湾大是文化有限公司（台湾語版）。

[7] 寺島実郎[2010].『世界を知る力』PHP研究所。

[8] 寺島実郎[2011].『世界を知る力 日本創生編』PHP研究所。

[9] 寺島実郎[2012].『大中華圏-ネットワーク型世界観から中国の本質に迫る-』NHK出版。

金　美徳（きむ　みとく・多摩大学経営情報学部教授）

第3章　日本経済の発展と構造変化

はじめに

　1993年に世界銀行は、1965年から1990年までに高い高成長を遂げた8つのアジア諸国についての報告書（East Asia Miracle: Economic Growth and Public Policy）を出した。報告書のタイトルが示唆するように、過去数十年におけるアジアの経済成長は著しいものがある。1997年にアジア通貨危機が発生したものの、その混乱も乗り越えた。中でも日本は他国に先駆けて経済の高成長と高水準への到達を実現した。最近の日本経済の水準を国際比較すると、1人当たり名目国内総生産（名目GDP、米ドル、2012年）は約4万7千ドルで、OECD諸国中10位である。7位で5万1千ドルの米国とはほぼ同水準となっている。2012年は円ドル為替レートが2013年以降と比較して円高であったため順位は高めと考えられるが、それでも日本が経済大国であることには異論がないであろう。

　しかし、日本経済は単純に伸び続けたわけではない。第二次世界大戦前後の日本経済には大きな断絶があり、戦後直後は破綻状態に陥った。高度成長期にも景気変動が常に生じ、とくに外貨不足が日本経済を不安定化させた。1980年代以降はグローバル経済の大きな波に直面すると共に、80年代後半にはバブル経済が発生した。1990年代にバブルが崩壊すると、とくに地価の下落により金融の機能が低下し、失われた10年とも15年とも言われる長期の景気後退となった。現在日本経済は、生産性の低下、少子高齢化、財政問題、グローバル化など様々な構造問題に直面している。

　本章では、日本経済の発展と変動の過程を、とくに経済構造の変化を意識しながらみていく。同様に構造問題を中心に、日本経済の最近の問題を分析す

る。[1]

I．戦前日本経済の繁栄と後退

　現在の水準に日本経済が達した時期は、一般的には戦後の高成長によるものとの認識がある。確かに1950年代以降に日本は高度成長期となったが、その時期だけでは説明しきれない。日本経済は戦前（第2次世界大戦前）においても経済発展の途上にあった。
　図3-1は米ドルで測った日本の実質GDPとその自然対数値の推移をみたもの

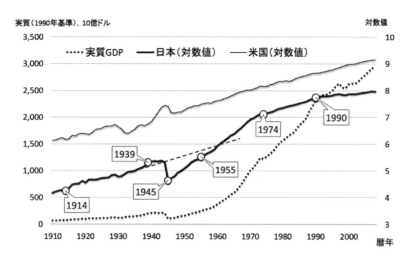

注：ゲアリー・ケイミス方式による実質ドル値。購買力平価による換算である。
図3-1　実質 GDP の長期トレンド
出所：Maddison [2008]より作成。

---

[1]本章で用いた資料は拙著『入門 日本経済論』（2014、新世社）と共通のものが多い。引き続き日本経済を学びたい場合には、本章と一貫性があるので同書が便利である。なお、同じ統計を用いた場合でも、本章では長期動向がよりわかるような形に図を再作成している。

である。比較のため、米国の実質GDP自然対数値も示している。経済分析では対数値を用いることが多い。対数値はその値の2時点間の差から成長率が計算できるため、時間を横軸に取ったときには図から成長率のトレンドを捉えることが容易な指標である。

図をみると、1945年から1974年にかけては、その前後と比較して伸びが大きい。この期間は戦後の経済復興から高度成長期にあたり、平均9％程度の成長を実現した。戦前からのトレンドを取ると、そのトレンド線の傾きを超えた成長となっており、1955年頃に実際の値がトレンド線を上回っている。このように日本経済は高度成長期に特別な発展を遂げた。

しかしながら、注目したいのは戦前においても日本経済は比較的高い成長を実現していたことである。その成長率は平均的には米国を上回っていた。経済水準については、1940年頃の1人あたり実質GDP（図と同じ資料）は英国や米国の半分よりも低い程度であった。1915年では米国とは3.7倍程度の差があったから徐々に縮まってきていたのである。

同資料で確認すると、これはちょうど最近の韓国と日本の関係に似ている。1970年における日本と韓国の1人当たり国内総生産は4.48倍の差があったが、1990年には約2倍にまで縮まった。漢江の奇跡と呼ばれる時代である。なお、その後の2008年における日韓経済の差は1.16倍となり、現在では購買力平価でみるとほぼ同水準である[2]。

戦前の日本経済は、戦後と同じく産業構造の変化、すなわち工業化を経験していた。それは第1次世界大戦（1914～18年）時における輸出の増加を契機とするものであった。とくに、同じく好景気となっていた米国への生糸や絹織物の輸出が増加した。また、貿易の活発化に伴い海運業も伸び、そこで巨額の富を得た船成金と呼ばれる人々も現れた。この時期は大戦景気と呼ばれる好景気となった。

---

[2] ここで参照の数値は購買力平価に基づくもので、各国の物価差を調整したものである。たとえば、2012年において、韓国の1人当たり名目国内総生産は日本のおよそ半分の2万3千ドルの水準である。しかしながら、国内外の価格差をふまえると、その所得水準でほぼ同水準の購買（量）が可能であることになる。

1905年の国内生産に占める第1次産業の割合は32.9%、第2次産業は21.1%であったが、1920年にはそれぞれ30.2%、29.1%へと変化した[3]。さらに1930年にはそれぞれ17.6%、31.6%となり、第2次産業での生産が拡大した。

　ただし、産業構造は就業者数でみると生産とは印象が異なる。図3-2は、1920年と1930年の男女別・産業別就業者割合を示している。女性の就業は第1次産業が中心であったが、男性では、この頃に第2次・第3次産業の合計が第1次産業を上回っていることが分かる。それでも、1930年で第1次産業の割合が44%なのに対して第2次産業は24%であるから、依然として第1次産業の割合が大きい。

　産業構造の変化で製造業を中心に高い付加価値を生み出す産業が発達したものの、それに従事する労働者の人数はそれほどではなかったことになる。そのため、農村と都市部では所得格差が生じた。加えて、農村においては農地を所有していない小作農が多く、重い小作料を支払っていた。そのような戦前における所得格差の存在を知ることが、戦争と戦後の経済状況の変化や経済政策を理解するのに必要となる。

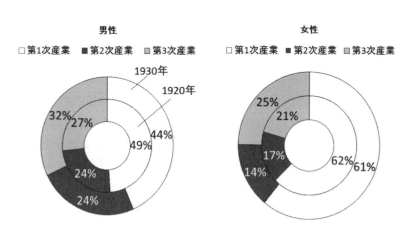

図3-2　男女別の就業者数構成比
出所：梅村、赤坂、南、高松、新居、伊藤［1988］より作成。

---

[3] 大川、高松、山本 [1974], p.240 表に基づく。

第3章　日本経済の発展と構造変化

　さて、第1次世界大戦が終了した後、1920年代は慢性的不況と呼ばれる時期
で、長期にわたりデフレ[4]傾向が続いた。けれども産業構造の変化は継続し、都
市化も進んだ。文化的には大衆文化が発展し、ラジオ、映画、雑誌などが広ま
った。1934年には日産自動車（株）が社名変更により誕生し、1937年にはトヨ
タ自動車工業（株）が設立されたが、自動車生産はそれ以前から始まっていた。
現代につながるような日本経済のサービス化や工業化は戦後から始まったの
ではなく、戦前から動き始めていたのである。

　また、この頃、1910年代からの大正デモクラシーにより民主主義的な政治が
実現しつつあった。1926年に年号が大正から昭和となった頃は、政友会と憲政
会による二大政党制であり、25歳以上のすべての男性が選挙権を持つ比較的民
主的な政治体制であった（女性が選挙権を持つのは戦後）。しかしながら1930
年の昭和恐慌や同年の米価下落に加え、翌年からは度重なる米凶作となり、と
くに農家の経済状況が悪化した。さらに、1929年に発生した世界大恐慌の影響
により、農家の重要な収入源であったまゆ（生糸の原料）の価格も落ち込んだ。
1936年に2・26事件が発生を契機として日本の政治は軍国化してしまうが、こ
の事件は農村と都市部の格差を憂う青年将校が中心となって引き起こしたも
のだった。

　このように戦前も経済が社会情勢に大きく影響を与えていたことを知ると、
なぜ米国との無謀な戦争を行ったのかも理解できる。日本が米国と戦争を行う
きっかけの1つとなったのは1941年の対日輸出禁止であった。当時、日本は米
国から原油を輸入していたが、その原油輸入が止まってしまったのである。
1937年に始まった日中戦争[5]の継続が難しくなるばかりではなく、国民生活が

---

[4] デフレーションの略。物価が下落することをいう。逆に物価が上昇することをイン
　フレ（インフレーション）という。

[5] 日中戦争は、当時、支那（シナ）事変と呼ばれていた。支那とは英語のChinaにあ
　たるもので、秦（しん）が元になったとされる。差別語とされる場合もあるが、必
　ずしもそうではない。あえて中国を支那と呼ぶ者がいるのは、中華人民共和国（中
　国）の国名に中華思想が反映されていると考えるからである。なお、広島市や岡山
　市を含む日本の中国地方は中華人民共和国とは関係なく、昔からこの地域のことを
　指す地名である。同じく「ちゅうごく」と発音する。また、日本にある中国銀行は
　岡山市を拠点とする地方銀行である。

苦しくなった。資源がない日本は必然的に物資の配給や政府管理という統制経済へと移行した。さらに、インドネシア（当時はオランダ領東インド）などに原油を求め、日本軍が東南アジアにまで進出する事態となった。

1941年から45年にかけての日本経済は戦時統制経済と呼ばれ、政府による資源配分が行なわれた。それ以前でも1938年の国家総動員法により、国民経済を総動員すること[6]がすでに決定されていたが、米国の対日輸出禁止により、さらに軍需への資源配分が強まったのである。

戦前日本は、産業構造の変化に伴う所得格差により社会情勢が不安定化し、天候不順による凶作や海外経済からのショックにもさらされた。社会情勢の変化は単純な要因で説明しきれないが、それらの経済要因が戦争につながったという側面は強くある。

II. 戦後復興から高度成長期へ

1　戦後の混乱からの回復：ハイパーインフレと経済政策

1944年終わり頃から、米軍を中心とした連合国軍による日本への空襲が激しさを増した。1945年3月の東京大空襲の死者数はおよそ10万人にのぼり、8月に投下された原子力爆弾は、1945年12月末までに広島市で約14万人、長崎市では約7万4千人の人命を奪った。

このような日本本土への攻撃は経済面での被害も甚大なものとした。建築物、道路、水道設備などの資産的国富においては、およそ1／4が破壊された[7]。その被害規模は、1923年9月の関東大震災（死者数は約10万人）の4倍に及ぶものであったという。そのうちおよそ半分が生産財であったため、人々は生活のための物資を失ったばかりでなく、復興のための生産手段も欠く状態になった。

6　野口[2010]は日本型企業がこの時期に成立したことを指摘している。すなわち、企業が株主を中心とした経営から従業員中心の共同体へと変貌したのである。野口[2010]はこの時期に作られた日本経済の構造を「1940年体制」とし、戦後日本経済の原型がそこにあるとしている。

7　経済安定本部総裁官房調査課 [1948]による。

第3章　日本経済の発展と構造変化

　たとえば、電力は水力発電にこそ被害がなかったが、火力発電では供給能力が30%低下した。そのため、1945年8月15日に太平洋戦争の終戦が国民につげられると、その直後から、日本経済は資源不足に直面し、ハイパーインフレーション（以下ではハイパーインフレ）が生じた。1946年のインフレ率は500%を超えるものであった。

　戦時中にもインフレはすでに生じていたが、ハイパーインフレとなったのは終戦後である。ハイパーインフレの原因の1つは、さらなる食糧難、資源不足と戦地・外地からの引き揚げ者による需要の増大である。1945年、主食である米は不作で、1942年と比べて収穫量は約4割減少となった。また、当時最も重要なエネルギー資源であった石炭は、炭鉱で働いていた朝鮮人・中国人労働者の帰国もあり、生産量が約4割減少した。モノ不足と需要増大で、需給バランスが崩れ物価が高騰したのである。

　けれども、主因は日本政府の財政破綻である。ハイパーインフレとは通貨価値が大幅に下落する現象であり、通常は財政破綻により生じる。日本は戦費調達のために国債を大量に発行した。1944年度の国債残高（普通国債）は、図3-3にあるように対GNP比で約144.5%に及ぶものとなっていた。

　この時期の出来事は現在の日本経済にとっても重要な教訓である。図では最近までの推移も示しているが、2010年度には約158%とすでに終戦直後の水準を上回っている。当時と比較して、政府の借入の原資となる国民の金融資産は豊富であるが、それでも多額の債務であることには違いがない。

　この時期の経済政策上の課題にはハイパーインフレのほかに希少な資源の配分問題があった。輸入は再開されておらず、したがって原油もほぼない状態であった。仮に輸入できたとしてもその代金を支払う外貨がなかった。

　そこで採用された政策が、傾斜生産方式と呼ばれる鉄と石炭への重点的な配分である。1946年に経済安定本部が設置され、政府主導の計画経済が行われた。国内で産出可能な石炭がまず重点的に生産され、そこから得られたエネルギー資源は鉄鋼業に優先的に配分された。金融面では政府により復興金融公庫が設立され、それが発行する復興金融債券（以下は復興債）により資金が調達された。復興債は実質的には国債と同じであり、その発行によりインフレが持続し

61

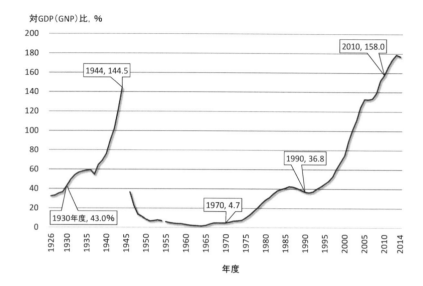

注：政府債務は名目の年度末国債残高（内国債および外貨債）。2013年度および14年度は見通し値。1929年度までは粗国民支出（市場価格）、1930年度から1954年度まではGNP、1955年度以降はGDP。2014年度名目GDPは政府見通し。

図3-3　政府債務の長期推移（対 GDP 比%）

出所：財務省[各年版]、内閣府[2014]（長期統計）、総務省統計局[2006]、大川、高松、山本［1974］より作成。

てしまうことにもなった。

　政府主導の産業政策は、1952年に（前年に調印されたサンフランシスコ講和条約に基づき）日本の独立が回復した後も引き継がれた。産業政策の中心となった旧通商産業省（現在の経済産業省）は1949年に発足している。通商産業省は商工省が改組されたものだが、その名前からわかるように通商貿易の拡大を目的の1つとし、高度成長期の日本経済発展に重要な役割を果たすことになる[8]。このような工業化を目指す中央集権的な産業政策（開発戦略）は、インドネシ

---

[8] 経済産業省が毎年発行している『通商白書』は内閣府の『経済財政白書』と並び、日本経済の現状を知るのに有用な出版物である。とくに貿易や世界経済の状況を分析している。

ア、タイ、マレーシアなどの東南アジア諸国において参考にされたとされる[9]。

占領下で日本を管理していたのは米国のダグラス・マッカーサーを最高司令官とするGHQ（General Headquarters，連合国最高司令官総司令部）である。この頃行われたGHQによる改革は日本経済の構造を大きく変化させた。とくに影響が大きかったのが農地改革、財閥解体、労働制度改革である。たとえば農地改革により、大半を占めていた小作農が減少し、農地のおよそ9割が自作地となった。地主から農地が買い取られたが、その価格が1945年基準とされたため、ハイパーインフレにより小作農は実質的に非常な安値で農地を買い取ることができた。

農地改革は農家の格差縮小をもたらした。一方で、その後の日本農業を産業として考えると、小分けにされた農地により生産性が伸び悩む原因ともなった。2013年に日本はTPP（環太平洋経済連携協定、Trans-Pacific Strategic Economic Partnership Agreement）の交渉会合に加わり、これまでにない広い範囲での地域自由貿易圏への参加を目指すこととなった。この交渉で難航したのはとくに農作物の関税引き下げである。日本の農家1戸あたり農地面積は、平均的には米国の1/100であり、オーストラリアの1/1500である。そのため、単純に関税を引き下げた場合には、価格競争で輸入品に勝てないことが危惧される。

財閥解体では、三井、三菱、住友、安田の4大財閥に11財閥を加えた15財閥が解体された。財閥とは、主に持株会社を通じて企業グループを形成し、多面的な事業をグループとして行っていたものである。財閥解体のほかに、身分制度であった華族制度の廃止、最高90％という財産税の課税、あるいは預金封鎖によりかつての資産家はその資産をほぼ失った。このときに日本では資産格差が大幅に解消されたのである。のちに1970年代に入り、日本の人口が1億人を超えた頃、1億総中流といわれるようになった。日本の大多数が自分は中流だと感じるようになったのである。これは、かつての格差社会が経済成長により解消されたためだが、農地改革や財閥改革により社会構造が大きく変化したこ

---

[9] 国家主導型の開発戦略は開発独裁や開発主義と呼ばれることもある。ただし、少なくとも日本では独裁体制であったわけではない。

とも影響している。

　しかしながら、最近の日本では再び格差問題が取り上げられることが多くなっている。注目されているのは資産格差よりも所得格差である。2000年代に入ると、長期不況において正規雇用者が比較的保護される一方で、多くの若者が低賃金で不安定な非正規雇用となった。その割合は1990年頃に20％程度であったが、2014年には37％（厚生労働省「労働力調査（平成26年7月速報）」による）にも達している。

　戦後の日本経済の混乱は1950年頃まで続いた。それがようやく落ち着き始めたのは、インフレの原因であった政府債務の実質的な大幅減少と、復興債の発行停止などによる緊縮財政である。このような総需要抑制政策は、米国の銀行かジョセフ・ドッジのよる提案であったため、ドッジ・ラインと呼ばれる。また、1948年には1ドル＝360円の固定為替レートが定められた。これは1971年のニクソン・ショックまで続くことになる。

　けれども、日本経済は必ずしも自立的に復興を遂げたわけではない。ドッジ・ラインの採用後に安定恐慌と呼ばれた景気後退も生じた。日本経済が復興し、その後に高度成長となるきっかけとなったのは1950年から53年の朝鮮戦争にともなう朝鮮特需である。米軍は戦争物資特別調達として日本から軍需品を購入し、その代金をドルで支払った。日本は輸入に必要な外貨を獲得できたのである。1950年には原油輸入も再開され、その輸入量はすぐに戦前水準にまで回復した。

2　高度成長期

　1950年代半ばから1970年代初めの時期を高度成長期と呼ぶ。第1節で実質GDPの長期トレンドをみたが、そこから分かるように、この時期に実質GDP成長率は10％を超える年が多かった。1970年代にやや減速して、第1次石油ショックにより1974年はマイナス成長となった。その後は高くても5％台の成長率となり高度成長期は終焉した。

　高成長が実現した要因は投資や消費の拡大、生産技術の向上、経済政策による支援などいくつもある。当初は主に復興を要因とする高成長であった。やが

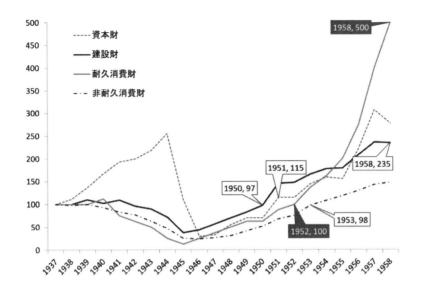

図3-4　経済復興と鉱工業生産

出所：鉱工業生産指数（付加価値額ウエイト）を1937＝100と計算し直して作成。

て、耐久財を中心とした消費財への需要の高まりも主要な成長要因となった。

　復興による高成長は経済成長理論におけるソロー・モデル（新古典派成長理論）で説明できる。ソロー・モデルでは、投資と投資の減耗が等しいところで定常状態となり、資本の増加、すなわち経済成長が止まる。定常状態となるのは、資本の限界生産力が逓減するためであるが、これはすなわち、高い成長をもたらすような高い投資機会が減少することを意味している。

　戦後、破壊された資本のうち半分程度が生産財であった。生産資本が極端に少ない場合は、投資による収益率（限界生産力）は高い。しかし、10～15年ほど経過した頃にはそのような投資機会は減少したと考えられる。たとえば1956年の経済白書には「もはや戦後ではない」と記述されている。その意味は、もともとは戦後復興が終わり、経済成長の継続のためには技術革新や設備の近代化などが必要であるというものであった。

　図3-4はいくつかの鉱工業生産について、1937年を100とする指数を作成し

て、その推移を示したものである。敗戦後目立って増加したのは建設財である。日本は本土空襲により住宅、工場などに被害を受けたため、その復旧が必要であった。1950年に1937年水準へ回復している。その次に回復したのが資本財であった。耐久消費財や非耐久消費財という消費は少し遅れて、それぞれ1952年、53年に1937年水準に達している。

　ところが、1950年代半ば頃に冷蔵庫や洗濯機のような耐久消費財が急速に増加し、建設財を上回る動きとなっている。やはり1950年代半ばに復興から耐久財を中心とした内需拡大へと経済の牽引役が交代したといえよう。たとえば、東京オリンピックが開催された1964年の実質GDP成長率は11.2％であったが、そのうち民間消費の寄与度[10]は6.8％で、民間企業設備寄与度は1.9％であった。消費の寄与度が大きくなったことが分かる。

　経済規模拡大の主な要因は、工業化と都市への人口移動である。農村の若者が男女問わず都市部へ流入し、金の卵とも呼ばれる貴重な労働力として、日本の工業化を支えた。1962年の東京圏への転入超過数[11]は男性が約20万人、女性は約18万人であった。近年、中国でも同様の現象がみられたため想像しやすいだろう。

　1955年に第1次産業に従事する就業者数は全体の37.6％であったが、1975年には12.7％にまで低下した[12]。第1次産業から、第2次、第3次産業へのシフトにより高度成長期の日本経済は発展した。他国の経済発展でも、第1次産業から第2次あるいは第3次産業へ経済の比重が移っていく傾向は広くみられる。このような現象をペティ＝クラークの法則と呼ぶ。

　農村から移動してきた若者達は、農村に居続けた場合よりも高い所得を得ることができた。また、彼・彼女らが都市部で結婚し家庭を持つことで、家庭で必要な洗濯機や冷蔵庫といった耐久消費財への需要が増加した。テレビ、洗濯

---

[10] GDP における寄与度とは成長率に対する各項目がどれくらい寄与したのかをみるもので、各項目の成長率とそれぞれの構成比率を掛け合わせて求められる。各項目の寄与度を合計するとちょうど成長率に等しくなる。
[11] 転入超過数とは、転入者数から転出者数を差し引いた値である。ここでの統計は総務省統計局『住民基本台帳人口移動報告』に基づいている。
[12] 総務省統計局『労働力調査年報』による。

機、冷蔵庫は三種の神器と呼ばれ、人々の購買意欲が高まるとともに生産技術の向上が促されて価格も低下した。1960年代にこれらの消費財は急速に普及した。

高度成長期は前期と後期で性質が異なる。1960年代半ば頃までは、高度成長といえども好景気と不景気の波が数年で訪れる景気循環が強く生じていた。その説明のカギとなるのが国際収支の天井[13]と呼ばれるものである。当時日本は1ドル＝360円の固定為替相場制のもとにあった。また、貿易収支が赤字となった場合に、米ドルの外貨準備が十分ではなかった。国内需要が拡大して輸入も増加すると、貿易収支および経常収支が赤字化する。それに対して、政府・日銀はその解消のため金融政策により金融を引きしめて景気を抑制する必要があった。このような、経常収支の赤字へ対応しなければいけないこと、すなわち外貨準備の不足が経済成長の制約となっていたのである。

1954年11月から57年6月までの好景気は初代天皇とされる神武天皇（じんむてんのう）[14]の時以来の好景気ということで、神武景気と呼ばれる。しかしながら、その後になべ底不況と呼ばれる景気後退となった。たとえば図3-5をみると、1956年に経常収支が赤字化し、マネーストック[15]が減少している。なべ底不況により経常収支が黒字に転じると、1961年12月まで岩戸景気と呼ばれる景気拡張期となった。いったん景気は悪化するが、1964年の東京オリンピック頃まで再び好景気となった。

ところが、1965年の昭和40年不況後に景気が好転後すると、その後は国際収支の天井がみられなくなる。日本経済は高度成長期に拡大し続けたことで、構造的に外貨不足の状況から脱却したのである。また、この頃、列島改造と呼ば

---

[13] ここでは通称に従い、国際収支というが、現在の統計上は**経常収支**にあたるものである。国際収支表には経常収支と**金融収支**があり、経常収支は**貿易収支**、サービス収支、**第1次所得収支**、第2次所得収支からなる。

[14] 神武天皇は神話の時代の天皇であり、実存は確かではない。現在の今上天皇（きんじょうてんのう）は125代である。天皇は男系の家系で引き継がれてきたと考えられている。

[15] マネーストックとは、主に現金通貨と預金（普通預金や定期預金）からなるものである。郵政民営化後は、郵便貯金を含むM3が主な統計指標だが、当時はそれを含まないM2+CD という指標が参照されることが多かった。

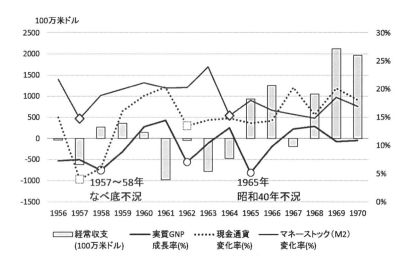

図3-5 景気循環と国際収支の天井
出所:総務省統計局「日本長期統計総覧」より作成。

れるような公共投資の拡大も行われた。輸入を必ずしも伴わない国内需要の増加が発生したことも、構造変化の要因である。

III. 石油ショックからバブル経済

1 石油ショック

1970年代に入ると第1次産業から製造業などの第2次産業への転換は終わり、都市部への人口移動(超過転入)の規模も小さくなった。ちょうどその頃に生じたのが第1次石油ショック(1973年)で、原油価格はおよそ3倍に上昇した。そのため、日本は狂乱物価と呼ばれるような、20%を超える高インフレとなった。

ただし、このインフレは石油ショックにともなう輸入価格の上昇のみから生じたのではない。1972〜73年に政府の日本列島改造という方針の下、公共投資

が増大していた。1971年のニクソン・ショックにより、為替は変動相場制へと移行して円高が進んでいた。円高対策としての外貨購入が金融緩和をもたらしてもいた。そのため1973年頃に国内景気は過剰気味で、インフレが生じやすい状況にあったのである。

狂乱物価を教訓として、1979年の第2次石油ショックでは政府・日銀は予防的金融引き締めを行い、インフレを抑えた。1980年のインフレ率は8%弱程度であったが、これは5%を超えるのが普通であった当時としてはそれほど高くはない。また、企業は減量経営や賃金上昇の抑制を行ったため、コストの上昇が抑えられ、失業率は大きく上昇せずにすんだ。そうして、日本は世界的にもいち早く石油ショックの影響から脱することができたのである。

一方で、欧米、とくに米国ではスタグフレーションと呼ばれる高インフレ、高失業率の状態に陥った。これは物価スライド制により、インフレ率の上昇とともに名目賃金が上昇したためである。企業はより高いコストに直面し、その解消のためには雇用者数を減らさざるを得ない悪循環に陥ったのである。

国際経済の環境変化によって生じた日本の相対的な低コストと、石油ショックに対応する技術の優位性がその後の日本経済を特徴付ける変化をもたらすこととなった。日本経済の発展において、高度成長期が注目されることが多いが、実は1980年代の日本経済の構造変化も重要である。

図3-6は、日本の主な輸出品の構成比の推移を示している。ここから分かるように、現在、一般機械、電気機器、輸送用機器（自動車など）が日本を代表する工業品である。ただし、最近では化学製品の構成比率が上昇傾向にあり、一方で電気機器は低下傾向にある。

このような日本経済の産業構造は、おおむね1980年代以降に形作られたものであった。それ以前に経済を牽引してきたのは鉄鋼などの重化学工業であり、さらに戦前も含めそれ以前では絹や繊維製品など軽工業が盛んであった。ところが、1970年代の2度にわたる石油ショックによって、生産においてエネルギーをより多く必要とする鉄鋼などの素材系産業は縮小を余儀なくされた。一方で、テレビなど電機製品は、鉄鋼やアルミといった重化学工業と比べると生産におけるエネルギー消費量は小さく、原油高でも国際競争力を維持できた。

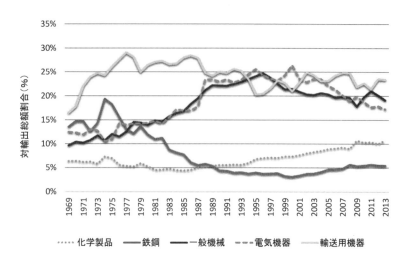

図3-6　日本の輸出総額に占める各輸出品の割合
出所：財務省[各年版]および総務省統計局[2006]より作成。

　たとえばソニーのウォークマン（小型音楽カセットプレーヤー）は1979年に1号機が発売されている。自動車は1970年代にも輸出の増加傾向が顕著ではあるが、1980年代に入りさらに輸出が増加した。原油価格の高騰に対して有利な小型車の生産を日本企業は得意としていたためである。さらに、米国ではスタグフレーションに対して、当時の大統領ドナルド・レーガンがレーガノミクスと呼ばれる減税などの内需拡大策を採用していたため、耐久財への需要が高まっていた。
　これらの経済条件により、日本製自動車の対米輸出が増加したのである。自動車のうち乗用車の輸出（対世界）は1970年に約79万台であったが、1980年には約435万台、1985年には約518万台へ増加した。
　1980年代にそれらの製品の輸出増加を可能としたのは、技術力のみならず、日本的経営と呼ばれる効率的な経済システムにあるとも考えられることが多い。日本的経営とは、終身雇用や年功序列賃金に代表される雇用慣行や、銀行を中心とする企業系列（メインバンク制）による中長期的に安定的な経営など

のことである。日本は資源に乏しく輸入に頼っており、加工組立型産業において高い生産技術とともに低コストや効率性が必要である。賃金コストの抑制には日本的な雇用慣行に効果があった。たとえば、日本の会社にも労働組合があるが、労使一体で経営を行なうという意識が強く、労働者は賃金抑制を受け入れる。

　ところで、企業は加工組立型産業において、技術的な優位性も持ち生産を増やすことができたが、近年は、電機製品はコモディティー（汎用品）化により技術的優位性を保つことができなくなっている。そのため、組み立てに必要な労働力とそのコストにおいて、新興国との厳しい競争にさらされている。たとえば、中国では数万人から数十万人規模の工場が点在しているが、それだけの規模の工場を日本では、安い賃金（たとえば時給数百円という水準）の労働者により稼働することはできない。そのため、海外へ生産拠点を移動するか、その事業から撤退するかという選択に迫られている。

　また、年功賃金は見直しが進められてきており、職能給や成果主義が取り入れられてきている。終身雇用や年功賃金は安定的な雇用形態であるものの、年齢で賃金を決めるため、中途採用が行われにくかったり、優秀な外国人を雇用しにくかったりする。女性の雇用拡大も含めて、現在、日本の労働市場は変化しつつある。

2　円高とバブル経済

　1980年代に入ると米国は双子の赤字と呼ばれる、財政赤字と経常収支の赤字に直面した。財政赤字はレーガン政権による減税政策などのレーガノミクスと呼ばれる一連の経済政策によるものだが、貿易赤字の拡大では日本から米国への輸出の急増が影響していた。1971年のニクソン・ショックによって、為替レートは変動相場制へ移行していたものの、当時の円は、購買力平価でみると対ドルで依然として割安で、日本の輸出産業は輸出しやすい環境にあった。そのため、日米経常収支不均衡と貿易摩擦が生じたのである。

　米国は日本のみならず、当時の西ドイツなどとも同様の問題を抱えていた。そこで、1985年9月にニューヨークのプラザホテルにおいて、先進5カ国（当時

はG5、米国、英国、ドイツ、フランス、日本）の間でドル高是正政策を採用することが合意された。これをプラザ合意という。このドル高是正は予想以上の急激なドル安をもたらした。1987年にカナダとイタリアを加えたG7においてルーブル合意がなされたものの為替市場は安定しなかった。

図3-7では1970年以降の名目円ドル為替レートと実質実効為替レート指数を示した。ここで、実質為替レートとは日米の価格差を調整したものである。たとえば、日本でデフレなのに対して米国でインフレである状態が続けば、日本の物価は米国に対して相対的に安くなる。このとき、名目為替レートが一定であれば、日本円の実際の価値は低くなっているので実質為替レートは低下する。

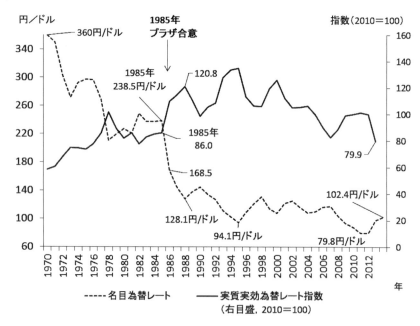

注：名目為替レートには東京市場ドル・円スポット17時時点／月中平均を用いた。

図3-7　名目為替レートと実質実効為替レートの推移
出所：日本銀行統計より作成。

また、実効為替レートとは、米ドルのみならずさまざまな国の通貨に対する（貿易量でウェイト付けを行った）加重平均を意味する。

　さて、図をみるとプラザ合意のあった1985年を境に、名目為替レートは約240円から3年後の128円へ円高となった。実質でも指数が86から約121へと上昇した。

　なお、実質実効レート指数は1985年で86であるが、2013年に79.9とそれよりも小さな値となった。2013年の平均名目為替レートは102.4円／ドルと当時よりも円高だが、実質的にはプラザ合意以前の水準となっている。これは、2000年代以降を中心に日本でデフレが継続したためと、2012年末からのアベノミクスと呼ばれる安倍首相による一連の経済政策が影響していると考えられることが多い（実際にはギリシャ政府の破綻を発端するEU債務危機や米国の量的金融緩和の縮小と終了も要因である）。

　日本の中央銀行である日本銀行は、当時の政策金利である公定歩合[16]を5％から1986年には3％、1987年には2.5％にまで引き下げた。金利を引き下げることが円高対策となるのは、日米の金利差が拡大して、資金が日本から米国への動きとなり、円売りとドル買いを誘発するからである。公定歩合は、1980年には7.25％であったったから、2.5％というのは1980年代に大幅な金利低下が発生していたことを意味する。

　金利低下は為替ばかりではなく、経済に広く影響する。たとえば、金利低下により企業は資金を借りやすくなるため、投資が活発化し、景気は過熱する。本来は、景気動向に応じたファイン・チューニング（微調整）が金融政策に求められるが、1987年9月に生じたニューヨーク株式市場での株価暴落（ブラック・マンデー）に対する国際協調政策の側面もあって日本単独での利上げは難しかった。

　その状況下で、株価や地価の上昇、日本経済のストック化（資本蓄積）、経常収支黒字化による余剰資金の発生などの要因も重なり、バブル経済が発生し

---

[16] 公定歩合とは、日本銀行が民間金融機関に資金を貸し付けるときの金利である。現在は基準割引率および基準貸付利率となり、公定歩合という名称は使用されていない。また、政策金利もコール・レートに変更になっている。

た。東京証券取引所のすべての株価の時価総額は1985年には約190兆円であったが、1989年にはおよそ3倍の611兆へと膨れあがった。

日本の株価全体を表す指標はいくつかあるが、ニュース等で報道されることが多いのは日経平均株価である。東京証券取引所のうち第1部と第2部の上場企業数合計は2014年8月末時点で2376(うち第2部は551)である。そのうち選ばれた225銘柄の株価の(調整された)平均値が日経平均株価である。東証1部上場の全銘柄の動きをみることができるのがTOPIX(Tokyo Stock Price Index)で、1968年1月4日時点を100と基準化して作成される。

図3-8は株価の指標の1つであるTOPIXと6大都市における商業地と市街地の地価、および、公定歩合の推移を示している。この図から分かるように株価とともに地価も上昇した。地価は株価よりも遅れて始まっている。株価が注目されることが多いが、その後の長期低迷を理解する上でカギとなるのは地価であ

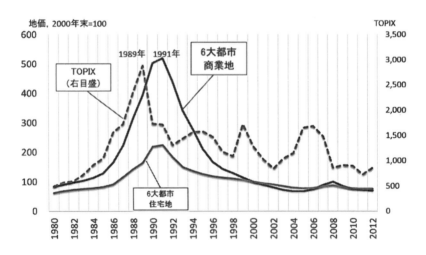

注:地価は各年3月末の値で、TOPIXは年末の値であるため、9ヵ月のずれがある。6大都市とは、東京区部、横浜、名古屋、京都、大阪、神戸のことを指す。

図3-8 株価と地価の上昇と下落

出所:日本不動産研究所「市街地価格指数」、株式会社東京証券取引所「東証株価指数(TOPIX)」より作成。

る。

　当時日本では、国土が狭いこともあり土地神話と呼ばれるような、地価が下落しないという感覚があった。不動産では土地転がしと呼ばれるような土地の転売が盛んに行われた。銀行は土地を担保として資金を貸出したが、その地価がファンダメンタル・バリュー（基礎的価値）を大きく超えていたため、後にその担保価値が毀損されたのである。そのため、銀行は資金を回収できず、不良債権を多く抱えることとなった。これを不良債権問題というが、1990年代以降の失われた15年と呼ばれる長期不況のもっとも大きな要因となった。

Ⅳ．長期不況と構造問題

　1990年代に入り、バブル経済が崩壊し株価と地価が下落した。その後、日本経済は長期に渡り低迷することとなった。

　1990年代の日本経済の特徴は、①地価の下落により生じたおよそ100兆円規模の不良債権問題、②不良債権問題による貸し渋りや投資需要不足による民間投資の伸び悩み、③生産性の低下、④デフレの発生とゼロ金利政策や量的緩和策の採用、⑤グローバル化と国内製造業の縮小と海外移転（空洞化）、⑥経済対策や税収不足による政府債務累積、⑦少子高齢化と社会保障制度の問題発生などがあげられる。このように、1990年代以降の日本経済では長期低迷という1つの現象だけではなく、様々な国内外の経済情勢の変化が生じてきた。

　GDP統計は三面等価と呼ばれる性質があり、生産面、支出面、所得面の3つの統計が等しくなる。少子高齢や生産年齢人口の減少、生産性の低下などは生産面に影響を与える。支出面では消費や投資の動向が影響を与える。これらの面を考えるため、図3-9では1人あたりの名目GDPと実質GDPを示した。この図は日本経済の長期低迷とその特徴をよく捉えている。

　まず、1990年代に入ると1人あたり名目GDPの伸びがみられなくなったばかりでなく、2000年代以降は低下してきている。

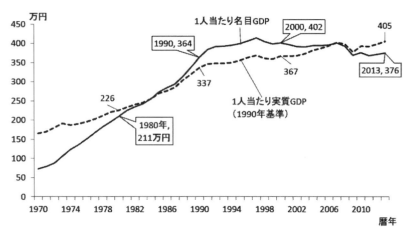

注：実質GDPは1990年を基準として、毎年の実質変化率より計算した。1人あたり値は日本の総人口で除することで求めた。

図3-9　1人あたりの名目GDPと実質GDP

出所：内閣府[2014]長期統計より作成。

　1人あたりの値は総人口で除して求めているため、少子高齢化に伴い高齢者が増加し、生産年齢人口（15歳から64歳まで）が減少していることが影響している。一方で、1人あたり実質GDPは以前より緩やかなものの伸びが継続している。名目と実質のこのような違いはデフレによる違いで、1人あたりの生産あるいは支出の量は増加してきたものの、その価格が低下したのである。

　支出面では、低金利にもかかわらず、民間投資が低迷した。その原因は国内需要の低下があげられるが、そのほかにもグローバル化の影響もある。1990年代以降の構造変化として第2次産業の縮小がある。その原因は海外で生産された低価格品との価格競争が厳しくなったことや、日本企業の生産拠点が国内から海外へ移る空洞化が生じたことである。

　製造業の就業者数は1992年にピークの約1,570万人（総務省「労働力調査（第12回改定分類）」による）となった後に低下し、2013年には約1,040万人となった。建設業も1997年の約690万人をピークに減少が続き、2013年には500万人となっている。現在の日本は医療・福祉を中心としたサービス業で就業者が増加しているものの、サービス業の賃金は製造業と比べて高いわけではないため、

第3章 日本経済の発展と構造変化

平均賃金が伸び悩んでいる。サービス産業を中心に各産業の高付加価値化が課題となっている。

日本経済の構造変化でカギとなるのが労働市場である。日本の特徴である終身雇用や年功賃金では、低成長と少子高齢化、グローバル化に対応できない。そのため、派遣労働者に関する規制緩和や裁量労働制の導入など、さまざまな労働者保護の見直しの議論が行われてきている。一方で、ワーキングプア[17]や格差問題も問題視されるようになっている。

図3-10は労働分配率と完全失業率の推移をみたものである。労働分配率とは雇用者報酬の国民所得に占める割合で、どれだけの所得が雇用者に分配されているかの指標である。ただし、たとえば景気が回復してGDPが大きくなると、

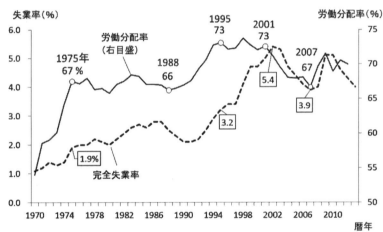

注：労働分配率は「雇用者報酬／名目国民所得」により求めた。

図3-10　労働分配率と完全失業率

出所：内閣府[2014]長期統計より作成。

---

[17] ワーキングプアとは低賃金で雇用が安定的でない状況に置かれている労働者のことをいう。とくに若者は、バブル経済崩壊後、新卒就職が就職氷河期と呼ばれるような厳しさに直面した。非正規職員は、その後も正規職員になりにくい。そのような状況が長く続いたため、社会問題化した。

雇用者報酬が一定でも労働分配率は低下するため、経済状況も考慮しながら解釈する必要がある。

　労働分配率は1988年から95年にかけて、景気後退によって国民所得が低迷したために上昇し、その後2001年頃まで高止まりとなった。そして、完全失業率は2002年の5.4%まで上昇し続けた。その間にも1995年から96年ころ、2000年頃に景気回復の局面があった。けれども、そのときには失業率がほとんど改善しなかったのである。

　イギリスの経済学者ケインズは、景気後退期において名目賃金の下方硬直性により、労働市場での調整が行われず失業率が上昇するメカニズムを説明した。日本はまさに、労働者保護により労働分配率が高止まりして失業が拡大し続けたのである。

　2002年頃から労働分配率が低下して、失業率も下落した。この時期、企業のリストラ[18]が進んだほかにも、海外において後に世界金融危機につながる景気過熱があり輸出産業を中心に企業業績が回復していた。それとともに製造業で、派遣などの非正規雇用が拡大し、賃金を抑えてもいた。リーマンショック後、すぐに失業率が上昇したり、そこからの回復・調整も比較的早かったりしたのは、非正規雇用の割合が高まっていたためである。

　最近の日本の経済政策でキーワードとなっているのが規制緩和を中心とした成長戦略である。上述のアベノミクスは「三本の矢」と呼ばれる金融政策、財政政策、成長戦略からなるものであり、成長戦略は第三の矢として議論された。グローバル化の中で現在の経済水準を維持するには市場の自由化は必須だが、一方で、これまでの安定的な体制を望む声も少なくない。しかしながら、日本には戦前に自由経済を放棄して破滅的な状況に陥った苦い経験があることも忘れてはならないだろう。

---

[18] リストラクチャリング（再構築）の略語だが、日本では企業経営の再構築というよりは、中高年齢者の整理解雇の意味合いが強い。

第 3 章　日本経済の発展と構造変化

おわりに

　本章では第二次世界大戦前からの日本経済の動きを構造面から捉えること
で、なぜ、戦後日本経済が高水準に到達できたのか、そして現在、どのような
構造問題を抱えているのかを考察してきた。日本経済発展のカギとなってきた
のが海外経済との関係である。第一次世界大戦を契機に重化学工業が発展した
ものの、1930年代後半以降、経済は戦時統制により軍需中心の構造となった。
戦後、1950年代頃からの高度成長期に、日本経済は重化学工業を中心に発展を
続けたが、一方で、外貨不足のため、景気拡大による輸入増への対応（国際収
支の天井）が景気循環を生じさせていた。

　日本経済の構造を大きく変化させたのは、石油ショックにおける原油価格の
上昇と1985年プラザ合意による円高である。その頃、低賃金や省エネ技術を生
かして、自動車や電化製品の輸出が増えた。円高への対応として行われた金融
緩和によりバブル経済が発生し、一時的な好景気ともなった。

　1990年代に入ると、日本経済はバブル経済の崩壊に伴う地価の下落により、
およそ100兆円規模の不良債権が生じた。この不良債権問題によって貸し渋り
や民間投資の伸び悩みがみられ、日本経済は長期不況に陥った。さらに2000年
代に入った頃からは、中国の製造業が発展するなどのグローバル化経済が、国
内製造業の縮小と空洞化を促した。その他にも、日本経済は生産性の低下、デ
フレの発生、政府債務の増大、少子高齢など様々な構造問題を抱えている。

[演習]

1. 1910〜30年代頃の日本でも産業構造の転換がみられた。その特徴や要因を議
　 論せよ。
2. 1945年の戦後直後からのインフレについて、その要因を考えよ。
3. 戦後の経済改革で日本の経済構造は大きく変化した。それが現代までどのよ
　 うな影響を与えているのか議論せよ。
4. ドッチ・ラインによって、1971年まで日本の円ドル為替レートは360円に固

定された。このことについて、その後の日本経済に与えた影響を議論せよ。

5. 1950年代半ばからの高度成長期では、若者の人口移動が見られた。これを最近の中国の状況と比較しながら、議論せよ。

6. なぜ日本は高度成長を実現できたのかを議論せよ。

7. 石油ショックにより、原油のほとんどを輸入する日本はコスト高に直面したが、一方でその後に輸出が増加する。それはなぜか考えよ。

8. 1985年のプラザ合意により、円高となる。その影響をバブル経済と金融政策から論ぜよ。

9. 日本的な企業経営と日本経済の発展にはどのような関係があるのか、あなたなりに考えてみよ。

10. 1990年代以降の長期不況期に、日本は少子高齢化にも直面している。その影響を議論せよ。

[参考文献]

[1] 浅子和美、飯塚信夫、篠原総一編[2015].『入門・日本経済 [第5版]』有斐閣。

[2] 梅村又次、赤坂敬子、南亮進、高松信清、新居玄武、伊藤繁[1988].『長期経済統計 1—推計と分析 国民所得』東洋経済新報社。

[3] 大川一司、高松信清、山本有造 [1974].『長期経済統計 1—推計と分析 国民所得』東洋経済新報社。

[4] 経済安定本部総裁官房調査課編[1948]. 『我国経済の戦争被害』。

[5] 財務省[各年版].『国債統計年報』。

[6] 財務省[各年版].『貿易統計』。

[7] 総務省統計局[2006].『日本長期統計総覧』日本統計協会。

[8] 内閣府[2014].『平成26年版経済財政白書』。

[9] 釣雅雄[2014].『入門 日本経済論』、新世社。

[10] 吉野直行、マイケル・ラクトリン、中馬宏之、麻生良文、中東雅樹、中田真佐男[2009]. 『英語で学ぶ日本経済 The Postwar Japanese Economy』有斐閣。

[11] Flath, David [2014]. *The Japanese Economy 3rd edition*, Oxford University Press.

[12] Ito, Takatoshi [1992]. *The Japanese Economy*, MIT Press.

[13] Maddison, Angus [2008]. *Statistics on World Population, GDP and Per Capita GDP.*

釣　雅雄（つり　まさお・岡山大学大学院社会文化科学研究科准教授）

第4章 日本経済が直面する様々な課題について

はじめに

　現在、日本経済は多くの課題に直面している。本章では、そのうち4つのテーマを取り上げて、これまでの推移や議論の方向性を概観する。ここでいう4つのテーマとは、1　人口減少と今後の経済成長、2　貿易の自由化の動き、3　為替レートの動き、4　社会保障と財政再建への道、である。

Ⅰ. 人口減少と今後の経済成長

　日本の総人口は、1億2,806万人である（2010年の国勢調査）。日本の将来推計人口によれば、総人口は今後長期の人口減少過程に入るとされている。それによれば、2030年には1億1,662万人、2048年には9,913万人で1億人を割り、2060年には8,674万人にまで減少するとしている（図4-1）[1]。

　少子高齢化が進行する中で、日本の総人口が減少すれば、経済規模は小さくなる。しかし、ここで重要なのは、一国の経済規模を表す指標であるGDP（国内総生産）が小さくなっても、それを総人口で割った「1人当たりGDP」の伸び率がプラスであれば問題ないということである。GDPは、1人当たりGDPに総人口を掛け合わせた数字でもあるが、総人口が増加すれば、GDPは大きくなる。それに対して、一般に豊かさを表す指標とされている1人当たりGDPは、

---

[1] これは中位推計に基づく数値。この推計では、合計特殊出生率（女性が一生に生む子供の数）が、2010年の実績値1.39で概ね推移し、その後1.33（2024年）に至るまで緩やかに低下し、以後やや上昇して1.34（2030年）から1.35（2060年）になると仮定している。

第4章　日本経済が直面する様々な課題について

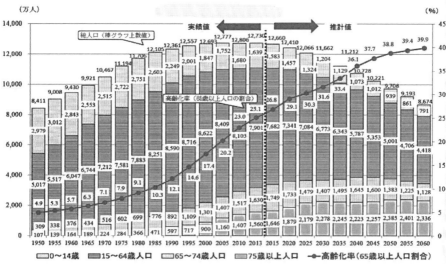

注１：1950年～2010年の総数は年齢不詳を含む。高齢化率の算出には分母から年齢不詳を除く。
注２：2010年までは総務省「国勢調査」、2013年は総務省「人口推計」（平成25年10月1日現在）、2015年以降は国立社会保障・人口問題研究所「日本の将来推計人口（平成24年1月推計）」の出生中位・死亡中位仮定による推計結果。

図4-1　高齢化の推移と将来推計

出所：内閣府[2012]。

総人口の大きさとはあまり関係がないといえる。このことを表4-1で確認してみよう。この表は、人口の多い国（トップ10）のGDPや1人当たりGDPの大きさを見たものである。人口が多い国は、10か国中6か国でGDP規模も大きいが、1人当たりに換算すると、順位が大きく後退しており、人口の大きさと1人当たりGDPの大きさとは、あまり関係がないことが分かる。

それでは、1人当たりGDPが大きい国はどこだろうか。表4-2は、OECDに加盟している34か国の1人当たりGDPの順位を見たものである。ノルウェーやオーストラリアは、それぞれ原油や鉄鉱石等を産出していて、資源大国でもある。また、ルクセンブルクは、鉄鉱石等の資源にも恵まれているということもある

表4-1　人口順位（トップ10、2013年）

順位	国名	総人口（万人）	GDP規模（10億ドル）	1人当たりGDP（ドル）
1	中国	136,076	9,181　（2位）	6,747　（84位）
2	インド	124,334	1,871　（10位）	1,505　（144位）
3	米国	31,637	16,800　（1位）	53,101　（9位）
4	インドネシア	24,795	870　（16位）	3,510　（116位）
5	ブラジル	19,829	2,243　（7位）	11,311　（62位）
6	パキスタン	18,259	239　（45位）	1,308　（147位）
7	ナイジェリア	16,928	286　（38位）	1,692　（139位）
8	バングラデシュ	15,630	141　（59位）	904　（161位）
9	ロシア	14,293	2,118　（8位）	14,819　（51位）
10	日本	12,734	4,902　（3位）	3,8491　（24位）

注：カッコ内は順位。
出所：International Monetary Fund [2014].

表4-2　1人当たり　GDPランキング（2013年、ドル）

順位	国名	GDP	順位	国名	GDP
1	ルクセンブルグ	110,424	18	英国	39,567
2	ノルウェー	100,318	19	日本	38,491
3	スイス	81,324	20	イスラエル	37,035
4	オーストラリア	64,863	21	イタリア	34,715
5	デンマーク	59,191	22	スペイン	29,150
6	スウェーデン	57,909	23	韓国	24,329
7	米国	53,101	24	スロベキア	22,756
8	カナダ	51,990	25	ギリシャ	21,857
9	オーストリア	48,957	26	ポルトガル	20,728
10	オランダ	47,634	27	エストニア	19,032
11	フィンランド	47,129	28	チェコ	18,858
12	アイルランド	45,621	29	スロバキア	17,706
13	アイスランド	45,536	30	チリ	15,776
14	ベルギー	45,384	31	ハンガリー	13,405
15	ドイツ	45,000	32	ポーランド	13,394
16	フランス	43,000	33	トルコ	10,815
17	ニュージランド	40,481	34	メキシコ	10,630

注：OECD加盟国中の順位。
出所：OECD.

が、金融産業も発達している。人口が少ないにもかかわらず、付加価値の高い財・サービスを産出しているため、1人当たりGDPが高くなっているのである。今後、日本経済においても、高付加価値の製品を作り続けることで、1人当たりGDPを高めることは十分に可能である。

　また、GDPは一国の生産規模を表したものだが、一国の所得規模の大きさを表したものともいえる。人口減少は、国内市場を縮小させ、生み出される所得規模も小さなってしまうことから、悪くなるだけだと思いがちだが、必ずしもそうではないといえる[2]。少子化になる一方で、ペットの数が増えたり、クルージングで旅をする人が増えたりして、新規需要が生まれる可能性があるのだ。また、より高い品質の教育サービスやより高級な品物が購入される等、経済的な「量」が減っても、「質」が高まる可能性があり、付加価値が高い財・サービスが産み出される可能性がある。さらに、こうした需要サイドだけでなく、働き方を変える等、制度変革等の供給サイドに着目し、生産性を高めて、生産量を増大させることもできる。1人当たりGDPが高いスウェーデンやデンマークなどの福祉大国では、重い税金にもかかわらず高い所得水準にあるのだ。

Ⅱ．貿易の自由化の動き

1　自由貿易圏の拡大の動き

　近年、様々な地域で自由貿易協定（FTA、Free Trade Agreement）あるいは経済連携協定（EPA、Economic Partnership Agreement）が締結されている。こうした貿易協定は、地域貿易協定（RTA、Regional Trade Agreement）と呼ばれ、その経済圏は自由貿易圏といわれる。

　まず、FTAは、特定の国・地域の間で財・サービスにかかる関税や障壁などを削除・撤廃する協定である。また、EPAは、FTAを柱にして、関税の撤廃のみならず、人的交流の拡大や投資規制の撤廃など、貿易以外の広範な分野（人

---

[2] ここでは、小峰 [2013]、伊藤 [2014]によっている。

や知的財産の保護等）における連携をふくめた幅広い経済関係の強化をはかる協定である。環太平洋パートナーシップ協定（TPP）[3]は、EPAの一つである。日本を取り巻く環境をみても、広域的なEPAが注目されている。

これまでのRTAの推移は、図4-2に示されている。RTAは1990年代に入って急激に増加している様子が分かる。本来、WTO（世界貿易機関）には、自由化の原則と無差別原則とがある。自由化の原則とは、関税や数量制限を行なわず、自由貿易を推進するというもの。また、無差別原則は、特定の国を差別したり優遇したりせず、全ての国に対して同様に扱うことを求める「最恵国待遇の原則」と、外国製品に対しても国内製品と同様の待遇をしなければならない（輸入品にのみ不利な措置をとることを禁止する）という「内国民待遇の原則」と

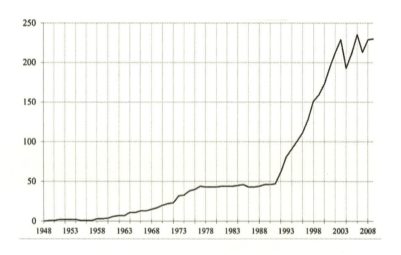

図4-2　有効な RTA の数（1948～2009 年）
出所：WTO。

---

[3] TPP は、日本、シンガポール、ニュージーランド、チリ、ブルネイ、米国、オーストラリア、ペルー、ベトナム、マレーシア、カナダ、メキシコが交渉に参加している（2014年9月現在）。

第4章　日本経済が直面する様々な課題について

表4-3　日本の FTA・EPA の取り組み状況（2014年7月現在）

	国・地域	発効・署名		交渉中
1	シンガポール	2002年11月発効	1	韓国
2	メキシコ	2005年4月発効	2	GCC（注）
3	マレーシア	2006年7月発効	3	モンゴル
4	チリ	2007年9月発効	4	カナダ
5	タイ	2007年11月発効	5	コロンビア
6	インドネシア	2008年7月発効	6	日中韓
7	ブルネイ	2008年7月発効	7	EU
8	ASEAN全体	2008年12月発効	8	RCEP
9	フィリピン	2008年12月発効	9	TPP
10	スイス	2009年9月発効		
11	ベトナム	2009年10月発効		
12	インド	2011年8月発効		
13	ペルー	2012年3月発効		
14	オーストラリア	2014年7月署名		

注：GCC（湾岸協力理事会）：アラブ首長国連邦、オマーン、カタール、クウェート、サ
ウジアラビア、バーレーンの6か国で構成されている。

出所：筆者作成。

が存在する。しかし、一方でWTOは、自由化を一部先行させる形で、無差別原
則の例外として、RTAを認めている[4]。

2　日本のFTA・EPAの動き

　日本のこれまでのFTA・EPAの取り組み状況は、表4-3 に示されている。1990
年代では、日本はそれほどこうした締結には熱心ではなく、WTOを中心とした
多角的貿易交渉を重視してきた。しかし、多角的貿易交渉では、まとまるまで
に時間がかかるため、2000年代に入ってからは、日本もFTA・EPAの締結に向
けて積極的に歩みを進めている。2002年にシンガポールとEPAを締結して以降、
その数を増やし、2014年7月現在、13か国・地域と発効済、1か国と署名済、9
か国・地域と交渉を行っている。

[4] GATT24条では、域内の関税を実質的にすべて廃止することや域外諸国に対して、
　以前より制限的にならないことを条件に、最恵国待遇の原則の例外を認めている。

特に、日本としてはアジア太平洋地域において、APEC参加国・地域の間で、アジア太平洋自由貿易圏（FTAAP（エフタープ））の実現が目指されていて、その道筋として、TPP、日中韓FTA、東アジア地域包括的経済連携（RCEP（アールセップ））等の広域的な取り組みがなされている（図4-3）。

　RCEPは、日本、ASEAN10か国（ブルネイ、カンボジア、インドネシア、ラオス、マレーシア、ミャンマー、フィリピン、シンガポール、タイ、ベトナム）、中国、韓国、オーストラリア、ニュージーランド、インドの16か国が交渉に参加しているRTAである。2011年11月にASEANが提唱したもので、日本も積極的に進めようとしている。これが実現すれば、人口は世界の約半分、GDPは世界全体の約3割に達する。

　また、FTAAPは、APEC加盟国（21の国と地域が参加している経済協力の枠組み）をメンバーにした、米国が提案したRTAである。これが実現すれば、人口は世界の約4割、GDPは世界の約6割に達する。

　これらに共通する東アジアの地域貿易協定の特徴は、地理的に離れている国

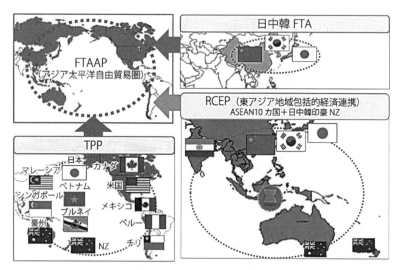

図4-3　FTAAPへの道筋

出所：外務省等のデータをもとに筆者作成。

や途上国が加わるなど、構成国が多様化している点が挙げられる。

3　RTAのメリットとデメリット

　RTAのメリットは、関税が撤廃されることで価格が低下し、貿易量が増大するため、国民の福祉の向上につながることである。この場合の貿易量の増大は、輸出だけではない。むしろ輸入が増大することで、これまで国内で生産および消費できなかった財・サービスを消費することができるため、国民の福祉の向上につながるのである。

　また、自由貿易によって分業の利益を享受できる点もメリットである。分業の利益とは、「比較優位の原則」によって、自国が相対的に得意としている（比較優位を持つ）産業に資源を投入して生産を行ない、それを輸出する一方で、自国が相対的に不得意としている（比較劣位を持つ）産業からは資源を撤退させて輸入することで、両国で貿易前よりもより多くの財・サービスを生産できることによる利益である。自国も他国もお互いに比較優位な産業に特化することで、分業の利益が生じ、経済全体でより豊かになるのである。

　一方、RTAのデメリットとして指摘されているのは、まず、経済のブロック化につながるおそれがあるということである。RTAは、加盟していない第三国に対して、関税障壁を設け、加盟国間のみの経済活動を保護した経済制度である。過去の歴史では、1929年の世界大恐慌をきっかけに、1930年代は本国と植民地とで形成された閉鎖的なブロック経済の樹立が見られた[5]。これが第二次世界大戦を引き起こしたという背景もある。

　また、RTAによって貿易障壁が撤廃されても、マイナスの効果もありうる。一般に貿易障壁を撤廃することで、加盟国間の貿易は増える。このプラスの効果は「貿易創造効果」と呼ばれる。ただ、域内の製品の生産が非効率的であった場合、すなわち域外でより効率的な生産が行われていた場合、RTAによって域外に対して関税が課されるため、域外の効率的な製品が選択されなくなるお

---

[5] 英連邦を中心とした経済圏では、通貨であるポンドを中心としたスターリング・ブロックがある。また、フランス経済圏では、フランを中心としたフラン・ブロック等がある。

それもある。このマイナスの効果を「貿易転換効果」という。

4 今後、日本が目指すべき道について

　今後も日本は、アジアを中心とした自由貿易圏の創設に積極的にかかわって
いくべきであろう。そのメリットとしては、第一に、自由貿易が促進されるこ
とが挙げられる。輸出の増加は人々の雇用機会の増大をもたらす。また、輸入
の増加も幅広い財・サービスの消費機会を高めることから、人々の福祉の向上
につながる。また、第二に、国内で競争が生まれることで、生産性が上昇し、
輸出産業も輸入産業もその効率性が高まる。比較劣位の産業から比較優位の産
業に生産がシフトすることで、経済全体の所得水準を高めることができるので
ある。さらに、第三に、アジアおよび太平洋地域における共通のルール作りに
参画することが重要な意味を持つ。今日では、財（形のある商品）の貿易だけ
でなく、サービス（形のない商品）貿易や投資の自由化、さらには特許権や著
作権の保護期間を決める知的財産分野の交渉、国有企業の不公平な優遇措置の
見直しを議論する競争政策分野等、ルールの対象分野は幅広くなっている。貿
易以外の結びつきが強まっている今日では、重要な課題が多く、そうした課題
をいかに解決するかということについて、積極的に発言していくことが日本だ
けでなく、世界全体にとっても有益である。

　一方で、貿易の自由化によって、たとえば海外から多くの食料を輸入したと
き、食品の安全・安心が脅かされるのではないか、あるいは食料自給率が極端
に低くなると、輸入が止められた場合、日本の生存が危うくなるのではないか
と言われることが多い。こうした食料自給率の問題は、安全保障の問題と絡め
て議論されることがあるが、これは、食品安全基準や輸入食品の監視のあり方
の問題である。エネルギーに関しても同様であるが、危機管理でどう対応する
かということであり、自由貿易によるデメリットとは異なる問題である。

第4章　日本経済が直面する様々な課題について

Ⅲ．為替レートの動き

1　円ドルレートの推移

　為替レートとは、各国通貨間の交換比率をいう。たとえば1ドル100円であれば、日本の100円と米国の1ドルとが交換されるというわけである。為替レートの動きは、一国の輸出入に影響し、国内の経済成長率にも大きな影響を及ぼす。長期的にみると、通貨が安くなれば（円安になれば）、輸出価格が低下し、輸入価格が上昇するので、輸出は増大し、輸入は減少する。一方、通貨が高くなれば（円高になれば）、輸出価格が上昇し、輸入価格が低下するので、輸出は減少し、輸入は増大する。

　為替レートは、外国為替市場と呼ばれる外国通貨の取引が行われる市場で決定している。その国の通貨に対する需要が増大すれば、その通貨は高くなる。一方、その国の通貨に対する需要が低下すれば、その通貨は安くなる。たとえば、日本の円に対する需要が増大すれば、円高になり、円に対する需要が低下すれば円安になるというわけである。

　外国為替市場における外国為替の取引は、もっぱら電話やインターネット回線を通じて行われているが、その市場規模はきわめて大きい。表4-4には、1日あたりの為替取引額が示されている。日本市場での取引は、1日当たり3,700億ドルを超えている（2013年4月）。日本の輸出入総額は、年間で約1兆5,000億ドル（2013年）なので、約4日の為替取引で日本の年間貿易額の大きさに匹敵する金額がやり取りされていることになる。いかに為替取引の規模が大きいかが分かる。

　また、世界で大きな外国為替市場としては、英国（ロンドン）、米国（ニューヨーク）、シンガポールがあるが、英国と米国、特に英国が著しく大きな市場を形成している。アジアでは、シンガポールや香港の勢いが強く、2013年4月の統計では、シンガポールが日本市場を抜いて、世界第3位になった。

表4-4　1日当たりの為替取引額（2013年4月）

順位	国・地域	取引額（10億ドル）	シェア（％）
1	英国	2,726	40.9
2	米国	1,263	18.9
3	シンガポール	383	5.7
4	日本	374	5.6
5	香港	275	4.1
6	スイス	216	3.2
7	フランス	190	2.8
8	オーストラリア	182	2.7
9	オランダ	112	1.7
10	ドイツ	111	1.7
	世界全体	6,671	100.0

出所：Bank for International Settlements [2014].

図4-4　円ドルレートの推移（1971年1月～2014年8月）

出所：PACIFIC Exchange Rate Service, University of British Columbia.のデータをもとに筆者作成。

　こうした外国為替市場で様々な通貨が取引されるが、円ドルレートの推移を見たものが図4-4である。1971年8月15日にニクソン・ショックがあり、当時の米国大統領ニクソンが、金とドルの交換を停止すると発表した。これは世界に衝撃を与え、米国のドルは信用を失い、大量に売却されたため、一気に急落

92

第4章　日本経済が直面する様々な課題について

し、円ドルレートも1ドル＝360円のそれまで固定的な為替相場制度（固定相場制）から、その年の12月には308円へと大幅な円高になった。このニクソン・ショックによって、固定相場制から変動相場制になし崩し的に移行したのである。

円ドルレートは、1971年以降、基本的には一貫して円高基調で推移してきたが、1985年9月22日に当時G5（米国、日本、英国、西ドイツ、フランスの先進5か国蔵相・中央銀行総裁会議）によって、ニューヨークのプラザホテルで発表された「プラザ合意」が一層の円高をもたらした。これは、当時の米国の双子の赤字の一つである貿易収支の赤字を縮小するために行われた協調的な為替介入政策であった[6]。ドル安（円高）にすることで、米国の輸出品の競争力が高まり、米国の貿易収支が改善することが期待されたのである。これによって、さらに円高が進んだ。国内企業の生産拠点がコストの安い海外へ移転し、「産業の空洞化現象」が問題になったのもこの時期からである。その後、日本銀行は、1985年時点では5％だった公定歩合の水準を急激に引き下げ、87年2月には2.5％にまで下がった[7]。この金融緩和が、日本を長く苦しめるバブル経済を生むことになったのである。

また、2008年9月のリーマンショック後も、円高が進んでいる様子が分かる。2010年5月のギリシャショック以降も2012年末の第2次安倍内閣の成立まで、円が急激に上昇しているが、円高基調で推移した背景には、海外要因が大きかったと考えることができる。欧州危機によってユーロ通貨の価値が下がったこと、米国ではドル安政策を是認していたこと、新興国ではリスク回避の資金の流れが生じて通貨価値が下がったこと等、複数の要因によって、円が買われたと考えられる。

6　双子の赤字とは、貿易収支の赤字と財政収支の赤字の2つの赤字をいう。1980年代当時は米ソ冷戦ということもあり、多額の軍事費が支出されていたことから、財政収支も大幅な赤字であった。

7　公定歩合（現在は、基準貸付利率と呼ばれる）とは、中央銀行（日本の場合は日本銀行（日銀））が市中銀行に貸出をするときの金利水準であり、当時は、これを操作することで金融政策を行なっていた。具体的には、公定歩合を引き下げると金融が緩和され、逆に引き上げると金融が引き締められる。この金融政策は、現在では行われていない。

しかし、この円高の動きが2013年に入ると一転し、急激な円安に向かった。第2次安倍内閣の成立によって、デフレ脱却のために、黒田東彦（くろだはるひこ）日銀総裁が2年間で2%のインフレ目標を達成するために、大胆な金融緩和を行うことを発表したからである。

2　重要なのは実質為替レートの動き

　為替レートの問題を考えるとき、実質為替レートと名目為替レートの違いはとても重要である。名目為替レートは、一般に新聞やニュースで取り上げられる数値である。それに対して、実質為替レートは、両国の物価水準を加味して算出した数値である。

　たとえば、1ドル＝100円で、米国の物価水準が10%上昇したとする。すなわち、それまで1ドルで購入できた財の量（これを1単位とする）と同等の量を購入しようとすると、1.1ドルかかってしまうことになる。この場合、物価上昇後は、1ドルでは0.9単位（≒1÷1.1）しか購入できないことになる。つまり、100円では0.9単位の米国の財しか購入できないため、実質的にはドルが10%上昇（ドル高円安）したことになるのだ。

　一般に、外国の物価水準が上昇すると、実質為替レートは自国通貨安（日本の場合は円安）になり、逆に外国の物価水準が低下すると、実質為替レートは自国通貨高（日本の場合は円高）になる。一方、自国の物価水準が上昇すると、実質為替レートは自国通貨高（日本の場合は円高）になり、逆に、自国の物価水準が低下すると、実質為替レートは自国通貨安（日本の場合は円安）になる。

　実質為替レートは、両国の財の交換価値を表したもので、輸出入を決定する上で大きな影響を及ぼす指標（たとえば、日本の財が相対的に米国の財よりも安ければ、日本の財を購入するので、その場合は日本から米国への輸出が行われることになる）のである。図4-5は円ドルレート（名目為替レートと実質実効為替レート）の推移を見たものである。

第4章　日本経済が直面する様々な課題について

図4-5　円ドルレートの推移（1971年1月～2014年8月）
出所：日本銀行。

　実質実効為替レートは、実効為替レートを実質化（物価水準を加味）したものである。実効為替レートは、ドルやユーロや元など複数ある通貨に対して、その国の通貨（日本の場合は円）が全体としてどのくらいの強さを持つかを表している。図を見ると、1995年の円高は、名目為替レートで一時79円台にまでなったが、実質実効為替レートで見てもかなりの円高水準にあったことが分かる。一方、2002年から2008年のリーマンショックまでの水準を見ると、名目為替レートはそれほど変化していないように思われるが、実質実効為替レートの水準はかなりの円安水準になっていたことが分かる。日本経済は、2002年から景気の回復局面に入ったが、実質的に為替レートが円安であったことが、この期間の輸出を大きく伸ばしたといえる。
　さらに、2013年以降の実質実効為替レートを見ても、大幅な円安状態であることが分かる。2010年の実質実効為替レートを100とした時、1995年4月当時の実質実効為替レートは約150であった。2014年7月では約78なので、名目為

95

替レートに換算すると、1ドル＝約53円に相当する[8]。1995年当時がいかに円高だったかが分かる。

3 円高や円安のメリットとデメリット

　為替レートの変動は、輸出企業や輸入企業の利益に影響を及ぼす。円高は、長期的には、日本の輸入企業にとっては、安く海外から輸入できることから、メリットとなる。他方、輸出企業にとっては、海外への輸出品の価格が上昇し、輸出量が減少してしまうことから、デメリットとなる。逆に、円安は、輸入企業にとっては輸入品の価格が上昇し、デメリットとなるのに対して、輸出企業にとっては輸出品の価格が低下するので、輸出量が増加し、メリットとなる。

　2008年のリーマンショックから2012年にかけて、急激な円高になった。日本の貿易収支は、2011年の東日本大震災前までは黒字で推移し、輸入総額よりも輸出総額のほうが大きかったこともあり、全体としては、円高はデメリットだったといえる。ただ、東日本大震災以降、日本では原子力発電が停止し、原油や天然ガス等の資源エネルギーの輸入を大幅に増やした結果、輸入総額が輸出総額を上回り、2011年の貿易収支は、暦年ベースで1980年以来31年ぶりの赤字となった。大幅に原料を輸入していることもあり、全体的に、円高はメリットをもたらしたともいえる。

4 円高が長期的に日本経済に及ぼす影響

　2012年12月26日に第2次安倍内閣が成立して以降、それまでの円高の動きが一転して急激な円安になったが、いつ再び円高が襲ってくるか分からない。

　円高が長期的に日本経済に及ぼす影響として、まず、日本の貿易構造を変化させることが挙げられる。円高によって、輸出価格が上昇する結果、輸出産業は高付加価値化され、技術集約度の高い製品にシフトせざるを得ないものとなる。一方、輸入価格は低下するので、国内製品が輸入品に代替される動きが進

---

[8] 実質実効為替レートの 78 から 150 への変化というのは、92%の上昇となる（(150 −78) /78≒0.92）。したがって、2013 年 7 月現在の為替レートが 1 ドル＝101 円であった場合、1 ドル＝約 53 円（＝101 円/ドル÷1.92）と計算できる。

んでいく。

　また、円高は、企業の生産拠点の海外への移転を促進すると考えられる。過去の歴史を振り返ると、1985年9月のプラザ合意によって急激な円高がもたらされ、この時期から安い労働力等を求めて海外へ生産拠点が移転する産業の空洞化問題が生じるようになった。確かに円高は、国内生産の減少や雇用の流出等といったマイナス面を持つ。しかし、国内に高付加価値の部品・素材や製品がとどまっていれば、国内の生産や雇用の拡大につながる可能性もある。円高自体の動きは、製造業の生産性の高さを反映した結果であり、いわば日本経済の強さのあらわれでもある。海外へ生産拠点が移っても、円高によって海外の企業の買収等も進むだろうし、一層のグローバル化につながっていくと考えることもできる。こうした動きは、必ずしも日本経済にとってデメリットではない。

5　円高時代あるいは円安時代にやるべきこと

　円高時代にやっておくべきこととは、海外への積極的な投資といえる。円高の時こそ、将来の円安の時期も視野に入れた海外への投資を行うべきで、グローバルな資源戦略として海外の鉱山や天然ガスの権益を取得して、長期的な視点に立った資源投資を拡大させていくべきだといえる。実際、円高を背景に、日本企業による海外企業に対するM&A（合併・買収）は、金額や件数ともに2012年では過去最高となっている（図4-6）。武田薬品工業によるスイスの製薬大手（ナイコメッド）の買収や、キリンホールディングスによるブラジルのビール大手（スキンカリオー

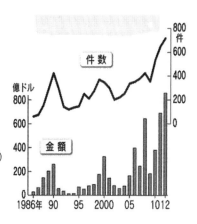

図4-6　日本企業による海外M＆A
出所：服部暢達[2013]。

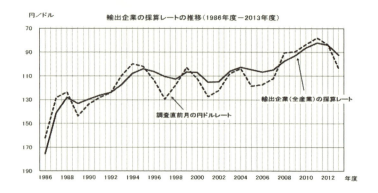

図4-7　輸出企業の採算レートの推移（1986-2013年度）
（出所）内閣府[各年版]。

ル）の買収等がその例である[9]。

　一方、円安時代にやっておくべきことは、円高に対応する力をつけておくことであろう。図4-7は、日本の輸出企業の採算レートを示したものである。これによれば、1986～88年度、92～95年度、99年度、08～11年度の各期間では、企業の採算レートを上回る円高が進行していたことが分かる。図4-5と対比させると分かるが、いずれの期間も、実質実効為替レートが急激に円高になった時期と重なっている。2013年度は、実際の為替レートが輸出企業の採算レートよりも円安になっており、輸出企業の収益に、為替レートが円安であることが寄与している状況にある。こうした時期にこそ、円高時でも対応できるように、新商品の開発戦略や原材料の調達先の確保のための海外生産拠点の整備などをはかるべきであろう。

---

[9] ただ、企業の買収は、単に円高による面だけでなく、内需中心の企業が内需縮小の事態を打開するために海外企業の大型買収を行う面もあるといわれる（『日本経済新聞』、2012年4月4日号より）。

IV. 社会保障と財政再建への道

1 日本の財政赤字と社会保障費の拡大

現在、社会保障給付費の総額はおよそ100兆円だが、そのうち保険料でまかなわれているのは60兆円程度で、残りの約40兆円については税金（公費、国30兆円、地方10兆円）が投入されている状況にある。高齢化の進展等に伴って、社会保障関連への支出は年々1兆円以上増え続けていくと言われている。下の図は、社会保障給付費と社会保険料収入の推移を見たものである（図4-8）。

これまでの推移を見ると、社会保険料収入の伸びが1990年代後半からほとんど変化していないのに対して、社会保障給付費が一方的に増加しており、その差が拡大している様子が分かる。人々の意識や景気の良し悪し等もあって、社会保険料はなかなかあげることができないのに対して、年金、医療、福祉、介護などの社会保障関連支出は増加する一方となるためである。

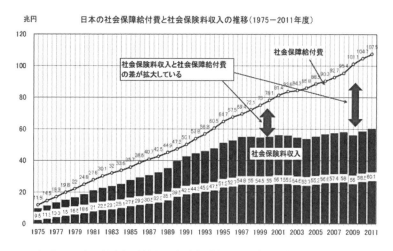

図4-8　日本の社会保障給付と社会保険料収入の推移（1975-2011年度）
出所：財務省。

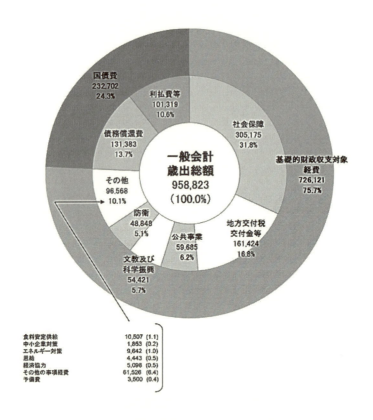

図 4-9　2014 年度一般会計歳入・歳出総額

出所：財務省。

　社会保障給付費が増大を続ける一方で、日本の財政はどのようになっているのだろうか。図4-9は、日本の2014年度の一般会計予算が示されている。

　これを見ると、総額約96兆円のうち税収は5割程度の約50兆円でしかなく、残りの4割強は、将来世代の負担である公債金収入に依存している状況であることが分かる。

　次に、一般会計歳出および税収を時系列で見てみよう。この差が借金である公債金である。それを示したのが図4-10だ。日本の税収は、バブル崩壊直前の1990年がピークであった。90年代前半にバブルが崩壊して以降、景気の悪化や

第4章　日本経済が直面する様々な課題について

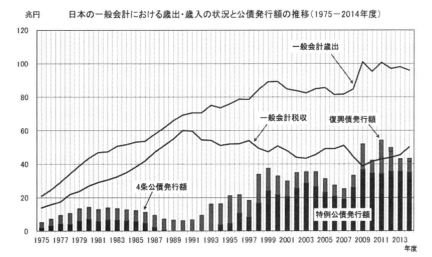

注：2013年度は補正後予算額、2014年度は予算額。

図4-10　日本の一般会計における歳出・歳入の状況と公債発行額の推移

(1975-2014年度)

出所：財務省。

　減税によって税収が低下する一方で、歳出は右肩上がりに伸びていった。ただ、歳出に関しては中身が変化している。90年代は、主に公共事業関係費の増加によるものであったが、2000年代以降は高齢化の進展等に伴って社会保障関係費の増加や地方財政の悪化に伴う地方交付税交付金等の地方財源の補てんの増加が主な要因となっている。歳出の伸びをワニの上あご、歳入の低下をワニの下あごとみなし、「ワニの口」が開く様子だという表現もある。

　日本では、1965年度以降、毎年公債を発行しており[10]、公債残高は年々増加の一途をたどっている。2014年度末では、公債残高は780兆円にまで達し、対GDP比でも156％にもなっている。

---

[10] 4条公債は1965年度以降、毎年発行されてきたが、特例公債は、1966〜74年度、1991〜93年度の期間については発行されなかった。

2　財政赤字の問題点

　フロー変数である公債発行の増加は、財政赤字の拡大をもたらし、それがストック変数である債務残高の増大を引き起こす。こうした財政赤字の拡大や債務残高の増大は、①政策の自由度の低下、②世代間の不公平の拡大、③民間部門の資金調達の阻害、④財政の信任低下による金利の上昇（国債価格の下落）といった問題をもたらす。

　まず、①政策の自由度の低下については、2014年度の一般会計歳出において、社会保障費、国債費、地方交付税交付金だけで72.9％（約70兆円）も占めているが、こうした支出はなかなか削減することが難しく、公債発行の増加は、他の政策的な支出を一層圧迫してしまうのである。

　また、②世代間の不公平の拡大は、増え続ける公債によって、その返済の義務を負う将来世代の負担がますます多くなるというものである。特に、4条公債は、公共事業による道路や橋等の建設に使われる借金であり、将来世代も便益を受けると考えることができるので、将来世代に対してもある程度の負担を求めることが認められるものであるのに対して、特例公債は、いわば財政赤字の一時的な補填のために借金をするというものなので、将来世代にとってはまさに負担でしかないといえる[11]。

　また、③民間部門の資金調達の阻害というのは、公債発行の増加によって、政府部門が資金を吸収してしまうと、民間部門の資金調達を圧迫してしまい、投資の抑制を引き起こすおそれがあるということである。これによって、資本の蓄積が妨げられ、経済成長が阻害されてしまうおそれがある。

　さらに、④財政の信任低下による金利の上昇については、実際にユーロ圏に加盟している国の中で財政状況の悪化が懸念されている5か国（ギリシャ、アイルランド、イタリア、ポルトガル、スペインの国々で、GIIPS諸国と呼ばれ

---

[11] 4条公債は、財政法第4条第1項のただし書きに基づいて発行される国債で、建設国債と呼ばれる。これは、財政法第4条第1項で「国の歳出は原則として国債又は借入金以外の歳入をもって賄うこと」と規定されているものの、ただし書きによって公共事業費等の財源については、例外的に国債発行又は借入金によって調達することが認められている。それに対して、特例公債は、赤字国債とも呼ばれるが、公共事業費以外の歳出にあてる資金の調達目的のために特別の法律を毎年つくって公債を発行している。

る）では、2010年以降、それぞれ財政支援の要請をして、債務問題が顕在化した後、国債金利が急激に上昇したということがある。

3　財政赤字の維持可能性

　財政赤字がどこまで維持できるのかということを考える上で、財政健全化の目標にも用いられている2つの重要な指標がある。

　まず、ストックの指標として、「債務残高対GDP比」がある。これは、国や地方が抱えている債務残高をGDPで割った数値（＝債務残高／GDP）で、経済規模あるいは所得規模に対する国・地方の債務の大きさをはかった指標である。この後に出てくるプライマリー・バランスが均衡していれば、この数値が発散しない限り、財政赤字は維持可能となる。この数値の分母は、経済成長率に比例して増加するのに対して、分子は、金利の水準に比例して増加することから、経済成長率と金利水準の大小関係が重要となる[12]。

　一方、フローの指標には、プライマリー・バランス（PB、基礎的財政収支）がある。PBとは、その時点で必要とされる政策的経費（債務償還費や利払費を引いた歳出の大きさ）が、その時点の税収等でどれだけまかなわれているかを示す指標であるが、現在の日本では、政策的経費が税収等を上回っているため、赤字となっている。図4-11に、PBの状態を示したパターン図が示されている。

　日本の財政健全化のフローの目標にはPBの均衡が用いられているが、諸外国ではより厳しい財政収支均衡等が用いられている。財政収支均衡は、政策的経費に利払費を加えた大きさが、税収等の大きさに等しくなっている状態をいう（図4-11の図C）。

　2013年6月14日に閣議決定された「骨太方針（経済財政運営と改革の基本方針）の概要」によれば、日本の財政健全化目標は、国・地方のPBについて、2020年度までに黒字化し、債務残高対GDP比の安定的な引き下げを目指すとしている。

---

[12] 金利＞経済成長率であれば、債務残高対GDP比は増加し、金利＝経済成長率であれば、債務残高対GDP比は一定で推移し、金利＜経済成長率であれば、債務残高対GDP比は減少する。

103

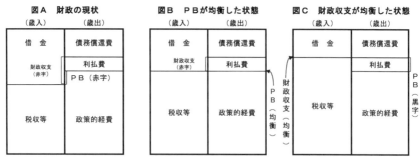

図4-11　PBの状態を示したパターン図

出所：財務省[2014]。

こうした中で議論されているのが、消費税の増税である。歳入が低下する一方、歳出が増加していくのは財政の健全化からすると大変深刻な問題である。消費税の増税は、2014年4月から8％に引き上げられたが、その後、経済状況によるものの、2015年10月から10％に引き上げられる予定になっている。

4　なぜ消費税増税なのか

財政を健全化させるためには、増税をするか、歳出をカットするか経済成長を実現して税収の自然増をはかるか、あるいはこれらを組み合わせたものでしか解決できない。増税するにしても、所得や資産に対する課税も考えられるが、では、なぜ消費税なのだろうか。

消費税が望ましい理由にはいくつかある。まず、消費税は、①税収が安定していることが挙げられる。所得税の税収は、1991年をピークに半減しているが、一般的に景気に大きく左右されてしまう。それに対して、消費税は景気の動きに左右されにくいのである。また、②負担が世代間で公平である点も挙げられる。働いている現役世代だけでなく、すべての世代が負担するものだからである。さらに、③財源調達率が高い点も挙げることができる。

ただ、消費税にはこうしたメリットが存在する一方で、デメリットも存在する。それは「逆進性」があるという点である。一般的に、消費税は対象者が全員同一の税率に直面するので、「水平的平等である」とされる。現在の消費税

率は8％（2014年9月）であり、いくら支出しようとも誰に対しても一律8％が適用される[13]。このとき、所得の伸びよりも消費の伸びの方が小さいため、所得に占める消費税額の大きさは、低所得者のほうが、高所得者よりも大きくなってしまう（ただ、消費税額自体は、低所得者よりも高所得者のほうが大きい）。逆進性の問題は、低所得者ほど所得比で見た税負担が大きくなってしまうというものだが、これを解決する方法として、軽減税率（特定の品目の税率を下げる）や低所得者に現金を給付する等があるが、なかなか難しいとされている[14]。

おわりに

　本章では、日本が直面している大きな課題を4つ取り上げて見てきた。これらの課題は、日本だけでなく、今後アジア経済にも及ぶ問題といえる。

　まず、貿易自由化の動きについては、韓国は特に積極的である。今後、ASEANの動きもより活発になり、グローバルな自由貿易圏の創設へと進んでいくと考えられる。また、為替レートの動きについては、韓国のウォンや中国の元もともに高い状況が続いている。通貨が高い時にはどのような対応をとるべきか、検討すべきであろう。さらに、人口減少や社会保障と財政再建の問題については、中国では一人っ子政策の影響から、人口はピークを迎え、今後は人口減少や社会保障の問題に直面すると考えらえる。また、諸外国では、2008年のリーマンショック以降、多くの財政赤字を抱えている。

　このように、日本が抱える課題というのは、広くアジアあるいは他の諸外国にも今後生じうる、あるいはもう既に生じている課題でもある。こうした課題に対して、アジアあるいは世界が一体となって「知恵」を共有する形で解決方法を模索し、取り組むことが益々必要となるだろう。

---

[13] それに対して、所得税は累進的であり、所得に応じて税率が異なる。2007年分からは、所得の大きさによって5〜40％の間で6段階（5％、10％、20％、23％、33％、40％）に分かれている（2015年分以降は、5％から45％の7段階）。所得が低ければ、それだけ税率が低くなっている。こうした累進的な所得税は、「垂直的平等である」といわれる。

[14] 軽減税率では、どの品目の税率を下げるのか、所得の給付では、どのように所得を捕捉するのか、どの程度給付するのか等、様々な問題がある。

[演習]

1. 人口減少社会に向けて、経済成長にとって何が重要となるだろうか議論せよ。

2. 日本が最初にFTA・EPAを締結したのは、いつでどの国か。

3. 自由貿易を拡大することのメリットは何か。

4. 自由貿易のデメリットは何か。

5. 為替取引額が最も大きい市場はどの国か。

6. 円高時代にやるべきことは何か考えよ。

7. 円安時代に輸出企業がやるべきことは何か考えよ。

8. 年間の社会保障給付費は約何兆円で、そのうち社会保険料でまかなわれているのは約何兆円か。

9. 財政赤字の問題点は何か。

10. 財政赤字の維持可能性をはかる指標には何があるか議論せよ。

[参考文献]

[1] 伊藤元重[2014].『経済を見る3つの目』(日経文庫)、日本経済新聞社。

[2] 経済産業省[2014].『通商白書』。

[3] 小峰隆夫[2013].『日本経済論の罪と罰』(日経プレミアシリーズ)、日本経済新聞社。

[4] 財務省[2014].『日本の財政関係資料』。

[5] 内閣府[2012].『高齢社会白書』(平成24年版)。

[6] 内閣府[各年版].『企業行動に関するアンケート調査』。

[7] 服部暢達[2013]. 「経済教室　海外M&A成功の条件⊕」、『日本経済新聞』、2013年1月23日号。

[8] Bank for International Settlements [2014]. *Triennial Central Bank Survey*.

[9] International Monetary Fund [2014]. *World Economic Outlook Database*, April.

[10] OECD, *StatExtracts, Annual National Accounts Database*.

　　　下井　直毅（しもい　なおき・多摩大学大学院経営情報学研究科教授）

第5章　胡錦濤・温家宝体制の回顧と今後の中国経済展望

はじめに

　中国は、2003年の胡錦涛・温家宝体制発足以降、「中華民族の偉大な復興」と「和諧社会の実現」、「科学的発展観」をスローガンとして掲げ、江沢民時代の経済成長至上主義がもたらした社会の歪みの是正に取り組んできた。発足当初の二年間こそ7％のGDP成長率を目標に掲げたが、その後中国は、2005年から2011年まで7年連続で「保八」（GDPの8％成長を堅持）の目標を掲げ、2010年には日本を追い越しGDP総額世界第2位の経済大国となった。しかし、高度成長の代償として、貧富の格差拡大、環境汚染などの社会不安要素が顕著となってきている。

　2012年11月に開催された第18回党大会では、次期党最高指導機関となる政治局常務委員のメンバーが選出され、習近平総書記を中核とする党の新しい指導体制が確立した。さらに、2013年3月の全国人民代表大会では李克強氏が新首相として選出され、習近平・李克強体制が正式に発足した。

　第18回党大会では、胡錦涛前総書記が指導理念として唱えてきた「科学的発展観（持続可能で調和のとれた社会発展）」が改正された党規約に盛り込まれ、今後における党の行動指針として確定した。習近平・李克強新体制にとって、中長期的に見れば、胡錦涛政権時代に未解決のまま先送りされてきた各種課題も押し付けられた結果となり、舵取りが難しい船出となったといえる。とりわけ、経済構造の転換として、中国政府は現在従来の投資と輸出依存から投資・輸出・内需のバランスの取れた経済発展（「量」よりも「質」へ）を目指しているが、新しい指導体制のもとで実現することができるのか、その推移を注視していくことは今後の中国経済の行方を占ううえで重要であろう。

　以下、胡錦涛・温家宝体制の過去10年間の経済状況を振り返りながら、習近

平・李克強新体制の課題を中心に今後の中国経済を展望してみたい。

I. 胡錦濤・温家宝体制の回顧

1 経済規模

国内総生産額（GDP）は、2002年の約1.5兆ドルから2013年は約9.4兆ドルと約6倍に増加し、2010年は世界第2位の経済大国となった（図5-1参照）。一人当たりGDPは、2002年の1,000ドルから2013年は6,959ドルと約7倍に増加している。

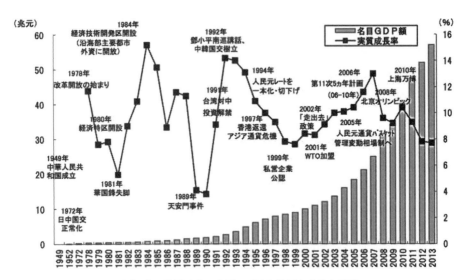

図5-1　建国以来の中国の GDP 総額と成長率推移

出所：中国国家統計局[各年版 a]のデータをもとに筆者作成。

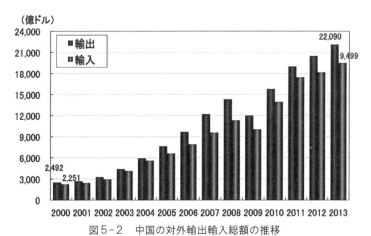

図5-2　中国の対外輸出輸入総額の推移

出所：「『中華人民共和国個人所得税法』改正に関する全国人民代表大会常務委員会の決定」をもとに筆者作成。

2　対外貿易

対外輸出額は、2002年の3,256億ドルから2013年は2.2兆ドルと約6倍に増加し、更に貿易総額は4兆ドルを超え米国を抜き世界最大の貿易大国となった（図5-2参照）。

3　対内外投資

対内直接投資額は、2002年527億ドルから2013年は1,176億ドルと倍増した。一方、2002年の第16回党大会で中国企業の海外進出促進策（「走出去」）が打ち出された結果、中国企業による対外投資2002年の27億ドルから2012年は1,078億ドルへと急拡大し、米国、日本に次いで世界第3位の投資大国となっている（図5-3参照）。

4　世界最大の自動車市場

中国は、2009年から2013年に至るまで5年連続で世界最大の自動車市場を維持し、2013年の新車販売台数は2,198万台に上り、中国は本格的なモータリゼーションの時代に突入した（図5-4参照）。

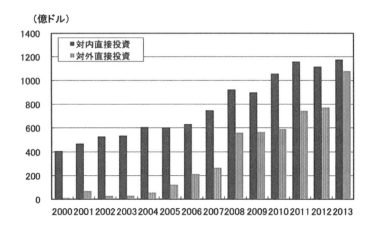

図5-3　中国対内・対外直接投資推移

出所：中国国家統計局[各年版 a]、中国国家統計局[各年版 b]、中国商務部 HP。

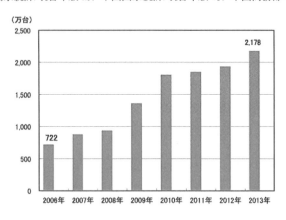

図5-4　中国の新車販売台数推移

出所：中国汽車工業協会統計

第5章　胡錦濤・温家宝体制の回顧と今後の中国経済展望

Ⅱ．習近平・李克強新体制の課題

1　経済構造の転換

　第1の課題は、経済構造の転換による持続可能な経済成長を目指すことである。投資と輸出依存から投資・輸出・内需のバランスの取れた「量」よりも「質」を重視した経済発展への構造転換が求められている。

　中国経済は、過去30年に亘って年平均約10％の高成長を続けたが、その歪みともいえる格差問題や富の偏在、環境破壊など諸問題が表面化しており、経済構造の転換を図らなければならない局面に差しかかっている。今後、持続可能な経済成長を実現するためには、これまでの投資・輸出依存型の成長モデルから内需主導型成長モデルへの転換に加え、労働力や資本など投入量の拡大から生産性の向上に力点を置いた生産方式への転換が必要不可欠である。とりわけ、内需主導型成長モデルへの転換は、所得分配制度の改革や社会保障制度の充実、

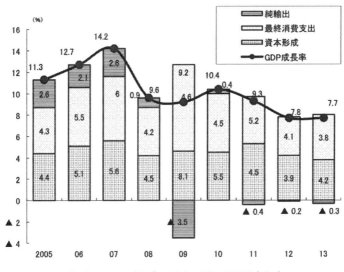

図5-5　GDP成長率に対する需要項目別寄与度

出所：中国国家統計局。

産業構造の転換（工業からサービス業へ）、生産性の向上（7大戦略的新興産業の促進による高付加価値産業や技術集約型産業の育成と集積）を図ることで経済構造の転換を急がなければならない。2013年の需要項目別のGDP寄与度は、資本形成が4.2、最終消費支出が3.8、純輸出は－0.3と、最終消費支出が2011年より2年連続で資本形成を上回っていたものの、2013年にきて再び資本形成が消費支出を逆転する結果となり、今後一層の消費拡大に向けた取り組みが必要となろう（図5-5参照）。

また、2013年のGDPに占める産業別シェアでは、第三次産業が全体の46.1%を占め、初めて第二次産業の43.9%を上回っているが、今後継続して第三次産業のシェア拡大に向けた取り組みが大きな課題である（図5-6）。更に、GDPに占める項目別シェアにおいても、個人消費はわずか35%にとどまっている（図5-7参照）。先進諸国では、第三次産業や個人消費の比率がいずれも60%～70%以上を占めている中で、中国は今後持続可能な成長を維持するためには、その比率を拡大する対策を講じなければならないであろう（図5-7参照）。

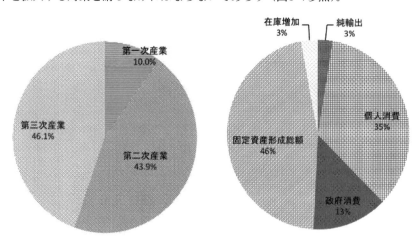

図5-6　GDPに占める産業別シェア　図5-7　中国のGDPに占める項目別
　　　　（2013年）　　　　　　　　　　　　　シェア（2011年）

出所：中国国家統計局。

2 「国進民退」の克服

　第2の課題は、「国進民退」の克服による経済効率の改善である。

　改革開放政策が実施されて以来、中国経済に占める民営経済のプレゼンスが拡大し国有企業のウェイトが縮小したものの、金融やエネルギー、通信、インフラなど主要産業分野における国有企業による独占・寡占状態が続いており、民間企業の参入が難しく、主要産業において市場競争原理が働いていないのが現状である。米経済誌フォーチュンが発表した「2012年世界トップ500社」では、中国企業が73社ランク入りしたものの、そのほとんどを国有企業が占めている。

　2008年9月のリーマンショックとそれに対応するための政府による大型景気対策の実施を受けて、それまでの「国退民進」（国有企業のシェア縮小と民営企業のシェア拡大）とは逆に、一部では「国進民退」（国有企業のシェア拡大と民営企業のシェア縮小）という傾向が目立っている。

　民営企業にとって、参入障壁の高い業種に属する国有企業が好業績を維持できるのは、その企業の経営者と従業員の努力と能力よりも、独占力と政府の優遇策によるものである。国有企業は、商品価格の支配を始め、低コストでの資源調達、政府からの財政補助金の交付、実質上国から無償で資金の供与を受けることができるため、資本コストの面において、民営企業よりはるかに有利な立場にある。その一方、消費者利益が損害を被るだけでなく、競争原理の導入や市場の開放の妨げとなり、社会的不平等な状態を生み出すという弊害もあげられる。

　とりわけ、2008年の世界金融危機に続いて、昨今の欧州債務危機を受けて、広東や浙江省など沿海部では、輸出主導型の中小民営企業が外需低迷の影響で業績を悪化させて相次ぎ倒産し、大量の失業者を生み出しており、これは中国国内で大きな社会問題となった。

　第18回党大会では、大手国有企業幹部が中央委員（CNPC、中国銀行など）や中央委員候補（宝鋼集団、海爾集団など）に選ばれているが、民営企業家の党の要職への登用は実現されていない。今後、経済効率の改善と市場競争原理の導入は必要不可欠であり、そのためには国有企業の民営化、金融自由化など

が重要な政策課題となろう。国有企業は、これまで利益の大半を国に収めず内部保留しているため、過剰投資や労働分配率の低下をもたらした。

一方、民営企業への支援に関しては、国務院が2010年発表し、今夏実施細則が公表された「民間投資の健全な成長の奨励と誘導に関する若干の意見」(「新36条」ともいう)がある（表5-1参照）。民営企業の国有企業による独占業種

表5-1　「新 36 条」の概要

分野	具体的業種
①基礎産業とインフラ設備	①交通運輸部門（鉄道、道路、港湾、民用空港などの建設）、②水利建設、③電力事業（火力・水力・原子力発電所の建設）、④石油・天然ガス開発事業（探査・輸送設備の建設）、⑤電信事業、⑥土地整理と鉱物資源開発事業、への事業参入
②公共事業と政府保障型住宅建設	①都市部の水・ガス・熱供給と汚水・ゴミ処理、②公共交通、③都市緑化、④政府保障型住宅建設などの分野への事業参入
③社会文化事業	①医療事業（病院や各種医療サービス機関の設置運営）、②私立教育機関（幼稚園・小中高校などの設立）、③社会福祉事業（養老施設など）、④文化事業（広告、演芸、娯楽、映像、アニメ、出版などに関わる制作やサービス、博物館や図書館、映画館、スポーツ関連施設、観光レジャー施設の建設など）への事業参入
④金融サービス	①商業銀行への出資（金融機関への出資比率の制限を緩和し、民営企業による株式の取得・出資などによる事業参入を促す）、②金融サービス機関の設立（村鎮銀行、消費者金融会社、農村資金互助社など）
⑤商業物流	①卸小売り事業、②現代物流事業（チェーン店や電子商取引など）への参入
⑥国防科学技術	①軍需産業（軍民両用技術の開発と産業化、軍需品の生産と研究開発など）への参入
⑦その他	①国内における企業買収や合併を促す、②国有企業の企業再編への関与、③民営企業のイノベーションの向上、④戦略的新興産業への事業参入、⑤国際競争力の向上による企業買収促進など

出所：国家発展改革委員会の発表資料を基に筆者作成。

への資本参加など、投資領域の拡大と多様化および投資効率の向上を目的としているが、習近平新体制の下で着実に実施されるのか、注目される。

3 格差是正

第3の課題は、格差是正により社会の公平性を実現することである。

これまでの「改革・開放」政策は国民の働く意欲の喚起に重点を置いてきたが、その経済発展の成果を公平に分配する制度的枠組みが用意されていない。それゆえに、国民の多数は経済成長の恩恵を十分に享受しておらず、社会の不安定化をもたらす一因となっている。高成長の歪みとして貧富の格差や都市・農村の格差（3倍強）および地域格差が広がるなか、国民の不満が高まっており、習近平新体制にとっては格差の是正と公平な富の分配が至上命題である。都市と農村の所得格差は拡大傾向にあり、2002年から2012年までの所得格差は3倍強と高止まりの状況が続いている（図5-8参照）。

また、中国の都市人口は2011年に初めて農村人口を上回り、2013年の都市人

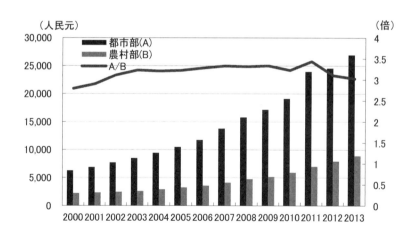

図5-8　都市・農村別一人当たり可処分所得格差

出所：中国国家統計局。

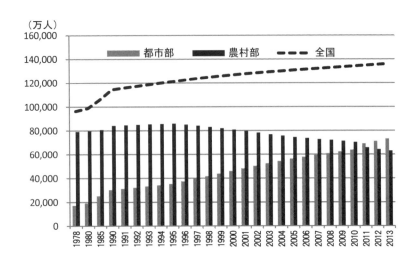

図5-9　都市農村別人口比率の推移

出所：中国国家統計局。

口の比率は53.7％となっている。農村から都市へ流れる農村人口の増大により格差問題は都市部へ波及し、大きな社会的課題となりつつあり、今後は雇用、社会保障システムの普及を急がねばならない状況にあると言える（図5-9参照）。

　所得格差の問題を是正するために、中国政府は現在社会保障システムの充実、個人所得税法の改正、所得倍増計画を実施している。

　第12次5カ年計画（2011～15年）の目標では、都市養老保険加入者数を2.57億人から3.57億人へ拡大させ、一方農村地域の養老保険加入者数を1億人から4.5億人へ増やすとしている。また、同時に社会保障カード発効数を1億枚から8億枚に増やし、全人口の60％をカバーする目標も掲げている。更に、2011年9月から個人所得税の改正を行い、給与や賃金所得の累進課税について、最低税率をこれまでの5％から3％とし、また、現行9段階としている税率区分のうち、15％と40％の区分をなくし7段階とした。各税率の課税所得額の範囲も変更され中低所得者の税負担が軽減されるように改正されている（表5-2参照）。

表5-2　個人所得税法の改正（2011年9月1日より施行）

旧			新		
級数	課税所得月額	税率 (%)	級数	課税所得月額	税率 (%)
1	500元以下	5	1	1,500以下	3
2	501元以上　2,000以下	10	2	1,501元以上　4,500以下	10
3	2,001元以上　5,000以下	15	3	4,501元以上　9,000以下	20
4	5,001元以上　20,000以下	20	4	9,001元以上　35,000以下	25
5	20,001元以上　40,000以下	25	5	35,001元以上　55,000以下	30
6	40,001元以上　60,000以下	30	6	55,001元以上　80,000以下	35
7	60,001元以上　80,000以下	35	7	80,001元以上	45
8	80,001元以上　100,000以下	40	（注）所得月額から3,500元控除後の金額。		
9	100,001元以上	45			

出所：筆者作成。

　2012年11月に開催された中国共産党の第18回党大会では、「2020年までにGDP総額と国民一人当たりの所得を2010年比（GDP：7.3兆ドル、都市住民の可処分所得：19,109元、農村住民の純収入：5,919元）で倍増させ、小康社会（ややゆとりのある社会）を実現する」という数値目標が打ち出された。　国民の所得を倍増させるという具体的な定量目標を初めて掲げたが、目標達成のためには、税・財政制度改革（所得税率の引き上げや固定資産税の導入、農村や内陸部への財政支援など）、都市・農村戸籍の一体化、都市化の推進（都市化率は統計上50％超であるが、実質35％）や中西部地域の経済発展などによる格差問題の抜本的改善が求められている。

4　人口対策と生産性の向上

　第4の課題は、人口対策と生産性の向上である。

　中国では、1979年から実施された「一人っ子政策」により、少子高齢化が急速に進んでいる。中国は2002年に高齢化社会（総人口に占める65歳以上の人口

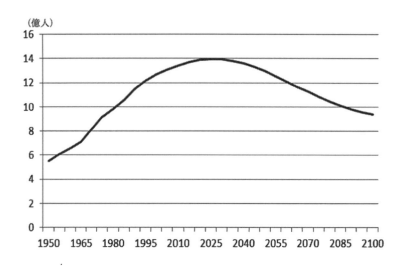

図5-10　中国の人口推計

出所：United Nations Secretariat [2011].

比率が7％を超える）に突入し、2011年現在の高齢化率は9.1％となった。近い将来においては高齢社会（総人口に占める65歳以上の人口比率が14％を超える）を迎える。それにより、総人口は2033年にピーク、生産年齢人口は2015年をピークに減少すると見られている（図5-10、図5-11、図5-12）。

第5章　胡錦濤・温家宝体制の回顧と今後の中国経済展望

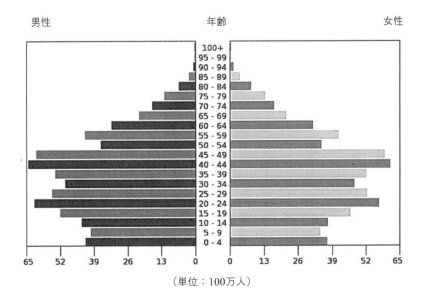

（単位：100万人）

図5-11　中国に人口ピラミッド（2012年）

出所：U.S.Census Bureau　International Data Base.

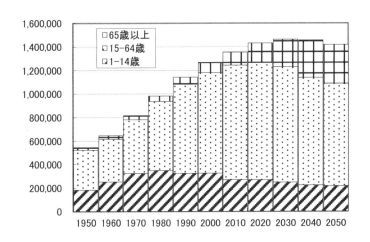

図5-12　中国に年齢別人口推計　中国の年齢別人口推計

出所：日本国総務省統計局

2010年11月1日、中国で第6回人口センサスが実施された。その結果は以下の通りである：
①総人口：13億3,972万人（2000年の調査より7,390万人増加、年平均増加率0.57％）
②年齢別：
＊0～14歳→2億2,246万人（総人口の16.6％）→2000年は22.9％
＊15～59歳→9億3,962万人（総人口の70.3％）→2000年より1億人増加
＊60歳以上→1億7,765万人（総人口の13.3％）→2000年は10.3％
＊65歳以上→1億1,883万人（総人口の8.87％）→2000年は6.96％

また、農民工（2012年現在、2億6,261万人）に加え、大卒者数（2013年は699万人。図5-13）の増加が顕著となっており、職業訓練や社会保障システムの整備、雇用問題などが課題となっている。
こうした状況に対し、政府は次のような人口政策をとっている：
①中国政府は、第12次5ヵ年計画期間（2011～15年）中の人口増加率を毎年7.2％に抑制し、2015年時点での総人口を13億9,000万人以内に抑える目標を掲げている。

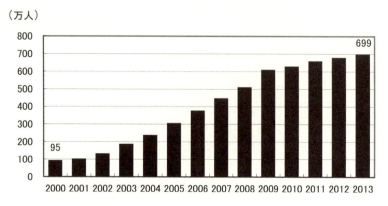

図5-13　中国の大卒者数の推移

出所：中国国家統計局[各年版a], 2009年版、人力資源社会保障部発表データ。

第5章　胡錦濤・温家宝体制の回顧と今後の中国経済展望

②中国政府は、これまで「一人っ子」政策の廃止に関し否定的であったが、
2014年より全国規模で一人っ子同士の夫婦の二人目の子供の出産が認め
られたほか、夫婦二人の片方が一人っ子の場合でも二人目の子供の出産を
認めるなど、一部で緩和の動きも見られる。また、一部地域では、定年年
齢の延長などの施策も講じられており、生産年齢人口の確保に向けて取り
組んでいる。

国家統計局が2013年1月に発表した最新のデータによると、中国政府が「生
産年齢人口」とする15～59歳層の人口は、2012年に建国以来初めて前年を下回
った。2012年の生産年齢人口は9億3,727万人と、前年より345万人減少したこ
とから、一部の専門家は経済成長の推進力の一つだった「人口ボーナス」の終
了を予告する数字だと捉えている。今後、短期的には労働力不足の事態への対
応に迫られ、中期的には労働力の質的向上のために教育水準の高度化と労働技
能の向上が求められることが予想される。

5　エネルギー需給問題と環境対策

第5の課題は、エネルギー需給問題と環境対策である。中国は経済発展に伴
いエネルギー消費量が急増し、その結果2007年に米国を抜き世界最大のCO_2
排出国になった（表5-3）。

表5-3　主要国の GDP、CO_2 排出量とその比率（2005／2009 年）

	GDP（10億ドル）		CO_2排出量（億トン）		CO_2/GDP（KG/USD）	
	2005年	2009年	2005年	2009年	2005年	2009年
中国	2257	4990	50.9	68.7	2.26	1.38
米国	12623	13939	58.0	51.9	0.46	0.37
日本	4552	5033	12.2	11.5	0.27	0.23
ロシア	763	1222	15.5	15.4	2.03	1.26
インド	809	1265	4.2	16.0	0.52	1.26
世界合計			271	290		

出所：国家エネルギー局。

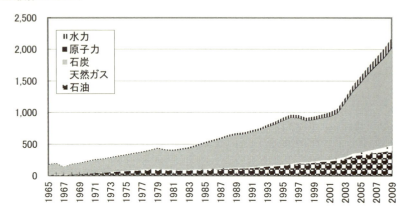

図5-14　中国の石油・天然ガス・石炭・原子力・水力消費量推移
出所：BP [2010].

　経済発展に伴うエネルギー消費量の拡大と共に海外からのエネルギー資源の輸入量も急拡大している（図5-14参照）。
　中国国家統計局によると、2010年の中国の一次エネルギー消費量は石油換算で22億8,000万トンに達し、2009年に続き世界最大のエネルギー消費国となったとみられている。一次エネルギーの中でも、原油の消費量は前年比13.1％増の4億3,900万トンと初めて4億トンを突破した。また、原油の輸入量は2億トンを超え2億3,931万トンに達し、海外からの原油輸入依存度は2009年に続き2年連続で50％を超え53.8％に達した。原油の輸入に加え、石炭の輸入量も近年急増している。2010年は石炭の純輸入量が1億トンを超え1億4,575万トンとなり、中国はかつての輸出国から輸入大国へと変貌している（図5-15参照）。中国は、エネルギー安全保障の観点から現在原油の調達先の多様化も進めている（図5-16、図5-17参照）。

第5章　胡錦濤・温家宝体制の回顧と今後の中国経済展望

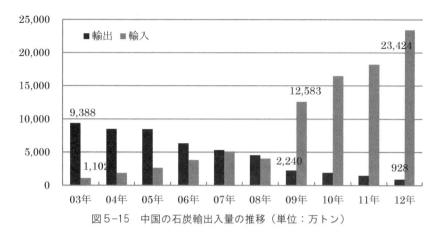

図5-15　中国の石炭輸出入量の推移（単位：万トン）
出所：中国海関総署統計。

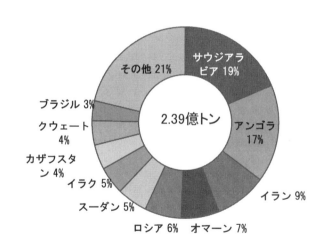

図5-16　中国の主要国・地域別原油輸入量（2010年）
出所：中国税関総署。

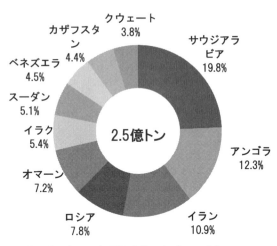

図5-17　中国の主要原油輸入先（2011年）

出所：中国税関総署。

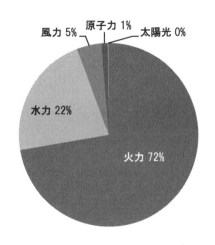

図5-18　中国の電源別シェア（2011年）

出所：国家エネルギー局。

第５章　胡錦濤・温家宝体制の回顧と今後の中国経済展望

　中国の一次エネルギー消費見通しについて、日本エネルギー経済研究所の予測によれば、今後年率3％で増加し、2030年には石油換算で31億3,000万トンにまで拡大する。一次エネルギーの中でも、石油の消費は高い経済成長を背景に2020年に約6億トン、2030年には約8億トンに増加するのに対し、国内生産量はいずれも2億トンの水準にとどまるため、海外からの輸入量は2020年に約4億トン、2030年に約6億トンにまで拡大すると予測されている。一方、電源別の割合では、石炭火力発電が全体70％以上を占めており、低エネルギー効率より環境汚染の深刻化をもたらしている（図5-18参照）。

　中国は、経済成長に伴うエネルギー消費の急拡大により、CO_2排出量も急増し、2007年に米国を超えて世界最大の排出国となり、2011年は世界全体の約30％を占めるに至っている（表5-3、図5-19参照）。

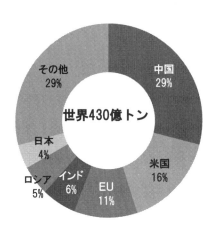

図５-19　国地域別CO_2排出量（2011年）
出所：欧州委員会発表。

表5-4　中国の第11次5カ年計画（2006～2010年）

指標		指標の種類	2010年	
			目標	実績
GDP単位あたりの省エネ率		拘束値	-20%	-19.10%
主要汚染物質排出量の削減	二酸化硫黄（SO2）	拘束値	-10%	-14.29%
	化学的酸素要求量（COD）	拘束値	-10%	-12.45%
単位工業付加価値あたりの用水削減率		拘束値	-30%	-36.70%
農業灌漑用水の有効利用係数		期待値	0.5	0.5
工業固定廃棄物の総合利用率		期待値	60%	69%
森林被覆率		拘束値	20%	20.36%

出所：中国政府発表「中華人民共和国国民経済・社会発展第11次5カ年規画綱要」をもとに筆者作成。

表5-5　中国の第12次5カ年計画（2011～2015年）環境分野の目標と実績

指標		指標の種類	目標	新規
GDP単位あたりの省エネ率		拘束値	-16%	
GDP単位あたりの二酸化炭素（CO2）排出量		拘束値	-17%	○
1次エネルギー消費量に占める非化石燃料の比率		拘束値	-11.4%	○
主要汚染物質排出量の削減	二酸化硫黄（SO2）	拘束値	-8%	
	化学的酸素要求量（COD）	拘束値	-8%	
	窒素酸化物（Nox）	拘束値	-10%	○
	アンモニア性窒素	拘束値	-10%	○
単位工業付加価値あたりの用水削減率		拘束値	-30%	
農業灌漑用水の有効利用係数		期待値	0.53	
工業固定廃棄物の総合利用率		期待値	72%	
都市部の汚水処理率		期待値	85%	
都市部ごみの無害化処理率		期待値	80%	
耕地保有量　億ムー：ムーは15分の1ha）		期待値	18.18億ムー（現状維持）	
森林被覆率		拘束値	21.66%	
森林蓄積量		拘束値	143億M3	○

出所：中国政府発表「中華人民共和国国民経済・社会発展第11次5カ年規画綱要」をもとに筆者作成

第5章　胡錦濤・温家宝体制の回顧と今後の中国経済展望

　十一・五計画ではSO2削減とCOD削減が指標にあるが、NO x 削減、アンモニア性窒素の削減は指標にはなかった。第10次五ヶ年計画時よりも、第11次、第12次と徐々に環境指標項目が増加している（表5-4）。

　環境対策では、第12次5カ年計画をもとに、次の内容を目標にしている：
　　（ア）国際公約（2005年を基準として、2020年までにGDP単位当たりの二酸化炭素排出率を40～45％削減するという宣言）となった重要な指標を国内環境政策においても打ち出し、2015年までに2010年比17％二酸化炭素排出量を削減する目標を立てている。
　　（イ）2014年9月末に開かれた国連気候変動サミットに出席した中国の張高麗副首相は、「できるだけ早い時期」に温室効果ガスの二酸化炭素排出量を頭打ちさせることを表明し、中国として初めて総量規制に踏み込む可能性を示唆した。
　　（ウ）主として市場メカニズムにより達成される期待値（所期性指標）ではあるが、都市部の汚水処理率を85％、都市部ごみの無害化処理率を80％に定めているのも新しく、注目される。耕地保有率は、都市化の進展にもかかわらず、現状維持を目標に掲げ、食料自給率が低下することのないように配慮している。森林カバー率も現状の20.36％から21.66％に伸長させる目標。
　　（エ）中国における省エネ・環境保護分野の市場規模は、2012年には2兆8,000億元（1元＝12.16円）2020年には5兆元を超える見込みである。都市下水処理・廃棄物、排煙脱硫設備に対する投資額は、6,000億元以上に達し、関連するサービス業の投資規模も同額以上になるといわれる。第12次五ヶ年計画における戦略的新興産業の一つに、省エネ・環境産業は位置付けられている。

6　地方経済と地方債務問題
　第6の課題は、経済成長の阻害要因となり得る地方経済と地方債務問題の解

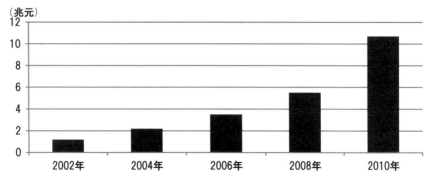

図5-20　中国・地方政府の債務残高の推移

出所：中国審計署。

決である。

　地方政府の債務残高は、リーマンショック後に打ち出された4兆元の緊急景気対策の後に急激に増加し、2010年末には10兆7,175億元に膨れ上がった（図5-20参照）。4兆元景気対策のうち、中央政府は1.18兆元を負担するが、地方政府が直接に1.25兆元、間接的に（銀行・企業経由）1.57兆元負担する。中国の金融機関の新規貸出額を見ると、やはり2009年から2010年にかけて新規貸出額が大幅に増加したことが分かる（図5-21参照）。

　中国では地方政府財政の赤字は法的に容認されておらず（財政均衡主義）、原則地方債の発行も許されていない。2011年10月には、上海市、浙江省、広東省、深圳市に限定して、地方債の試験的発行を許可しているが、31の省・自治区・直轄市のなかでも、これらの地域は歳入トップクラスであり、非常に例外的である。

　地方財政のために、土地使用権を市民から割安に取り上げ、土地開発し付加価値を付けたうえで、割高に貸しつける手法により、ある地方によっては地方財政の過半数を賄っているという報道も見られ、これは次に述べる「地方融資平台（地方融資プラットフォーム）」にも関連する。

　中国審計署が2011年6月に発表した資料によると、2010年末時点の地方政府の債務残高は10兆7,175億元（約121億円）である。そのうち、地方政府が償還

第5章 胡錦濤・温家宝体制の回顧と今後の中国経済展望

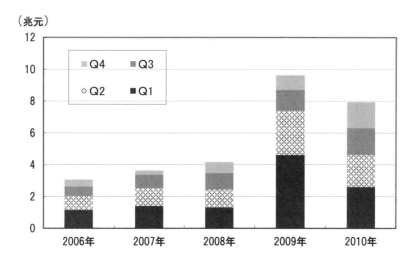

図5-21 中国金融機関新規貸出額（四半期ベース）

出所：中国人民銀行。

の責任を負う債務は6兆7,000億元で、全体の62.6％を占めており、また担保の責任を負う債務は2兆3,000億元で、全体の21.8％を占めている、政府が一定の救済責任を負う他の関連債務は1兆6,000億元で、15.6％を占める（表5-6参照）。

表5-6 地方政府の債務状況

地方政府債務内訳	金額	全体に占める比率
地方政府が償還責任を負う債務	6兆7,109億元	62.6％
担保責任を負う債務	2兆3,370億元	21.8％
地方政府が一定の救済責任を負う債務	1兆6,696億元	15.6％
地方債務合計	10兆7,175億元（約121億円）	100％

出所：中国審計署。

償還責任を負う債務の地方政府の総合財政力に占める比率、すなわち負債比率は52.3％である。

中国では、地方政府が金融機関より融資を受けることが認められていない。そこで、地方融資平台という資金調達目的の会社を設立して、金融機関の融資を受けている。地方政府の債務の主要用途は、①市政建設（35,301億元）、②交通運輸（23,924億元）、③土地収用（12,209億元）、④教育・文化・保証性住宅（9,169億元）、⑤その他、である。

地方政府の債務満期を迎えるに伴い、地方融資平台に融資を行った銀行にもリスクが高まっているとみられる。ほとんどの地方政府は地方融資平台を設立するときに少ない自己資金で行い、必要な運営資金は銀行から融資を受けるという流れになっている。国内不動市場が過熱していた時、土地使用権の売却で財政力を強化して債務償還に充ててきた。しかし、現在不動産価格抑制政策で土地への需要が低迷し始めており、地価が大幅に下落することで、地方政府のデフォルトリスクが高まることが懸念されている。

また、地方債務に加え、2013年に入ってから理財商品や信託の形を取って集めた資金の影の銀行による貸付が不良債権化し、経済問題として浮上した。いわゆるシャドーバンキングである。2010年から実施された金融引き締め政策を受けて、一部企業や地方政府傘下の投資会社が銀行からの融資を受けられなかったため、「理財商品」と呼ばれる金融商品を発行し、高い利回りで投資家に販売し、投資資金を集め都市開発に充てたが、その資金の一部が不良債権化したのである。

中国政府は、こうした懸念を払拭すべく、2013年3月より銀行業管理監督管理委員会が地方融資平台、不動産、過剰設備関連融資のリスク、シャドーバンキングの拡大に伴うリスク等の管理強化に乗り出した。一方、中国人民銀行は同年7月よりシャドーバンキングへの監督を強化する対策を講じている。現在、リスクはある程度抑制され、政府のコントロール下に置かれていると見られているが、中国政府は潜在的リスクに対して手を打つ一方、本格的な金融自由化に向けた金融市場の整備も迫られている。

7　金融改革

　第7の課題は金融改革である。中国は輸出依存による高成長から、内需拡大による成長持続を目指していかねばならない。政策としては、為替レートを固定制からバスケット通貨制の方向に変え、バスケット通貨のウェイトを徐々に変える調整をしていき、さらに自国通貨と他国通貨との交換開始という形で取引を拡大していくべきである。経済成長維持のため内需の中に成長の柱を作ることも重要である。内需は消費だけでなく、住宅投資、公共投資があり、政府消費として教育、年金、医療、社会保障も増加が見込まれ、各分野で適切な政策対応が必要である。

　金融制度の分野では、改革の推進が必要である。金融制度の基本的な役割は家計部門の貯蓄を企業部門に仲介することである。しかし、国有企業の融資が国有企業に集中しているため、マクロ経済の効率向上が妨げられている。人民元の為替改革の遅れも懸念される。2001年、中国は世界貿易機関（WTO）に加盟し実体経済の対外開放が進んでいるが、人民元の為替の自由化が大幅に遅れている。為替レートは、国際貿易の交易条件を調整する役割を果たすが、為替の自由化が遅れることは国際貿易不均衡の是正が遅れることを意味する。

　2012年3月の全人代後の記者会見で、温家宝首相は人民元：2005年7月の為替制度の改革以来、中国の実効レートは既に30%以上上昇し（8.28／ドルから6.33／ドル）、均衡した水準に近づいたかもしれないと発言。制度の改革を続け、上下両方向に変動が大きくなるよう取り組んでいくことを表明した。その後、中国人民銀行は、2012年6月よりそれまでの「一日の基準値からの変動幅±0.5%」を「一日の基準値からの変動幅±1.0%」に拡大している。

　2014年7月、中国人民銀行（中央銀行）の周小川総裁は「金利自由化のタイムスケジュールは各種外国為替、国際・国内経済情勢に依存する。しかし、それでも我々は2年以内には自由化を実現できるはずであると考えている」と記者会見で述べ、金利の自由化に向けて前向きに検討していくことを示唆している。

おわりに

　中国経済の今後を展望する際に、多くの中国研究者の間で議論されるのは、中国が「中所得国の罠」に陥ることなく、先進国の仲間入りを果たすことができるかどうかである。中国の一人当たりGDPは現在5,400ドル（2011年）と、IMFの発表データによれば、世界183カ国中第90位であり、既に中所得国の仲間入りを果たしたといえる。しかし、これまで見てきた中国経済の課題の多くは、「中所得国の罠」に陥った国々と共通（余剰労働力の減少、産業高度化の停滞、貧富の格差拡大、環境破壊、官僚の腐敗問題など）しているのも実情であろう。

　その意味では、現在の中国の経済や社会は大きな転換点を迎えており、習近平・李克強新体制にとっては中国が抱える諸課題を今後如何に克服し解消していくことが最優先課題となる。その成否は中国が今後「中所得国の罠」に陥るのか、それとも先進国の仲間入りを果たすのかを見極める重要なカギを握っており、習近平新体制の手腕が問われている。

　2012年12月4日、習近平総書記が主宰した政治局会議は「内需を積極的に拡大し、経済の構造調整を加速」すると共に「持続的で健全な成長の実現」することを2013年の経済政策の運営方針として掲げた。この党の方針を踏まえ、2013年の3月の全人代では「内需拡大を経済発展の長期的な戦略方針」と位置付け、内需の柱である個人消費を拡大するため、「都市と農村の発展の一体化」を推進し、発展の遅れた農村地域における都市化により農民の収入の底上げ、都市住民との格差是正を図るとしている。

　中国共産党は2013年11月、第18期中央委員会第3回全体会議（三中全会）を開始し、「改革の全面深化における若干の重大問題に関する決定」と題する文書を採択し、2022年まで続く政権の基本方針を示した。経済分野においては、市場機能の強化を通じて経済活動の効率化を図る「市場化改革」を軸とした包括的な改革方針が示された（表5-7）。

表5-7　三中全会で示された経済分野の改革方針

土地制度	①都市と農村の統一的な建設用地市場を構築
	②農村集団経営の建設用地の譲渡、賃貸を許可
	③農業請負経営権の抵当、担保の権利を認める。
金融	①人民元レートの市場化メカニズムの改善
	②金利市場佳、資本取引自由化の実現の加速
	③預金保険制度、破綻処理制度の整備
戸籍制度	①小都市への移住制限を全面的に開放
	②常住人口全てに都市基本公共サービスを提供
	③都市部の農民を社会保障システムに組み入れする。
国有企業	①国有企業の投資事業に非国有企業の出資を許可
	②国有独占業種で行政・企業機能を分離
	③公有制は主体的地位、非公有制も支持
人口政策 社会保障	①夫婦の一方が一人っ子なら二人目出産許可
	②段階的に定年退職年齢の引き上げを検討
	③国有企業の国庫納付拡大、社会保障財源へ
税財政	①増値税改革の推進、不動産税の立法作業加速
	②地方税体型の改善
	③中央と地方の収入区分を調整
価格政策	①水、エネルギー、交通、通信などで価格改革
	②市場で価格形成できるものは市場に任せる
	③農産物の価格形成メカニズムを改善
対外開放	①金融、教育などサービス分野で投資規制緩和
	②上海自由貿易区を通じた改革の深化
	③周辺地区を基礎としたFTA戦略の加速

出所：中国新華社などの報道をもとに作成。

表5-8　中国国民が最も望む改革は

順位	2012年	2013年	2014年
1	社会保障	社会保障	社会保障
2	所得分配	所得分配	腐敗・汚職撲滅
3	医療改革	腐敗・汚職撲滅	食品・薬品安全
4	社会安定	住宅価格	所得分配
5	教育問題	医療改革	官僚の仕事意識・姿勢
6	三農問題	物価安定	計画生育
7	腐敗・汚職撲滅	食品・薬品安全	環境問題
8	物価安定	法治中国	教育問題
9	食品・薬品安全	行政改革	住宅価格
10	住宅価格	国防整備	新型都市化

出所：中国人民日報他各種報道をもとに作成。

　一方、中国人民日報など中国メディアの調査によると、中国国内の一般国民が最も望む改革については、「社会保障」、「所得分配」、「医療改革」「教育問題」「腐敗・汚職撲滅」などが三年連続で上位を占めており、中国政府は国民の要望にしっかり応えることが求められている（表5-8）。

　発足間もない習近平新指導体制下の中国経済を展望することは現時点では非常に困難であるが、今後習近平政権は中国をどのような方向に導いていくのか、引き続き世界第二位の経済大国としての中国の行方を注視していきたい。

[演習]

1. 中国は、なぜ「世界の工場」「世界の市場」と言われているのか整理せよ。

2. 中国は世界最大の自動車市場となり、本格的なモータリゼーションの時代に突入しているが、悪い影響はあるのか、自動車産業のイノベーションは必

要だろうか、議論せよ。

3. 中国で農民工問題は、なぜ大きな社会問題となっているのか整理せよ。

4. 中国では労働力不足の状況が今後顕著になることが予想されるなか、なぜ大卒者の雇用問題は解消されないのか考えよ。

5. 高齢化社会の定義を述べ、その問題点を整理せよ。

6. 中国は現在産業構造の転換を推進しているが、何が最も重要だと思われるのか議論せよ。

7. 中国政府が上海自由貿易区を設置した目的は何か。

8. 中国の五カ年計画とは何か。

9. 「中所得国の罠」とは何か。

10. 日本は課題先進国と言われているが、中国が現在抱えている諸問題の中で日中間で協力できる分野はあるのか議論せよ。

[参考文献]

[1] 中国国家統計局[各年版a].『中国統計年鑑』。

[2] 中国国家統計局[各年版b].『中国対外直接投資統計公報』。

[3] BP [2010]. *BP Statistical Review of World Energy June 2010*.

[4] United Nations Secretariat [2011]. *World Population Prospects: 2010*.

巴特尔（バートル・多摩大学経営情報学部准教授）

第6章　韓国経済の現状と課題

はじめに

　本章では、①韓国経済の経済成長率と要因・構造的問題点・課題・経済外交と通商戦略・将来予測と、②険悪な日韓関係と密接な日韓経済の実態を概観する。また、③韓国企業と日本企業の経営比較を解説する。特に経営スタイル、技術開発、海外戦略、投資戦略、リーダーシップ、人事戦略の6つの側面から分析する。さらに、④韓国企業のグローバル戦略の特徴や、⑤韓国企業の弱みも考察する。

　狙いの一つは、韓国経済や韓国企業の考察を通じて、アジア経済やアジアビジネスの理解の一助とすること。二つ目は、日韓企業の経営比較を通じて、日本企業やアジア企業の経営課題を検討することである。三つ目は、日韓の企業・経済連携のみならず、日中韓の企業・経済連携の可能性を模索することである。

Ⅰ. 韓国経済の現状と課題

　韓国経済の現状は、2009年経済成長率は、当初マイナス成長と予想されていたが、下半期に景気が急回復し、前年比0.7%増のプラス成長となった。OECD（平均マイナス3.3%）の中で最も早く景気回復し、V字回復した。2010年経済成長率は、6.5%で、G20のうち5位。1位中国（10.5%）、2位インド（9.4%）、3位ブラジル（7.1%）の順となる。2011年経済成長率は、3.7%と下落。2012年経済成長率は、2.3%にさらに下落したが、先進国と同水準。米国2.2%、日本2%、欧州マイナス0.4%。2013年経済成長率は、3%に回復した。回復要因

は、韓国政府が減税（自動車買い替え減税）や公共投資の拡大など景気浮揚策を迅速に行ったことが奏功し、民間消費が増加したこと。また、ウォン安効果により輸出が増加し、特に中国の景気浮揚策により対中輸出が急回復したこと。さらに新興国市場の開拓など韓国企業の経営努力である。2014年経済成長率は、ウォン高による輸出産業への大打撃やサムスンの不調など懸念材料があるものの3.3％に達した。2015年は、輸出不振の影響で2.6％と2012年（2.3％）以来3年ぶりの最低水準であった。2016年は、韓国銀行が3.1％と予測している（表6-1）。

　韓国経済の構造的問題点は、大きく4つを挙げることができる。1つ目は、財閥・貿易偏重の経済構造である。4大財閥の合計売上高（2011年622兆ウォン＝44兆円）が韓国GDP（2011年1,237兆ウォン＝87兆円）に占める割合は、55.2％に達しており、韓国経済の過半数にも及ぶ。とりわけサムスン財閥（271兆ウォン＝19兆円）は、その割合が21.9％にも達し、韓国経済の2割強を占める。

表6-1　韓国の主要経済指標の推移

	2009	2010	2011	2012	2013
GDP成長率（％）	0.7	6.5	3.7	2.3	3
GDP（億ドル）	9,023	10,943	12,027	12,224	13,043
消費者物価上昇率（％）	2.8	3.0	4.0	2.2	1.3
輸出（億ドル）	3,635	4,663	5,552	5,480	5,596
輸入（億ドル）	3,230	4,252	5,244	5,195	5,155
経常収支（億ドル）	335	288	186	508	798
対外債務（億ドル）	3,446	3,559	4,000	4,089	4,161
外貨準備高（億ドル）	2,699	2,914	3,042	3,232	3,416
為替レート（対ドルレート）	1,276	1,156	1,108	1,126	1,094

注：為替レートは期中平均値、単位はウォン。

出所：韓国銀行データなどにより作成。

韓国貿易（2011年1兆796億ドル）が韓国GDP（2011年1兆1,164億ドル）に占める割合は、96.7％にも達する。これは、日本（2011年28.5％）の3倍強となる。2つ目は、日中との熾烈な競争環境である。韓国は、中国技術の追い上げと日本技術との格差拡大という、所謂「サンドイッチ危機」に見舞われている。3つ目は、北朝鮮リスクとチャンスの狭間で揺れていることである。韓国は、北朝鮮と休戦状態にあり、軍事的緊張にさらされている。一方、南北交流の拡大や朝鮮半島の統一による北朝鮮特需が期待されている。4つ目は韓国の経済発展と企業躍進の裏で多くの国民が犠牲になるという社会構造問題である。企業が生産拠点を海外に移しているため、国内の雇用は少ない。また、熾烈な競争をくぐり抜けて一流企業に入社しても、失敗すればすぐに解雇される。社内競争に敗れた人も次々と退社し、定年も事実上50歳代前半となっている。中途退職した人の大半は、飲食店などの自営業で生計を立てているが、これらの個人商店も乱立していることから、食べて行けないのが現状である。このような競争社会で子供に勝ち抜かせるために教育熱が度を超しており、教育費もかさむため、夫婦は産む子供の数まで減らさざるを得ず、出生率は世界最低水準となっている。2010年出生率は、韓国1.22、日本1.39である。したがって韓国経済と韓国財閥の躍進は、国民の血で支えられていると言っても過言でない。今後、さらなる躍進を図るためには、国民の犠牲と経済格差をどれだけ解消できるかが重要な課題となる。

　韓国経済の課題は、①「財閥改革」（世襲・経営権承継、系列会社支援・出資構造への規制強化、中小企業の保護・育成）、②「低成長からの脱皮」（ウォン高と輸出競争力の低下、長期不況とデフレ、企業投資と家計消費の減少、家計負債の増加、住宅価格の下落、雇用不振・青年失業）などである。これらの課題を解決するためGDP至上主義から生活の質重視に転換させる経済政策である「クネノミクス」（朴槿恵：パク・クネ大統領のクネとエコノミクスを合わせた造語）を打ち出した。方法論は、「創造経済」と「経済民主化」の2つの翼を通じて「経済復興」を成し遂げ、「国民幸福時代」を切り開くというもの。「創造経済」とは、果敢なパラダイム転換で創意性を経済の核心価値に置き、科学技術と情報通信技術（ICT）の融合を通じて産業と産業が融合し、産業と文化

が融合して新しい付加価値を創り出し、新しい雇用を作り出すこと。「経済民主化」とは、格差是正、雇用の拡大と質、少子高齢化、福祉問題、社会保険問題の解決である。具体的な対策としては、2013年4月に過去2番目の規模となる20兆3,000億ウォン（1兆8,414億円）の追加補正予算が組まれた。また、2013年韓国企業上位600社が前年比13.9％増の計129兆7,000億ウォン（11兆7,000億円）を投資した。

　さらに、朴槿恵（パク・クネ）大統領が積極的な経済外交や通商戦略を展開している。経済外交は、オバマ大統領の4回の韓国訪問や1年間に5回の中韓首脳会談など米国や中国との蜜月ぶりが伺える。2014年7月には習近平主席が韓国を訪問したが、中国が友好国である北朝鮮に先立って韓国を訪れるのは異例である。この中韓首脳会談では、中韓の幅広い連携強化を確認するほか北朝鮮核問題などを協議し、共同声明を発表。また、環境や金融など12の分野で協力文書に署名した。さらに、中韓の経済人400人が参加する経済協力フォーラムも開催された。中韓関係は、「中韓戦略的同伴者関係」を締結しており、これは最上の関係を意味する。また、韓国にとって中国は最大の貿易・投資相手国である。中韓貿易（2013年2,289億ドル）は、日韓貿易（同946億ドル）の2倍強に達しており、韓国の対中貿易黒字628億ドルに対して対日貿易赤字253億ドルである。また、中韓貿易は韓国貿易全体の21％を占めている。日韓は国交正常化（1965年）後48年経っているが、中韓は国交正常化（1992年）後21年しか経っていないことから、経済関係が急拡大していると言える。ただ、中韓関係は、「表層的密着性」がある半面、「深層的距離感」がある。「深層的距離感」とは、「朝鮮半島の再統一」に対する考え方の違いである。中国は、北朝鮮の金正恩（キム・ジョンウン）政権の危機・崩壊を望んでいない。一方は、韓国は、北朝鮮の現状維持について肯定的に考えていない。朴槿恵（パク・クネ）大統領が、「統一は、大当たり（特需）論」を展開しており、積極的に統一追求戦略を打ち出している。

　通商戦略は、FTA締結の積極推進による海外市場開拓であり、45カ国と発効、28カ国と交渉中である。韓国は、欧州〜アジア〜米国をつなぐ「東アジアのFTAハブ」として浮上しており、すでに26億人のフリーマーケットを得ている。た

とえば韓米FTAは、2012年3月15日に発効。工業製品や消費財の95％以上の関税が、5年以内に撤廃される。韓国EU FTAは、2011年7月1日発効。即時関税撤廃の品目数は、韓国側が9,195品目、EU側が9,252品目に達する。韓国インド包括的経済連携協定（CEPA）は、2010年1月1日付で発効。このCEPAの発効により、韓国側は自動車部品・鉄鋼・機械など主要10品目の恩恵が大きく、対インド輸出が今後10年間で年平均1億4,000万ドル増えると予測されている。

　韓国経済の将来予測には、以下のようなものがある。ゴールドマン・サックスレポートは、韓国と北朝鮮が統一した場合、2050年には日本、ドイツ、フランスなど先進7カ国をしのぐ世界8位の経済大国（朝鮮半島GDPは6兆560億ドル）になると予測。これは、2011年韓国GDP（1兆1,162億ドル）の5倍強に相当する。主な理由は、韓国の技術と資金力、北朝鮮の天然資源と労働力の結合によるシナジー効果を挙げている。また、南北統一に関係なしに1人当たりGDPが、2038年に韓国が日本を抜くと予測。英国エコノミスト2050年予測では、1人当たりGDP（購買力平価）は日本が韓国の半分程度となり、もはや先進国とは言えないレベルに落ちる。経団連シンクタンクの21世紀政策研究所は、2050年に1人当たりGDPが、日本は韓国に抜かれて世界18位になると予測。シティグループは、1人当たりGDPが、韓国が2020年に世界10位圏に入った後、2030年に5位、2040〜50年には4位に上昇すると予測している。

Ⅱ．険悪な日韓関係と密接な日韓経済

　日本と韓国は、政治関係が竹島・独島（領土問題）、従軍慰安婦、安重根（アン・ジュングン）の評価、歴史教科書、靖国参拝、日本海・東海呼称、元徴用工の個人補償などの問題により険悪で戦後最悪である。一方、日韓の経済関係は、貿易、投資、企業連携、観光客の拡大により密接で戦後最高である。

　日本と韓国は、世界に誇る素晴らしい文化と伝統を深く共有した2000年間にわたる文化・技術交流や人の往来の歴史を持つ。たとえば日本で最初の大寺院である飛鳥寺（奈良県）がその象徴である。596年に蘇我馬子が朝鮮半島・百

140

済（くだら）から技術者集団を招き、創建したと言われている。また、1607年〜1811年（室町時代〜江戸時代）の200年間に朝鮮通信使（外交使節団）が、12回にかけて日本に派遣された。ただ、日本による朝鮮半島統治（1910年〜1945年）以降は、日韓関係が悪化している。したがって2000年間の長いスパンで見れば、良好かつ活発な交流があったが、近現代の150年間だけが日韓関係が悪化しているという見方もできる。日本と韓国は、2010年8月日韓併合（1910年8月22日署名、29日発効）100周年、そして2015年6月に日韓国交正常化50周年（1965年）を迎えるにあたり、いかに未来に向けた新たな日韓関係を築くべきか正念場を迎えようとしている。すでに未来に向けた新たな日韓関係を築くべく文化・経済分野で活発な動きを見せ始めている。文化面では、日本では韓流ブーム、韓国では日流ブームが最早一過性のものでない。韓流文化として定着しつつある。また、日韓の人的交流も502万人（2013年訪日韓国人231万人、訪韓日本人271万人）を記録した。特に日本を訪れた外国人のうちトップは韓国人であった。さらに、姉妹都市は151都市、日本の26地点から直行定期便が週689便、羽田・金浦間は1日12便である。

　経済面では、日本にとって韓国は第3位の貿易相手国である。一方、韓国にとって日本は第3位（同）である。投資は、過去5年間韓国に最も投資した国は日本（1兆円5千億円）である。日本企業の韓国進出は、本格化・大型化している。日韓企業連携も活発化しており、グローバルビジネスモデルになりつつある。日韓金融連携の事例も増えている。日韓EPA（経済連携協定）は、早期に本交渉を再開すべきとの気運が日増しに高まりつつある。一方、日中韓FTAや東アジア地域包括的経済連携（RCEP）の交渉も進んでいる。

　日韓企業連携は、本格的に動き始めている（表6-2参照）。これは、日本企業が韓国企業を脅威として捉えるのでなく、連携して世界市場を開拓しようという新たなグローバルビジネスモデルとなりつつある。日韓企業連携は、これまでは日本企業が韓国企業をコスト削減目的で利用するような連携が多かったが、今や日韓を代表する大手企業同士が相互の長所を生かしてシナジーを図ろうとするフラットな連携が目立つようになったからである。連携目的は、技術協力、販売拡大、共同価格交渉、共同海外進出、買収防衛などとなっている。

141

新日鉄とポスコは、2000年に戦略的提携関係を結んで以来、アルセロール・ミタルからの買収を共同で防衛しようとしているほか、ブラジル鉄鋼大手ヴァーレに対する鉄鉱石の共同価格交渉（2006年以降）、新日鉄も出資したベトナム冷延工場（2009年10月稼働）、製造過程の副産物をリサイクルする韓国での合弁事業（2009年11月稼働）などを行っている。両社が開いた技術交流会は500回（延べ参加者7,000人）に上るとされ、文化交流も行われており、毎年両国でオーケストラや伝統音楽などの演奏会を催している。新日鉄とポスコの日韓企業連携の強みは、このような人と人との交流と言える。日韓企業連携の大型事例は、以下のようなものがある。2012年2月トヨタ自動車とサムスン電子が共同で、車内でスマートフォン（高機能携帯電話＝スマホ）を安全・快適に利用できるシステムを開発する。車内でスマホに触れることなく音楽の再生や音声通話、電子メールの送信などが可能になる。2011年12月三菱商事と韓国ガス公社が、インドネシアの天然ガス開発からLNG製造・販売まで一貫してプロジェクトを共同運営する。本鉱区から生産される天然ガスはインドネシア国内に供給される他、日本および韓国へ2014年後半よりLNG輸出される予定。2011年6月三菱商事と韓国ガス公社が、共同でカナダ・ブリティッシュ・コロンビア州コルドバ堆積盆地のシェールガスを中心とした天然ガス開発プロジェクトを推進。ロイヤル・ダッチ・シェルや中国石油天然気集団（CNPC）も参画している。2011年5月三井物産と大宇建設が、アフリカ・モロッコ石炭火力発電所建設で提携。受注金額（1,000億円）、発電能力（出力合計700MW）共に北アフリカ最大規模のプロジェクトとなる。アブダビ政府系エネルギー会社TAQA社傘下の発電事業会社ジョルフ・ラスファールエナジーから受注。2014年の完成を目指す。2011年3月新日鉄、JFEスチール、石油天然ガス金属鉱物資源機構、双日と韓国ポスコ、韓国国民年金公団の日韓企業連合が、ブラジルの鋼材向けレアメタル鉱山開発会社CBMM社に合計15％出資（出資比率:日本勢10％、韓国勢5％。総投資額は1,500億円規模。2010年12月東芝とサムスン電子が、半導体のシステムLSI（大規模集積回路）分野で提携する。巨額な設備投資が必要な先端品について東芝は設計だけを手がけ、生産はサムスンに委託する。

第6章　韓国経済の現状と課題

　2013年3月にはシャープが、サムスン電子から約104億円の出資を受け、サムスン電子の出資比率（議決権）は3.08％、第5位の株主となった。上位の株主は、1位日本生命（4.88％）、2位明治安田生命（4.01％）、3位みずほコーポレート銀行（3.67％）、4位三菱東京UFJ銀行（3.65％）など生命保険会社や銀行であるため、業績拡大に具体的貢献ができるサムスンの方がおのずと影響力が大きくなる。提携の狙いは、シャープがテレビ用液晶パネルを供給し、工場の稼働率を引き上げる一方、サムスンが大型液晶パネルを安定調達し、拡大する大型テレビ市場で攻勢をかけることである。ただ、サムスンの狙いは、もっと深いものがあるとの指摘もある。それは、サムスンが、シャープの新型液晶技術IGZO（低消費電力で高精細化を実現したディスプレイ）やデジタル複写機事業（2012年売上高2,900億円、利益率7.2％、世界シェア5位）を念頭に経営に関与し、最終的には全面買収も狙っているというものである。メディアや専門家の意見のほとんどは、シャープの技術や事業が盗まれるとか、乗っ取られるといったような悲観的なものであった。シャープの無能無策ぶりやサムスンの傲慢さを辛辣に批判するものもある。しかしあまりの悲観論は、冷静さと客観性に欠け、本質を見誤る恐れがあるので、楽観論も展開して置く。両社のリーダーは、当面の利害だけで決断したとは考え難く、中長期的なシナリオも秘めていると推察できる。それは、サムスンが、経営破綻の危機に追い込まれたシャープの救済を機に、長年のライバル関係を乗り越えて、新たな日韓企業連携のあり方を創造するというものである。

　力を合わせて危機を乗り越えたものだけが得られる「絆」と「真の信頼関係」は、日韓企業連携をグローバルビジネスモデルに昇華させるとともに、世界市場でのサバイバルに耐え得るグローバルビジネスパワーとなる可能性がある。サムスン側には、常に経営を革新し、普遍的価値を創造しなければ、いつどうなるか分からないという強い危機感があるはずである。また、7年間に及ぶソニーとの企業連携がそれなりの業績を上げたにも関わらず、提携を解消したという苦い経験もある。シャープとて、これほどまでのどん底や屈辱感を味わったのであるから、相当な腹をくくっているはずである。シャープは、これまでに貯めに貯めてきた利益1兆2,000億円を食いつぶし、債務超過に陥る可能性が

143

あり、2,000億円の社債償還期限も迫っている。また、台湾鴻海精密工業（ホンハイ）との資本提携が失敗に終わり、米国インテルや中国レノボとの提携も模索し、迷走した。

表6-2 日韓企業連携の事例

分野	日本企業名	韓国企業名	提携発表日	目的および戦略
金融	国際協力銀行	韓国輸出入銀行（政府系）	2006.05	日韓企業が新興国で大型プロジェクトを受注できるよう協調融資などで支援する。日本の技術力と韓国の価格競争力を合わせ、欧米企業に対抗する。
	みずほコーポレート銀行	新韓銀行、韓国産業銀行（政府系）	2006.09	資本・業務提携（新韓の持ち株比率1.25％）アジアでシェアを伸ばすサムスン電子やヒュンダイ自動車など韓国優良企業を睨み、投資銀行ビジネスを展開する。
	住友信託銀行	ハナ銀行	2006.12	業務提携。不動産仲介や融資の拡大を狙う。
	りそな銀行	韓国外換銀行	2007.01	業務提携。韓国進出する日本企業へ融資拡大を狙う。
	三菱UFJ証券	大宇証券	2007.01	業務提携。韓国企業の東京市場上場やM&Aを仲介する。
	三井住友銀行	国民銀行	2007.03	業務提携。韓国に進出する日本企業向け金融サービス、日韓の資金管理サービス、貿易金融、国際市場でのプロジェクトファイナンスなど。
エネルギー	新日本石油	SK	2007.01	資本提携（持株比率1％）。中国やインドなどアジア地域で拡大する石油需要を睨み、製油所建設や卸売り事業を行う。また相互融通による輸送コスト削減を図る。
鉄鋼	新日鉄	ポスコ	2006.10	2000年に提携開始。資本提携を強化（持株比率5％）買収防衛の協力、鉱山の共同開発、製品相互供給など相乗効果を強める。

144

第6章　韓国経済の現状と課題

	JFEスチール	東国製鋼	2006.09	資本提携を強化（持株比率15%）。厚板工場の建設技術と高級厚板の製造技術を支援し、原料のスラブを安定供給。
	JFEスチール	現代製鉄	2007.01	資本・業務提携の交渉開始。ヒュンダイ高炉建設へ参画、自動車用高級鋼材技術を供与じ、アジアでの供給力を高める。また、新日鉄・ポスコ提携に対抗し、国際戦略を強化する。
物流	JR貨物	韓国鉄道公社	2006.09	業務提携。本年1月から東京～ソウル間を4日で結ぶ企業向け物流事業サービスを始める。リードタイムは、航空貨物に比べ1日に余計にかかるが、物流コストが半額。
電器電子	ソニー	サムスン電子	2004.04	資本提携。合併会社S-LCD（ソニー49%：サムスン51%）を設立。韓国の忠清南道牙山で液晶パネルを共同生産し、安定供給を図る。
			2006.06	280億円を追加投資。ソニーとサムソン向けパネル生産能力を月産108万枚（32インチ換算）に引き上げる。
			2011.12	提携解消
	NTTドコモ	LG電子	2005.06	業務提携。携帯電話の共同開発や販売を行い、ニーズの多様化への対応、タイムリーな商品投入、コスト競争力の確保を狙う。
	KDDI	パンテック	2005.12	
	トヨタ	サムスン電子	2012.02	車内でスマートフォンを安全・快適に利用できるシステムを共同開発する。

その他、サントリーとロッテ（2001年業務提携）。サッポロとメイル乳業（2012年2月資本提携）、キリンとハイトジンログループ（2012年1月連携強化）、タカラトミーとソノコン（2011年1月業務提携）、NTTドコモ・ソフトバンクとSKテレコム・KT（2011年12月電子決済協議会）、セガサミー（セガトイズ）と大元メディア（2012年2月アニメ業務提携）、伊藤忠とロッテ（2010年8月中国テレビ通販市場共同参入）

出所：筆者作成。

145

日韓金融連携の事例は、以下のようなものがある。2011年4月三井住友銀行が、積極的な海外投資を進める韓国企業の旺盛な資金需要を取り込むためソウル支店に「グローバルコリア営業部」を設置。ロンドン、ニューヨーク、シンガポールにも専属の営業職員を派遣し、地域横断的に融資案件の獲得を図っている。2011年度の韓国企業向け融資残高は100億ドル超と、5年前の3倍に達した。三井住友銀行は、2007年に韓国最大手の国民銀行と業務提携している。2011年4月みずほコーポレート銀行は、韓国・中国・台湾などに特化した事業部門「東アジアユニット」を新たに設立し、担当役員も配置。強みを持つ協調融資を通じた韓国企業の海外進出支援のほか、トップセールスによる営業にも注力している。みずほコーポレート銀行は、2006年に新韓銀行と業務提携している。2012年5月三菱東京UFJ銀行は、韓国企業の海外展開支援を目的とした「グローバル韓国営業室」を日本の国際法人部とソウル支店にそれぞれ開設。20人の職員が情報収集や営業提案を行う。2013年5月日本政策金融公庫が、国民銀行と提携し、日本の中小企業の韓国進出を後押しする。日本公庫が信用情報の提供や信用補完を手掛け、国民銀が韓国に進出した日本企業に対して低利のウォン建て融資を実行する。国民銀の貸出金利は0.5～5%で韓国の一般銀行からの金利よりも低い。

　日本企業の韓国進出が、本格化・大型化している。東レと旭化成が、韓国に世界最大の工場を建設する。狙いは、①韓国のFTAを活用した輸出拠点化、②韓国市場と中国市場、③電気料金と物流費の安さ、④法人税率の低さである。2011年1月東レは、韓国慶尚北道亀尾市で50億円を投じ、年産2,200トンの炭素繊維工場を建設。生産するのは、パソコン・自動車・風力発電機・天然ガスのタンクなどに使う炭素繊維。さらに、2020年までに350億円を投じ、生産量を年間1万4,000トンに増やし、世界最大の炭素繊維工場にする。2011年1月旭化成は、韓国蔚山市で200億円を投じ、年産25万トンの樹脂原料工場を建設し、韓国の生産能力を合計55万トンに引き上げる。生産するのは、液晶テレビなどのボディーや自動車の内装に使う高品質なABS樹脂の主原料「アクリロニトリル（AN）」。2013年1月に同工場が完成すれば、同原料の世界最大（年産55万トン）の生産拠点となる。2011年5月住友化学は、韓国に200億円を投じて、スマ

ートフォンに使うタッチパネル工場を建設。2012年12月には数十億円を投じ、工場を増設。製品は全量、サムスンに供給する。液晶よりも高精細な有機ＥＬ（エレクトロ・ルミネッセンス）と組み合わせた、視認性の高いタッチパネルを世界に先駆けて供給する。サムスンは、これまでタッチパネルを内製するほか台湾企業などから調達していた。住友化学から高機能タッチパネルを安定調達し、他のスマートフォンとの差別化を図る。2012年5月日本電気硝子は、韓国京畿道坡州市に400億円を投じ、液晶ディスプレー用ガラス基板の製造工場を建設。海外に液晶ディスプレー用ガラス基板の製造工場を設立するのは今回が初めて。ディスプレー産業の未来を韓国と共に開拓していくと意気込む。2013年トヨタやホンダが、米韓FTAを活用して米国から韓国に輸出し、韓国乗用車（輸入車）市場を開拓している。トヨタは、2012年韓国販売台数が、前年比2.2倍の1万795台に急増した。

　今後、日韓企業連携は、グローバルビジネスモデルとなる。日本企業は、自らの強みである「技術・ブランド力・資金力」に韓国企業の強みである「現地化マーケティング・新興国ビジネスモデル・突破力」を生かす連携により、大きなシナジー効果が得られる。「日韓の中小企業連携」や「日韓台の企業連携による中国進出」も考えられる。日本企業は、韓国の地政学的な立地を活かし、部品調達拠点として、輸出拠点（韓国FTA活用）として活用し始めている。日韓企業連携は、新たなグローバル戦略策定力やビジネスモデル構築力を掻き立てる。

1　韓国企業と日本企業の経営比較

　アジアの経済発展を牽引しているのは、韓国企業、中国企業、台湾企業、香港企業、シンガポール企業、インド企業などアジア企業である。とりわけ韓国企業は、家電・携帯電話・半導体・自動車などの分野でアジア市場のみならず、世界市場を席巻している。

　韓国企業の業績は、日本企業を上回り始めている。サムスン電子は、2012年度売上高が前年比21.9％増の17兆7,600億円、純利益が前年比73.3％増の2兆1,146億円に上り、過去最高を記録した。また、世界薄型テレビ市場（2012年）

では、韓国メーカー（サムスン電子とLGエレクトロニクスの2社）がシェア42.7%を占め、日本メーカー（パナソニック、ソニー、シャープの3社）の19.2%を大きく上回った。世界携帯電話・スマートフォン市場（2012年）では、サムスン電子がシェア25.1%を占め、2位フィンランドのノキア（20.%）や3位米国のアップル（11.3%）を大きく引き離した。シャープ（0.5%）とパナソニック（0.2%）は、シェアを落とす一方である。

　一方、日本企業の業績はというとパナソニックは2011年度と2012年度2年連続8,000億円の赤字、ソニーは2012年3月期まで4期連続の赤字で累計赤字額は9,193億円に上る。また、シャープはこれまでに貯めに貯めてきた利益1兆2,000億円を食いつぶした上に、サムスン電子から2013年3月に約104億円（議決権3.08%、第5位株主）の出資を受け、辛うじて経営破綻を免れている現状だ。さらに、大手半導体メーカー（世界3位DRAMメーカー）のエルピーダメモリに至っては、2012年2月に経営破綻（更生法申請、負債総額4500億円）した。パナソニック、ソニー、シャープ、エルピーダメモリの業績不振の理由は、韓国企業に負けたと言っても過言でない。

　なぜ日本企業は、世界最高の技術やものづくり文化を持っていながら稼げないのか、また韓国企業に負けてしまうのであろうか。その理由について考えて見る。

　1つは、韓国企業の躍進を過小評価していることである。過大評価をする必要はないが、過小評価するというのもシビアさに欠ける。日本の企業や経済の利益を最優先に考えていれば、韓国企業が好きとか嫌いとかという呑気なことは言っておられないはずだ。また、韓国企業を過小評価するということは、他のアジア企業も過小評価する可能性が高い。アジアの企業や消費者を過小評価や軽視して、支持や信頼を得られるはずもない。

　2つ目は、過去の成功体験に安住して怠慢があったのではなかろうか。「韓国企業が勝ったのでなく、日本企業に怠慢があった」「韓国企業は誰よりも成功したのでなく、誰よりも失敗した企業」という見方もできる。韓国企業は、誰よりも失敗したからこそ常にのたうち回りながら指先分の一歩でも前に進もうとしているのである。

第6章　韓国経済の現状と課題

　3つ目は、日本がアジア新興国市場の台頭など世界潮流を見極められなかったことである。日本企業は、BRICs（ブラジル・ロシア・インド・中国）などアジア新興国市場の台頭を疑心暗鬼の目で様子を伺うような傾向があった。BRICsという用語・概念は、米国ゴールドマン・サックスのエコノミストであるジム・オニール（現在は同社会長）氏が2001年11月に作成・発表した投資家向けレポート『Building Better Global Economic BRICs』を通じて生み出されて、世界に広まった。BRICsが発表された当初は、日本の金融業界では話題になったが、日本の商社や製造業界は「ただの金融商品を売るための造語」「これらの国の経済発展はまだまだ」だと言って振り向こうとしなった。しかし韓国企業はというと何の迷いも逸早く乗り出した。この意思決定の速さが、BRICs市場での明暗を分けた。

　4つ目は、日本の技術神話を妄信して殿様商売に甘んじていたことである。日本のモノづくりは、世界が認める世界最高の技術であるが、技術力が高いからと言って必ず売れるという経営法則はない。すなわち技術力と販売力は、必ずしも比例しないのである。この点を錯覚している日本企業やビジネスパーソンが少なくない。そのため技術に過剰に依存して、売る努力を疎かにした。たとえば売る努力もせずに、売れない原因をアジア新興国の消費者に責任転嫁している。責任転嫁の理由は、高い技術水準について来られない現地消費者の低いレベルに問題があるというのだ。この現地消費者は、文化や所得水準が上がってくれば、ほっておいても買うようになる。それまでは、マイナーチェンジの製品を売っとけば良いという考え方である。

　5つ目は、内需依存から抜け出せなかったことである。日本経済は、戦後、常に内需か外需かという議論を繰り返し、結論が出せないまま、何とか内需で食べていけた。しかし安倍政権は、成長戦略「海外展開：オープン」で、外需で食べて行く方向に大きく舵を切った。ものづくりだけでなく、食文化、医療システム、教育制度、交通・エネルギーインフラなどの分野で海外市場に打って出る。その突破口しての経済外交が、ロシアと中東（サウジアラビア、アラブ首長国連邦、トルコ）である。2013年4月に安倍首相が訪ロし、日ロ共同声明を採択した。経済協力の特徴は、都市インフラ整備・エネルギー、医療・先

149

端技術、農業・食品の3分野を軸に協力を図ることと、ロシア極東シベリアを共同で開発することである。

　6つ目は、日本にはアジア新興国市場で稼げるグローバル人材の不足である。これまでの日本企業では、欧米での海外勤務者が花形出世コースであって、アジア新興国での勤務者は出世コースから離れた存在のような空気感があった。また、社員もアジア新興国への派遣を嫌がり、派遣されたとしても期間が3年間程度と短いため本腰を入れて仕事をする気分になれない。さらには、これといった仕事がなく、暇をもてあそぶ傾向にあった。このような中途半端なアジア新興国戦略の中で現地に派遣された社員の多くは、屈折した気持ちにならざるを得なかったのではなかろうか。一部の社員は、現地スタッフを教育するという名目のもとで、必要以上に日本語の指導をしたがる。日本語の指導もエスカレートすれば、ただの粗さがしになる。果たして仕事をしているのか、自らのコンプレックスとストレスを解消しているのか疑いたくなる。日本語の能力は、現地スタッフに到底、抜かされることがないので、安心して指導できるし、心地よい優越感も感じられる。これは、日本語を指導すべきでないということでなく、日本語を教えるには、まず教える側が日本語に精通していなければならない。日本人だからといって誰しもが高い日本語の能力を持ち合わせているとは限らない。この暇つぶしのような無責任な日本語の粗さがしによって、どれほどの多くの優秀な現地スタッフが退職し、外国人社員が泣く泣く帰国したことだろうか。胸が、しめつけられる思いである。これは、日本にとっても相手国にとっても大きな損失である。これでは、日本企業の日本人社員も外国人社員もグローバル人材として育たないし、グローバル人材が不足するのは当然である。

　グローバル人材不足のもう一つの原因は、現地スタッフや外国人社員のキャリアパス、すなわち出世や報酬アップの道筋が明確に示されていないことである。日本企業の多くは、グローバル人材の採用・育成・登用の制度が充分に整備されていない。一方、最近では、海外店の支社長を派遣する際に、「現地スタッフを現地法人の社長に育てるまで帰って来るな」などのミッションを出す企業もある。しかし残念ながらあれほどの大企業で、これほどのスマートな幹

部社員でもこのミッションがなかなか実現されない。その理由は、何であろうか。海外店の支社長曰く、現地スタッフに様々な仕事を体験させて、大きな期待をかけているものの、まだまだ能力不足だという。本当に現地スタッフの能力不足なのか。ある現地スタッフは、採用時にTOEICが990点満点中、900点であった。しかし某大手企業の幹部は、このような優秀過ぎる現地スタッフに対して大変、困ったような表情をした。なぜなら日本の本社で採用する社員よりも優秀だからだ。このような国際的に見ても高い語学力や現地のトップクラスの高学歴をもった現地スタッフであるのにも関わらず、何の能力が足らないのであろうか。また、某支社長は、「あと10年だけ時間をくれれば必ず現地法人の社長に育て上げる」という。しかし某支社長が3～4年後に交代し、新しい支社長に会うと、また「あと10年待ってくれ」という。これでは、現地スタッフを現地法人の社長に育てるミッションは到底、果たせない。このミッションを果たせないということは、支社長は全く仕事をしなかった。また、現地スタッフの能力不足ではなく、日本人支社長の能力不足ということになる。すなわち支社長は、自らがグローバル人材としての能力と器を兼ね備えていないのみならず、グローバル人材像も持ち合わせていないということである。これでは、日本企業では外国人社員であれ、日本人社員であれ、グローバル人材が育つわけがない。グローバル人材が育たなければ、相変わらず日本企業は、アジア新興国市場で稼げないし、日本経済の足を引っ張ることとなる。

　ただ最近、日本政府は、教育政策や大学教育においてグローバル人材の育成に注力している。また、日本企業は、日本人や留学生に関係なく、グローバル人材を積極的に採用している。当面は、日本人のグローバル人材が不足しているので、外国人留学生を採用しており、多い企業では募集定員の2～3割に上る。採用の次は、外国人社員や現地スタッフをいかに育成し、幹部に登用するかが課題である。育成とは、その独創的な発想、潜在的能力、奇抜なアイデア、多様な価値観を生かすことである。このような外国人社員や現地スタッフの能力や価値観を生かすことができれば、日本人社員も自ずとグローバル人材としての能力が育まれ、感性も磨かれる。そして外国人社員・現地スタッフと日本人社員の双方が触発されながらシナジーを発揮することができるならば、日本企

業はグローバル企業として大きな一歩を踏み出せるだろう。

2　日韓企業の強みと戦略

　韓国企業と日本企業の強みを比較する。その目的の一つは、日韓企業のそれぞれの強みを知ることであり、それらを活かすことである。もう一つは、韓国企業を鏡にして、日本企業の等身大の姿や身の丈を映し出し、日本企業の経営課題を考察することである。日本は、米国一極支配の時代には米国を鏡にして、自らの姿を映し出し、日米同盟を基軸に立ち位置や方向性を考えた。しかし、無極化の時代であり、アジア・新興国市場が中心となった世界経済の時代には、アジアを鏡にして、自らを冷静に見つめ、主体的に戦略的立ち位置や進むべき方向性を探るべきではなかろうか。

　日韓企業の強みは、経営スタイル、技術開発、海外戦略、投資戦略、リーダーシップ、人事戦略の6つの側面から分析する。1つ目の経営スタイルは、韓国企業が市場を重視する「マーケティング指向経営」であるのに対して、日本企業は技術を重視する「モノ作り指向経営」と言える。この違いを2010年バンクーバー五輪フィギュアスケート競技での韓国のキム・ヨナ選手と日本の浅田真央選手の事例をもって説明する。キム・ヨナ選手は、実はあまり器用でないので、トリプルアクセルが飛べない。よって早い段階からトリプルアクセル、すなわちモノ作りを諦めた。そしてカナダに移住し、いわゆる現地化し、そこでオリンピック審査委員の好みや審査癖を徹底してリサーチし、それに合わせて演目を練り、演技を磨いた。すなわち見せ方、売り方、マーケティングにこだわったのである。一方、浅田真央選手は、最後の最後までトリプルアクセルにこだわった。すなわち芸術性、モノ作りを追求したのである。キム・ヨナ選手と浅田真央選手は、良きライバルであり、良きパートナーであったからこそ、世界のフィギュアスケートの演技力と技術力の向上に大きな貢献を果たすとともに、世界の人々に勝敗や国境を超えた大きな感動と興奮を与えた。また、日韓の競い合いと切磋琢磨する姿は、アジアのポテンシャルを改めて世界に強く印象付けたことであろう。

　バンクーバー五輪では、キム・ヨナ選手が勝利したが、だからと言って「マ

ーケティング指向経営」が、「モノ作り指向経営」より優れているということ
を言いたい訳でない。韓国企業は、モノ作りを真似たくても真似られないどこ
ろか、憧れるほどだ。ここから示唆されることは、日本企業がこれまでの単な
る「モノ作り指向経営」だけでは、経営が成り立たなくなったことである。そ
こで、モノ作りに対する考え方を変える必要がある。

　一つは、モノ作りは大事であるが、過信や依存しないようにすることである。
モノ作りに胡坐をかき、頼っている企業やビジネスパーソンは、欲しければ売
ってやるというような横柄な傾向がある。この横柄さは、自分自身の営業スマ
イルからはバレないと思っているかもしれないが、お客からは透けて見える。
特に先進国の営業マンや店員ほど、アジア・新興国市場では、バレないと思っ
ているきらいがある。結果は、その逆でアジア・新興国市場の消費者ほど、そ
のような横柄さに対して敏感だ。これに気づかないということは、それほどア
ジア・新興国市場を分かっていないという証である。繰り返すが、先進国市場
を理解しているということは、即、アジア・新興国市場を理解していることに
ならない。また、アジア・新興国市場で長年働いたからといって、現地消費者
の心を簡単に掴めるものではない。

　もう一つは、アジア・新興国市場の消費者ニーズを充足させるためにモノ作
りの強みを発揮させることである。アジア・新興国における経済成長による所
得の向上に伴い、従来の低所得層（BOP 層）から中間層へと移行する「新中
間所得層」は、これまでにない新たなニーズを生んでいる。BOP とは、「Base
of the Pyramid」または「Bottom of the Pyramid」の略で、所得別人口構成の
ピラミッドの底辺層（年間所得3000ドル未満の所得者層）を指し、約40億人が
ここに該当する。「新中間所得層」とは、世帯の年間所得5,000ドルから3万5,000
ドルまでの所得層である。この「新中間所得層」の新たなニーズは、当然、過
去になかったものであるため先進国企業であろうと、新興国企業であろうと、
知り得るものでない。また、「新中間所得層」の消費者自身も自らのニーズを
分かっているようで分かっていない。

　したがってこの新たなニーズは、先進国および新興国企業と「新中間所得層」
の消費者がともに、切磋琢磨して掘り起こして行くものと考える。この新たな

ニーズを充足させるための技術革新や製品開発にこそ、モノ作りを活かすことができれば、日本は技術立国として復活できるのではなかろうか。これは、単なるアジア・新興国市場を開拓するという次元のものでなく、新たなグローバル市場を創造し、世界経済を牽引することになるであろう。

　2つ目は海外戦略である。韓国企業の強みは、現地ニーズにしたがって韓国モデルをどんどん修正する「現地化」である。一方、日本企業はというと、日本モデルをそのまま輸出する「日本化」である。韓国企業の現地化は、事例を挙げながら詳しく紹介する。現地化は、分野別に行われており、①製品開発、②経営・人材、③マーケティングのそれぞれの側面から独特な現地化を図っている。「製品開発の現地化」の事例は、以下のものがある。LGエレクトロニクスは、インドで文化的特性を考慮して製品開発。たとえばテレビは、大音量を嗜好するインド人に合わせて2,000Wに増強、地域ごとに言語が違うので10言語を字幕対応、インド人が熱狂するクリケットゲーム機能を追加。携帯電話は、道路の騒音を考慮し、呼び出し音を高く設定。洗濯機は、インド人が好きなデザインにするため花模様や21色のバリエーションを提供。電子レンジは、101という数字を好むインド人（下一桁に1を加えると吉祥数になるという慣習）に合わせて101種類のレシピ機能を追加。また、中東では、携帯電話にイスラム教に特化した機能を搭載。同機能は、巡礼地やメッカの方向を示す方位表示、音声と文字でコーラン全文の提供、1日5回の礼拝時間を知らせるアラーム、礼拝中の受信拒否、イスラム暦の内蔵などである。

　サムスン電子は、インドでテレビに視聴者が良く見る番組を簡単に操作できるイージービュー機能を追加。洗濯機は、頻繁に起きる停電に対応して動作が止まる前の状態を記憶する機能、伝統衣装のサリーを傷つけないようにする特殊機能、洗濯物が見えるように透明の蓋を追加。冷蔵庫は、盗難防止用の鍵。携帯電話は、電力事情を考慮して本体裏側に太陽光パネルを設置。家電は、頻繁に起きる電圧変動に対応するため全てに電圧安定器を付けた。ヒュンダイ自動車は、インドで気候・生活環境と現地人の嗜好に合わせて開発。たとえば高温多湿な気候や未舗装・浸水など劣悪な道路事情を考慮し、エンジン冷却機能およびエアコン性能の強化、ブレーキ機能の強化、サスペンションの補強、車

体防水などの性能改善。また、ターバンを使う一部の人種のために車体の天井を高くしたり、頻繁にクラクションを鳴らす運転手が多いことからハンドルに装着しているクラクションのスイッチを増やした。このように現地ニーズを徹底して汲みこんで製品を開発するとともに、そのデザインにも注力した。韓国製品は、先進国から見れば決して格好良いデザインとは言えないが、新興国市場の消費者には人気があり、よく売れる。たとえば韓国製品の色は、日本製品のように洗練されたものでなく、けばけばしかったり、派手であったりする。真っ赤な大型冷蔵庫が大ヒットした。次に「経営・人材の現地化」の事例を挙げる。LGエレクトロニクスは、インドで販売や人事など経営をインド人、生産と財務を韓国人が担当している。また、中国で19ヶ所の現地生産法人に中国人約4万人を雇用し、労働組合の設立支援や現地採用人材の幹部登用を行うなど労使関係が良好である。さらに、ヒュンダイ自動車は、インド現地法人の社長に同国財務部次官出身者を迎え、その人脈を生かしたマーケティングや対現地政府への対応を強化した。現地のニーズに細かく応えるマーケティング優先の製品開発は、こうした人的ネットワークによって支えられている部分が大きい。インド工場には、あえて高度な生産システムを導入して労働者の負荷をできるだけ下げることにより、労使問題の発生を極力抑えた。最後に「マーケティングの現地化」の事例である。サムスン電子は、インドでテレビ普及率（30％）が低いことを考慮し、「サムスン・ドリームホーム・ワークショップ」という商品展示やイベントを135地域で開催した。また、空港広告、スポーツ・マーケティング、文化マーケティング（社会問題解決）を通じてブランドを浸透させている。たとえばブラジルで低所得者層にファンが多いサッカーチームの「コリンチャンス」と高所得者層にファンが多い「パルメイラス」のスポンサーに、インドで国民的スポーツのクリケット大会のスポンサーになっている。韓国企業の現地化の成功の秘訣は、一つは現地消費者の琴線に触れるマーケティングを展開したことである。もう一つは、会社組織の論理やメーカーの都合を最大限排除したことであり、新興国市場を決して軽視しなかったことではなかろうか。このように現地消費者の本質的な価値観に積極的に接近するとともに共感する一方、自尊心を傷つけないよう細心の配慮をした。その結果、最も

重いメッセージが、相手の心にガンガンと伝わったようである。したがって成功の秘訣は、ある意味でシンプルなもので、腹を据えること、リスクを覚悟すること、本気になることである。逆に言えば、手離れの良いもの、リスク回避を意識したものは駄目だということである。今後、日本企業は、製品の品質の改善だけに目を奪われずに、アジア・新興国市場のマーケティングの改善が急がれるであろう。

　3つ目は技術開発である。韓国企業は、技術を買ってきて管理するものと考える「技術マネジメント（購入技術と自社開発技術の組み合わせ）」が多い。「技術マネジメント」のメリットは、技術をどんどん買ってくるので、古い技術を簡単に捨てられることである。逆に言えば新しい技術を素早く取り入れやすいとも言える。ただデメリットは、技術使用料であるロイヤリティがかさみ、コスト負担が大きいことである。これに対して日本企業は、技術の改善を積み重ねて開発するものと考える「技術イノベーション（技術改善とすり合わせ）」が主流だ。日本の技術は、世界一と言っても過言でない。しかし技術者や研究者が、自己開発した技術や研究成果にこだわり過ぎたり、執着する傾向が強いので、新しいニーズや変化への対応がどうしても遅くなる。すなわち製品よりも技術の論理が優先されているということである。したがって日韓の違いは、一言で言えば韓国企業は製品開発が、日本企業は技術開発が重視されるということになる。果たして消費者は、製品と技術のどちらを選ぶだろうか。先進国市場は、技術かもしれないが、新興国市場は製品ではなかろうか。

　4つ目は、投資戦略である。韓国企業が「韓国内で稼いだ利益を海外につぎ込む投資パターン」に対して、日本企業はその逆で「海外で稼いだ利益を日本国内に再投資するパターン」である。この背景には、それぞれのお国事情がある。韓国は、人口が5000万人と日本の約4割。国内市場が大きくもなく小さくもない中途半端な規模なので、海外市場に頼らざるを得ない。そのため海外への投資資金は、国内の販売製品を海外の販売製品よりも高い価格で売ることによって、国内で稼いでいるのである。これは、韓国内で企業の整理統合が進み、プレーヤー数が少ないために可能たらしめているとも言える。たとえばヒュンダイ自動車は、エアバック（1台当たり4～6個）を海外では標準装備にしてい

るが、韓国内では高価なオプションにしている。一方、日本は、同業他社の乱立など国内競争が激しく、財務体力が消耗しているため、国内での投資資金を海外で稼がざるを得ないという厳しさがある。

　5つ目は、リーダーシップである。韓国企業が「オーナー経営者のトップダウンによるスピード経営とリスク・テイキング」に対して、日本企業は「サラリーマン経営者の優れたバランス感覚とリスク回避力」と言える。韓国企業は、10大財閥のうち8財閥がオーナーであり、オーナー経営が多い。オーナー経営者は、非民主的・独裁的な経営だと批判されるという短所があるが、トップダウンにより意思決定や経営行動がスピィーディであるという長所もある。何よりもオーナー経営者の一番の強みは、リスク・テイキングではなかろうか。リスクの中にしか利益がないことを誰よりも自覚し、常にリスクを探し回り、このリスク・テイキングこそが一番の仕事になっているように伺える。このようなチャレンジングな経営や勇気ある姿勢は、世界の企業や経営者たちから魅力的に映るであろうし、共感を持たれるであろう。ただ、リスクを冒すということは、どの企業よりも失敗が多いことには間違いない。一方、日本企業のサラリーマン経営者は、経営専門能力が高く、現場経験が豊富である。また、ボトムアップや高い管理力・調整力によって民主的な経営を行っており、経営のバランスという高い価値を創造している。ただ、リスクを避け過ぎて、利益を後回しにするきらいがある。

　6つ目は、人事戦略である。韓国企業は「過酷な徴兵経験や熾烈な学歴・就職競争を経て入社した社員に対するエリート教育」、「徹底した成果主義（成果には高額報酬、失敗時には解雇）により業績達成に対する責任感が強い」、「50代前半で実質的に定年となるため人件費削減によるコスト競争力が高い」。これに対して日本企業は「熟練人材を育成するため組織能力が高い」、「経営責任が部署など組織的に追求されるためチームワーク力が強い」、「定年が引き上げ傾向にあるため愛社精神が強い」と言える。

　以上のように韓国企業と日本企業の強みは、どちらも優れており、決して優劣や勝敗がつけられるものでない。また、市場の特性、時代のニーズ、タイミングによって一時的に優劣や勝敗に表れるのはやむを得ないことである。ただ、

表6-3　韓国企業と日本企業の強み

	韓国企業	日本企業
経営スタイル	マーケティング指向経営	ものづくり指向経営
技術開発	技術マネジメント（購入技術と自社開発技術の組み合わせ）	技術イノベーション（技術改善とすり合わせ）
海外戦略	現地化（韓国モデルの修正）	日本化（日本モデルの輸出）
投資戦略	国内寡占市場で稼いだ利益を海外につぎ込む	海外市場で稼いだ利益を国内市場に再投資
リーダーシップ	トップダウンによるスピード経営とリスクテイキング	優れたバランス感覚とリスク回避力
人事戦略	・エリート人材育成や徹底した成果主義（高額報酬と解雇）により業績達成に対する責任感が強い。 ・50代前半で実質的に定年になるため、人件費のコスト競争力が高い。	・熟練人材を育成するため組織能力が高い。 ・経営責任は部署など組織的に追求されるためチームワーク力が高い。 ・定年が引き上げ傾向にあるため、愛社精神が強い。

出所：筆者作成。

　現時点のアジア・新興国市場では、韓国企業の経営スタイル「マーケティング指向経営」をはじめとする強みや戦略が、その業績から見て経営効果が高いと言わざるを得ない。

　以上のように日韓企業の強み・戦略を6つの側面から比較分析した。改めて日韓企業の戦略の違いを一目でわかるように一覧表にすると以下のようになる。

　表6-3をもとにさらに分析を付け加える。「日韓企業の6つの戦略を比較して、今後の日本企業にとってどちらの戦略が重要か、もしくは優先されるべきか」というアンケート調査を多摩大学経営情報学部の学生約200名を対象に実施してみた。その結果は、何と6つの戦略のうち3つが韓国企業の戦略の方が、重要、もしくは優先されるべきだという回答があった。この調査は、2011年と2012年に2回実施したが、同じ結果で出ており、それも9割を占める圧倒的な意見となっている。この韓国企業の3つの戦略とは、①経営スタイルの「マーケティング指向経営」、②海外戦略の「現地化」、③リーダーシップの「オーナー経営者のトップダウンによるスピード経営とリスク・テイキング」である。これは、

逆に言えば日本企業の戦略、すなわち①経営スタイルの「モノ作り指向経営」、②海外戦略の「日本化（日本モデルをそのまま輸出する）」、③リーダーシップの「サラリーマン経営者の優れたバランス感覚とリスク回避力」は、経営効果が落ちており、改善の余地があるということとなる。

　学生は、ビジネスに関して当然の如く全く経験がなく、素人である。しかし学生なりに日本企業の問題点や日本経済の課題について何か気づき始めているようである。果たして日本の学生や若者は、どのように考えているのだろうか。学生や若者と多くの議論を重ねる中でわかってきたことは、モノ作りに対して、過剰な期待をしていないことである。言い換えればモノ作りを肩の力を抜いて冷静に評価しているとも言える。そしてモノ作りよりも徹底してマーケティングを強化すべきだ、またそのためにも現地化が必要と考えている。さらにスピードがあり、リスクに強いリーダーシップを求めているということがわかる。これは、ある意味、至極当然なことで、驚くほどのことではないのかもしれない。議論の中でわかったことのもう一つは、失われた20年、世界的不況、東日本大震災、就職氷河期など厳しい環境の中で学ぶ学生や必死に自立しようとする若者は、その思考方法においてフラット（平坦）であり、行動においてはスマート（賢明）だということである。外見の大人しさや優しさから一見、頼りなく見られがちであるが、内面の柔軟な思考や無駄なプライドを捨て去った行動力は秘めた力強さと言える。この「フラットさ」と「スマートさ」は、アジア企業の経営を学び、日本企業の経営を変革するには、最も必要な経営能力であり、経営センスである。今、日本企業には、若手社員のこのような強みをアジア新興国ビジネスに活かせる企業文化が求められている。学生や若者との議論では、他にも日韓企業の戦略の融合方法や日本のサービス業がアジア新興国市場に進出するためのビジネスアイデアなどひっきりなしに意見が飛び交った。

　韓国企業の特徴的な経営スタイルであり、強みは、「マーケティング指向経営」である。この最も端的な手法は、韓流マーケティングである。韓流マーケティングとは、まずは映画・ドラマ・音楽・オンラインゲームなどのソフトを売って韓流ファンを作り、その後携帯電話や家電などのハードを売るというも

の。サムスン経済研究所は、これを4段階に分けて説明している。第1段階は、音楽やドラマに触れてスターを好きになる。第2段階は、DVDやグッズなどを購入する。第3段階は、家電や生活用品など韓国製品を選び始める。第4段階は、韓国そのもののファンになるという。世界の韓流ファン数は、韓国文化体育観光部・海外文化広報院によると、17ヵ国の韓流ファンクラブ数182団体、会員数330万人（日本除く）と推算されている。地域別には、アジアが中国・ベトナム・インドネシアなどに231万人（84団体）と最も多い。米州は米国・アルゼンチンなどに50万人（25団体）、欧州・中東はロシア・英国・フランス・トルコなどに46万人（70団体）である。日本は、ファンクラブの公式サイトだけで約200あるが、殆ど非公開会員制で運営されているので、把握されていない。ただ、一般的に50～60万人はいると推測される。韓流マーケティングは、特にアジアや中南米など新興国市場で高い効果を発揮している。アジア市場では、台湾・ベトナム・タイ・フィリピン・中国などで韓流ブームの勢いがとどまることを知らず、第4段階の手前の水準にまで達している。また、中南米市場では、ブラジル・アルゼンチン・チリ・ペルーのテレビ市場でサムスン電子がトップシェアとなっている。繰り返すが韓流マーケティングとは、官民一体となって映画・ドラマ・音楽などの文化コンテンツを輸出し、それを活用して韓流ファンを創り、韓国製品を販売するというものである。そしてその突破口となったのは、アジア市場である。しかし中南米市場は、アジア市場とは少し様相が違っており、韓流が自然発生的に広まっている。人気ドラマやK-POPに関心を持っている10代や20代の韓流ファンたちがツイッター、フェイスブック、ユーチューブなどオンライン媒体を通じて情報を得て、共有し、さらに独自の媒体を作って広めている。また、現地ファンたちは、韓国歌手の歌、パフォーマンス、衣装などを真似たカバーダンス動画をネットに流したり、自主的に競演大会を主催している。このように韓流は、韓国が官民一体となって人工的に作り上げるものから、ソーシャルネットワークを通じて自然発生するものへと進化している。最早、韓流は、ブームという一過性のものでなく、韓流文化として世界に根付きつつある。また、韓流マーケティングは、普遍的なマーケティング手法・理論として世界で認められ始めている。果たして日本企業は、韓流

マーケティングを超える日流マーケティングを再構築できるだろうか。この答えは、簡単には出せない。ただ日本企業の中には、韓流マーケティングと日流マーケティングを対立させるのではなく、韓流マーケティングを逆利用する知恵や事例が出始めている。事例の1つ目は、日本の飲料メーカーや日用品メーカーが、日本のテレビ番組で放映されている韓国ドラマのスポンサーになり、日本の韓流ファンに対して高い広告効果をもたらしている。しかし韓国ドラマの放映や日本のテレビ番組に出演する韓流スターが増えたため日本の芸能人の一部が、仕事が減るなどの理由で反韓流発言をしたのをきっかけに、ネチズンによる批判や反韓流デモが起きた。日本の飲料メーカーや日用品メーカーの商品は、ネット上で汚らしいとか、不潔などと書き叩かれ、不買運動も仕掛けられた。結果的には、不買運動に繋がらなかったどころか、これらの日本メーカーは過去最高の売上高を記録した。事例の2つ目は、日本の大手小売店・コンビニや食品・飲料・コスメ・化粧品・アパレルメーカーが、韓流フード、韓流ヘア、韓流ファッション、韓流音楽（KPOP）などの韓流アイテムを取り入れて、イベントや販売促進を行っている。3つ目は、韓国現地で本場の韓流マーケティングを活用していることである。ホンダの韓国子会社ホンダコリアは、韓国のケーブルテレビチャンネルで放送されたドラマ「ビッグヒット」に協賛し、大型高級車「レジェンド」と小型ハイブリッドカー「インサイト」を提供した。韓国ドラマの中に日本製品を食い込ませて、韓流を逆利用した。さらに韓流マーケティングの逆利用を考えるならば、アジア・新興国市場を開拓する時に韓国のマーケティング会社を使うという発想もできる。韓国のマーケティング会社は、サムスンやLGなどのアジア・新興国市場の開拓を請け負ってきたことから相当鍛えられており、豊富な実績とノウハウをもっている。特に現地消費者の心理や本質に深く入り込み、潜在的な欲求や無意識のニーズまでも掘り起こす能力に長けている。たとえば消費者調査の際、その消費者の口から出てくる意見を鵜呑みにせず、疑問視し、しつこく質問や対話を繰り返す。それでも納得できなければ、消費者の意見を否定することもある。これに対して消費者は、当然反発し、喧嘩腰になったり、お互い気まずくなって相当、不愉快な思いもする。しかし消費者の中には、一瞬驚き、当惑するが、その後自らの

潜在的欲求や無意識のニーズに気づく人もいる。このように消費者と真正面から向き合って必死に議論し、消費者の自己矛盾と企業の怠慢・都合を徹底的に洗い出した時に、これまで誰もが気づかなかった潜在的欲求や無意識のニーズが発見できるのである。韓国のマーケティング会社は、このようにして眠っている欲求やニーズを掘り起こし、即座にこれらを製品開発や販売促進に反映しているのである。

3　韓国企業のグローバル戦略

　韓国企業のグローバル戦略から日本企業の課題を考える。サムスン電子とLGエレクトロニクス（以下、略称：LG）のロシア戦略を分析する。サムスン電子は、ロシア市場での携帯電話販売台数と売上高、スマートフォンの販売台数と売上高が2011年11月にトップシェアとなった。これまでも携帯電話とスマートフォンの販売数は首位であったが、売上高を合わせた4部門でトップとなったのはロシアに進出した1999年以降初めてである。携帯電話市場シェア（販売台数ベース）は42％、スマートフォン市場シェアは41％で、2位のノキアとはそれぞれ10ポイント前後の差を付けた。

　この成功要因は、現地に密着したマーケティング力にある。たとえばモスクワ最大の繁華街に販売店を設け、顧客に最新のスマートフォンを体験させている。「女性の日」には、女性顧客をターゲットにした製品を投入している。また、ロシアの広報大使に女性テニス選手のマリア・シャラポワ氏を起用し、様々なメディアを通じて、サムスン製品をPRしている。この他にもジュニア・テニス選手国家代表の後援、幼少年テニスの普及支援、国際青少年水泳大会の公式スポンサーなど様々なスポーツ後援活動を行っており、スポーツ・マーケティングに強みをもっている。さらに、社会貢献活動も積極的である。ボリショイサーカス、エルミタージュ美術館、トルストイ文学賞の制定などの後援を行っている。この結果、スマートフォンの「ギャラクシー」シリーズや独自の基本ソフト（OS）「BADA（パダ:海の意味）」を搭載したスマートフォン「Wave（ウェーブ）」シリーズが好調である。

　ロシア家電市場を席巻しているLGについては、詳しく見て行く。LGがロシ

アに初めて足を踏み入れたのは、ソ連崩壊の前年で韓国とロシアが国交正常化した1990年であり、同年10月に初めてモスクワ支社を設立した。その後、ロシアの開放政策の進展や韓ロ関係の拡大に伴いLGは、1997年にロシアを中国とインドと並ぶ3大主要市場として位置づけ、市場開拓を本格化させた。

しかし1998年に起きたロシアのモラトリアム（対外債務に対する支払猶予措置：事実上の破綻）によって、LGの経営は大きな困難に直面した。この時、LGは、このリスクに怯むことなく、逆にチャンスに変えるが如く一大決心した。無限の可能性を秘めた巨大ロシア市場の混乱と変化は、新しいブランドを根付かせる絶好の機会だと確信し、のるかそるかの大勝負に打って出た。これは、1980年代中盤から約10年間、欧州市場でのブランド戦略で培った経験と自信が、LGを突き動かしたと言える。

LGがまず最初に始めたことは、一からの市場分析である。徹底してロシア市場の特性把握とロシア消費者の心理分析に努めた。ロシア市場は、成熟した欧州市場とは全く異なるだけでなく、社会主義・共産主義大国から資本主義への過渡期にあり、経済構造の大転換期にあったため、その市場特性は世界の誰もが予測・予想困難であった。もちろん前例もないことなので、手探りの研究を重ね、またロシアの人々の心理をリサーチするために数多くの人と会ってインタビューを実施した。このような苦労の結果、一筋の光を見出すことができた。それは、地方の都市では強力な「Brand Pull戦略」を展開して安定的な売上基盤を構築し、モスクワを中心とする大都市では差別化と多様化を根幹とした「Pan Russia戦略」を繰り広げることであった。「Brand Pull戦略」とは、消費者に直接訴えかけ、消費者を自社製品に引き込むためのメーカー戦略のこと。大量消費広告によって消費者に自社製品の魅力を訴え、最終的に消費者が自社製品を指名買いするよう仕向けるものである。「Pan Russia戦略」は、モノを売る前にロシア国民を愛し（我々の心を売り）、真心を持ってロシア国民の中に深く浸透し、ロシア国民もまたLGを愛するようにしていこうという戦略である。

この時に打ち立てられたこれらの戦略は、以降3年にわたって展開され、LGをロシアの代表ブランドへと作り上げて行くことに成功した。CIS（独立国家

共同体）地域は、特に社会主義の負の遺産が根強く残っていたり、経済停滞に陥っていたため、外国企業の進出に対して大変、警戒心が強かったが、外国資本の必要性を粘り強く説いて回った（CISの加盟国は、ロシア、カザフスタン、タジキスタン、ウズベキスタン、キルギス、ベラルーシ、アルメニア、アゼルバイジャン）。

　LGのロシア戦略事例から得られる示唆は、ソ連崩壊、社会主義・共産主義から資本主義への過渡期、ロシアの財政破綻という国家と時代の大きな転換期に怯むどころか、より腹を括って乗り越えようとする気慨と覚悟の大切さである。果たしてこのような一生に一度あるかないかの困難な状況に直面した時、どのような対処ができるだろうか。ほとんどは撤退を余儀なくされるだろう。体力のある大手企業であってもとりあえずは「様子を伺う」といったところではなかろうか。したがって全く前例がなく、先の見えない状況の中で前へ突き進むという経営判断は、誰もが真似ることのできない優れた経営能力と言わざるを得ない。

　LGのロシア戦略をさらに詳細に分析する。LGは、1990年代の初期資本主義段階からロシアで、地を這いつくばるが如く地域に密着したアプローチや文化的なアプローチにより現地消費者の心を掴んで来た。5つの具体的事例を挙げる。1つ目は、世界一国土面積が広いロシアでLGブランドを効果的に宣伝するため、拠点都市を定めて多彩な文化イベントを開催し、ブランド・イメージと市場競争力を高めた。たとえばロシアの中西部にあるエカテリンブルク市（ウラル連邦管区スヴェルドロフスク州、人口130万人）では、「LGフェスティバル」、特にLGのカラオケを使った「のど自慢大会」や「ミスLG選抜大会」などが現地住民から大変な好評を得た。「のど自慢大会」は、お酒と歌を好むロシア人の嗜好に見事に合致し、LGのカラオケ機器が市場シェアほぼ100％となり、独占した。この手法をネイミングするならば「カラオケ中心のオーディオ・マーケティング」と言える。また、「ミスLG選抜大会」では、世界的に定評があるロシア女性の美貌を誇示し、イベントの終盤にはエカテリンブルク市と孤児院にLG製品を寄贈したほか、抽選会では参加した市民に数多くの景品をプレゼントした。このイベントは、州知事や市長などをはじめ約10万人に上る市民が

参加し、市レベルでの祝祭にまで発展した。

　2つ目は、「奨学クイズ番組」のスポンサーとなり、LGブランドの認知度を一挙にロシア全土に広めた。2000年に始まった高校生対象の「奨学クイズ番組」は、ロシアの全国放送である「TV6」チャンネルで初放送されて以来、1年目にして30％を超える高視聴率を上げるロシアを代表する教養番組である。ロシア教育庁が主宰し、モスクワ国際関係大学（以下、略称：MGIMO・ムギモ国立大学）の教授が問題を出題する。優勝者には、ムギモ国立大学の入学資格や海外留学の機会が与えられる。この番組に逸早く目を付け、スポンサーとなったLGは、LGロゴや司会者のLGブランドに関するコメントを見事なまでに演出する番組に作り上げて行った。因みにこの番組のロシア語出題委員長をプーチン大統領令夫人のリュドミラ・プーチナ氏が受け持っていたことから、これが一層の話題を呼んだ。

　3つ目は、LGが主宰したクッキング・スクール（料理学校）が人気を博した。電子レンジの顧客を対象に、この機器を使った無料の料理教室を開き、製品がいかに優秀であるかを体験させ、その口コミ効果を狙った。これが期待以上の効果をもたらした。料理教室の会場では、LG製品の展示コーナおよび体験スペースを設け、参加した主婦たちが電子レンジだけでなく、冷蔵庫・洗濯機・掃除機・オーディオ機器などにも触れられるようにし、他製品の広報や販促も行った。

　4つ目は、ロシア囲碁協会と共同で「LG囲碁大会」を開催した。「LG囲碁大会」は、韓国企業が中心となってロシアに囲碁を広める初の試みであった。世界的には日本の囲碁の名称である「GO（ゴ）」が使用されているが、ロシアだけはLGの囲碁大会開催などの影響により韓国の名称である「BADUKU（バドゥク）」を標準用語として使うまでになっている。

　5つ目は、ロシア人の趣向を徹底して洗い出し、そのニーズにきめ細かく対応した製品を開発している。たとえばドラム式洗濯機は、当初は製品の奥行きが長すぎるというクレームがあった。なぜならロシアの家屋の大半が古く、トイレと台所が狭いケースが多かったためだ。そこで、奥行きを大幅に狭めた新製品を出すことで、ヒット商品を生み出した。エアコンは、7〜8月には35度を

記録する猛暑となる一方、真冬には零下30度を超すロシアの特殊な気候を勘案し、オールシーズン対応の冷・暖房兼用の製品を開発・販売した。1年のうち半分以上が冬であるため冷房機能に対する需要が高くないことからロシアのエアコン市場規模は、15万台程度にとどまっていた。しかし、このようなジンクスを崩し、ロシア家庭の大半がLGエアコンを使用するほどの大ヒット商品となった。これは、エスキモーに冷蔵庫を売ったようなものと評されている。その他にも、電子レンジはロシア人が好む料理に適応した調理機能を大幅に補強、携帯電話は毎月新製品を発表するなど製品開発に一切の妥協を許さないというのが開発姿勢である。

　この5つの事例の根底で共通していることは、何よりも他の企業がやらないこと、もしくはできないことをやる。さらに他の企業が行かない場所に出向いてイベントを行うということである。LGは、このように地を這いつくばり、のたうちまわるような努力の結果、エアコン、掃除機、オーディオ、電子レンジの4つの製品が、ロシア国民が選ぶ「国民ブランド」となった。また、ロシア家電市場シェアの30％を占めており、このうち9つの家電製品がトップシェアとなった。さらに、ロシア全域に「LGブランドショップ」250店舗を出店するまでに至っている。しかしLGは、これに満足することなく、すべての製品でトップシェアを目標としており、覚悟を新たにしている。そのためロシアの人々を感嘆させる未来型デジタル製品と技術を発表し、ロシアの人々の生涯の友として添い遂げる未来戦略も併せ持っている。当面は、2014年2月7日に開幕するソチ冬季五輪で、LGの底力を嫌というほど見せつられた。日本企業は、ロシア市場でLGと何らかの企業連携を図れないものだろうか。これは、日本企業にとって新たな新興国ビジネスモデルの構築を図る絶好のチャンスである。

　2014年は、「ロシア」が、ソチ冬季五輪の開催や世界の政治経済におけるプレゼンスの向上により、日本企業にとっても、韓国企業にとっても重要なキーワードになると考えている。サムスンとLGのロシア戦略を詳細に分析したが、さらに韓国のロシア戦略を深掘りする。ロシア市場での韓国企業の躍進の背景には、韓ロ両国のそれぞれの思惑の一致があると考えられる。李明博・前大統領は、2008年2月の就任後、ロシアを3度訪問し、メドベージェフ・前大統領と

第6章 韓国経済の現状と課題

6回にわたり韓ロ首脳会談を行った。李前大統領の対ロシア戦略は、一言でいえば「エネルギー・鉄・緑の3分野の新シルクロード戦略」であった。「エネルギーのシルクロード」とは、韓国の技術力とロシアのエネルギー資源を結び付けること。「鉄のシルクロード」とは、朝鮮半島鉄道とシベリア鉄道の連結により鉄道の大動脈を築くこと。「緑のシルクロード」とは、ロシア沿海地方の農地で韓国の営農技術や効率的な経営システムを導入することである。「エネルギーのシルクロード」戦略では、ロシアの天然ガス導入や西カムチャッカ海上鉱区開発などを共同で行うことで合意している。ロシアの天然ガス導入は、韓国ガス公社がガスプロム社から天然ガスを購入するMOU（覚書）を締結し、韓国ガス公社が年間750万トンの天然ガスを30年間にわたり購入する。750万トンの天然ガスは、韓国総需要（3,350万トン）の22％に達し、総購入額は900億ドルに上る。韓国は、天然ガスを中東（カタール、オマーン）や東南アジア（マレーシア）に90％以上を依存していることから、調達先の多角化を図る。一方、ロシアは、同事業協力を足がかりに東シベリア極東ガス田を開発し、アジア太平洋地域への輸出拡大を狙うと見られる。また、韓国とロシアとの間で「ウラジオストク～北朝鮮～韓国ガスパイプライン」の共同建設（総投資額30億ドル）が合意されている。このガスパイプライン計画は、ロシアのメドベージェフ大統領（当時）と北朝鮮の金正日総書記（2011年12月死去）の間でも2011年8月のロ朝首脳会談（東シベリア・ブリヤート共和国首都ウランウデ）で合意されている。このパイプラインが完成すれば、韓国は手頃な価格でガスを、ロシアが安定した供給先を、北朝鮮は通過料収入（1億ドル）をそれぞれ確保できるため、3カ国間の利害は見事に一致する。さらに、西カムチャッカの油田およびガス田の開発が再開することとなった。この案件は、韓国石油公社など韓国企業連合（7社）が2004年からロスネフチ社と共同開発し、探査費用2,500億ウォンを投資していたが、2008年8月にロシア政府からボーリング作業の遅れなどを理由に契約解除通告を受け、白紙状態となっていた。「鉄のシルクロード」戦略は、朝鮮半島鉄道とシベリア鉄道の連結事業である。同連結事業は、「韓国・ロシア・北朝鮮の三角経済協力」が韓ロの関係増進と北東アジア平和安定に重要な役割を担うと位置づけ、北朝鮮の羅津港～ロシアのハサン鉄道補

修を共同で行う。韓国は、コンテナを釜山港から羅津港に海上輸送し、羅津港
〜ハサン鉄道経由でシベリア鉄道に繋げる。将来的には、朝鮮半島縦断鉄道を
近代化し、シベリア鉄道との連結を目指している。因みにロシアと北朝鮮は、
羅津港〜ハサン鉄道補修（全長54km）および羅津港埠頭建設工事を2008年10
月に着工した。鉄道補修事業は、ロシア鉄道と羅先市が設立した合弁会社（出
資比率：ロシア70％、北朝鮮30％）が推進している。同鉄道コンテナ処理能力
は年間40万TEU（1TEUは20フィートの長さのコンテナ1個分に相当）で、将
来的に70万TEUを計画している。羅津港〜ハサン鉄道補修は、2011年10月に
一期工事が完了し、試験運行が行われた。「緑のシルクロード」戦略は、韓国
がロシア沿海地方で農業を展開し、北東アジアの食料基地を作る構想である。
韓国企業は現在、ロシア沿海州に51万ヘクタールの農地と50ヶ所の農場を運営
しており、現代重工業は2009年4月に1万ヘクタール規模の農場を確保した。同
社は、ロシア沿海州のホロルゼルノ営農法人の持ち分67.6％を、持ち主だった
ニュージーランド人から買い入れた。現代重工業は、2012年までに営農規模を
5万ヘクタールにまで拡大し、年間6万トンのトウモロコシと大豆を生産する計
画である。ロシア沿海地方（総面積16.6万平方km、人口200万人）は、利用可
能な農地が257万ヘクタールに上り、コメの年間生産量20万トン、トウモロコ
シ200万トン、牧草80万トンの収穫が見込める営農潜在力がある。韓国がロシ
ア沿海地方を食料基地として狙う理由は、1つに韓国と距離が近いため輸送費
負担が少ないこと。2つ目は、4万人の高麗人（韓国系移民）が居住しており、
文化的親密度が高いこと。高麗人は、1860年頃から移住し、20万人が居住して
いたが、1937年、当時のソ連がこれらすべての高麗人を中央アジアに強制移住
させた歴史的経緯がある。3つ目は、沿海州と北朝鮮が隣接しているため、北
朝鮮労働者の活用や現地から北朝鮮への直接食料支援などの構想もある。

　このような良好な韓ロ関係は、2012年5月に就任したプーチン大統領（1952
年出生、63歳）と2013年2月に就任した朴槿恵大統領（1952年出生、64歳）に
も引き継がれている。2013年11月にプーチン大統領が8年ぶりに韓国を訪問し
て朴槿恵大統領と韓ロ首脳会談を行った。これは、同年9月サンクトペテルブ
ルクのG20での首脳会議に次ぐ2回目の韓ロ首脳会談となった。この会談では、

政治・外交安保・経済通商・科学技術・文化など幅広い分野で対話をし、34項目に及ぶ「ソウル共同声明」を発表した。また、2件の協定署名と15件の了解覚書締結も行った。さらに、朴槿恵政権の3大外交政策である「韓半島信頼プロセス」「北東アジア平和協力構想」「ユーラシアイニシアチブ」についてロシア側の理解と支持を得た。韓国は、自らの商用化能力や経験とロシアの優秀な基盤技術や資源を結びつけて、ロシアとの貿易・投資拡大の相乗効果を飛躍的に高めようとしている。一方、ロシアは、経済の近代化や経済発展の遅れた極東シベリア地域の開発に、日中韓を競わせながら技術導入を図ろうとしている。このような韓国とロシアの思惑は、思う通りに行くかどうかは分からない。ただ、両国の強いリーダーシップ、グランドデザイン力、地政学的戦略力は、参考になる。これらは、アジア・ユーラシアダイナミズムのエネルギーを取り込むために最も大切な能力ではなかろうか。

4　韓国企業の弱み

　韓国企業の弱みの1つは、「世襲経営によるコーポレートガバナンスの不透明さ」である。韓国企業は、オーナー経営が強みである半面、弱みでもある。韓国では、財閥経営が三代目に移る過渡期に入りつつあり、経営者の若返りを図るべく世代交代を加速させている。しかし創業者一族による世代交代は、その目的が若返りというよりも経営の世襲に過ぎないため、コーポレートガバナンスの不透明さに対する批判が後を絶たない。また、権限の一極集中によるリスクや専門経営者の役割不足なども指摘されている。たとえば韓国財閥トップのサムスン財閥は、2代目会長である李健熙（イ・ゴンヒ、1942年出生、74歳）氏の長男である李在鎔（イ・ジェヨン、45歳）氏が、2012年12月サムスン電子の社長から副会長に昇格した。韓国では、副会長は実質的な権限を持つ重要ポストである。今後は、サムスン電子を中核とするグループ各社の経営を継承するための基盤を固め、サムスン財閥3代目を就任するのは時間の問題となった。因みに財閥とは「財閥とは、家族または同族によって出資された親会社（持ち株会社）が中核となり、それが支配している子会社に多種の産業を経営させている企業集団である」と定義されていることから、サムスングループなども財

閥と表記する。李在鎔副会長は、1968年6月23日生まれで、3人の妹（1人死去）がいる。経歴は、1987年ソウル景福高校卒業、1991年サムスン電子入社、1992年ソウル大学東洋史学科卒業、1995年慶應大学大学院経営学修士修了、2001年ハーバード大学経営大学院博士課程修了、同年サムスン電子経営企画チーム常務補、2003年同常務、2007年同専務、2009年同副社長、2010年同社長を経て、現在に至っている。李副会長は、高校1年生から体系的な帝王学を受けた。夏休みなど長期休暇毎に財閥傘下の会社や工場を訪問し、沿革・生産システム・労務管理など一から十まで徹底したブリーフィングを受けた。10代の青年が、来る日も来る日も経営現場について数時間にも及ぶブリーフィングを受けるというのは、簡単なことではなかったが、何の不平不満を漏らさずじっと我慢して聞いていたそうだ。語学は、英語と日本語が堪能である。趣味は、シングルの腕前のゴルフと映画鑑賞。お酒は、たしなむ程度で、現場の社員たちと飲む時でも自ら盛り上げるタイプでない。ただ時には韓国特有の爆弾酒（ビールとウイスキーを混ぜたもの）を作ったり、飲んだりして雰囲気を壊さないように気遣う一面もあるという。李副会長の仕事ぶりは、サムスン特有の会議を重視する企業文化に合わせ、経営企画部の戦略会議をはじめ、半導体部門、情報通信部門、デジタルメディア部門などの各事業部の総括会議などほとんどすべての会議に出席する。各部門の経営内容をよく把握するためだろう。また、「自分の考えを言う前に、相手の話を先に聞け」という祖父と父の教えを守り座右の銘を「傾聴」とし、役員や社員のみならず、取引先などの話しにもよく耳を傾ける。さらに、丁寧な人柄で物腰も柔らかく、まじめ過ぎるとも言われており、仕事ぶりや人柄に関する評判は抜群である。しかし当然の如く華麗な経歴や抜群の評判だけで、経営結果を出せるほどビジネスは甘くない。

　サムスン財閥は、1938年に李秉喆（イ・ビョンチョル、故人）初代会長が創立し、約50年間にかけて開発経済と財閥経営の教科書的な事業を通じて経営基盤を築き上げた。1987年からは三男である李健熙会長が二代目として、26年間で創造的なマインドを通じて経営基盤を守るとともに奇跡的な急成長を成し遂げた。創業者と二代目の共通点は、それぞれの経済環境と時代に合わせて上手くリーダーシップを発揮したことである。そこで今後は、三代目の李在鎔副

会長のリーダーシップが世界から注目される。李副会長は、2001年33歳から本格的に経営実務に着手し、12年になるが今のところ世間から注目を集めるような実績は見られない。それどころか、李健熙会長が長男への経営権世襲に絡む不正資金問題の決着に12年間も費やしたことから、その実力や手腕を見極める前に李副会長の否定的なイメージの方が韓国社会で先行してしまった。この事件は、1996年サムスン財閥傘下のエバーランド（韓国最大の野外テーマパーク）が転換社債を安値で発行し、これを李在鎔氏に売却して李健熙会長父子の経営権を継承するとともに同財閥の支配構造を固めたもので、いわゆる「エバーランド転換社債贈与事件」と言われている。李健熙会長は、2008年に脱税の罪で執行猶予付きの有罪判決（いわゆる「エバーランド事件」に関しては無罪判決）を受け、約116億円の罰金を科せられた。また、責任をとる形で会長職も辞任した。ただ2008年4月の辞任表明から23カ月ぶりの2010年3月に会長職に復帰している。さらに、財閥特有の遺産相続問題も露わになった。2012年2月に李健熙会長が、兄と姉から遺産相続で訴えられた。兄の李孟熙（イ・メンヒ、故人）CJ財閥（食品最大手）前会長や姉の李淑熙（イ・スクヒ、LG財閥創業者の次男の妻）から総額4兆849億ウォン（4,000億円）の株式譲渡を求められた。この2年間に及んだ相続争いの結果は、李健熙会長の勝訴に終わったものの、血を分けた兄弟同士が争いをする姿をもって韓国民を失望させただけでなく、国際社会にサムスンや韓国のイメージダウンを招いたことは間違いない。

　したがって李在鎔副会長が三代目として成功裏に経営を継承するには、10年後や30年後の新しいビジョンの提示や、二代目の李健熙会長以上のリーダーシップや実績が求められる。今後は、これまでの「傾聴」姿勢だけでは、かえって経営から一歩引き下がった消極的なイメージを与えかねないので、何らかの強いメッセージの発信や歴代のサムスンの実力派トップのようなインパクトのある経営成果が急がれる。そのプレッシャーと苦悩は、計り知れないぐらい大きなものであろう。ここで日本企業が参考にすべきことは、世襲経営や遺産相続問題など同族企業の弊害を再認識し、ファミリービジネスや同族経営の在り方を抜本的に考え直すこと。また、サムスン財閥をこれまで以上に発展させるには何が必要かを李在鎔副会長と同じ目線で構想を描き、戦略を練ってみて

171

はどうか。今後の日本企業のビジョンやグローバルトレンドが見えてくるかもしれない。

　2014年12月に起きた「大韓航空ナッツ・リターン事件」は、「世襲経営によるコーポレートガバナンスの不透明さ」をより深刻な問題にさせた。この事件は、米国ジョン・F・ケネディ空港から韓国仁川空港に向かう大韓航空が滑走路での離陸準備に入ろうとした時、乗客として乗っていた同社副社長の趙顕娥（チョ・ヒョナ、女性、1974年出生、41歳）氏が乗務員に対してクレームをつけて、飛行機を搭乗ゲートに引き返させて機内サービスの責任者を降ろして、運行を遅延させたというもの。ナッツの出し方に怒って引き返し（ランプリターン）をしたため、「ナッツ・リターン」と呼ばれている。また、趙副社長の逮捕状請求（航空機安全運航阻害暴行罪）だけに止まらず、国土交通省を巻き込んだ証拠隠滅疑惑にまで発展し、韓国社会に大きな衝撃を与えた。大韓航空は、韓進（ハンジン）財閥の中核企業。147機を保有し、国内線は13都市、国際線は44カ国113都市に就航。社員数は2万人。韓国10位の韓進財閥は、物流を中心としたコングロマリットで総売上高は2兆7,000億円に上る。

　「大韓航空ナッツ・リターン事件」を機に韓国世論では、財閥の同族経営や世襲への批判が巻き起こり、特に財閥3代目にその批判の矛先が集中するようになった。ハンギョレ新聞によれば韓国15大財閥の役員の中に3代目が28人いるが、平均28.1歳で入社し、31.2歳で役員になっている。すなわち入社から役員に昇進するまでの期間は、僅か3.1年ということである。これに対して一般の新入社員が役員に昇進するまでの期間は、韓国経営者総協会によると22.1年である。したがって3代目は、道徳・倫理性、経営能力、経営経験が十分に検証されないまま、一般社員よりも7倍のスピードで昇進することとなる。韓国財閥が韓国経済に占める割合の大きさを考えると3代目の人格や能力などの欠如により誤った経営判断や行動をするようなことがあれば、その企業への損失や社会への悪影響は甚大である。このような「財閥3代目のリスク」は、コーポレートガバナンス問題だけに止まらず、ソーシャルガバナンス問題にまで発展する恐れがある。

第 6 章　韓国経済の現状と課題

　韓国企業の弱みの2つ目は、労使紛争問題である。韓国進出を検討している
日本企業がまず最初に心配するのが、労使紛争問題である。確かに韓国は、労
使協調の水準が、他の国に比べるとかなり低い水準にある。スイス国際経営開
発研究所（IMD）の2013年「労使関係競争力」の指数は、調査対象国60ヵ国の
うち韓国が56位。また、世界経済フォーラム（WEF）の2013年「労使協調」
の指数は、調査対象国148ヵ国のうち韓国が132位。さらに、World Economic
Forum 2012年報告書の「労使関係の協力性（Corporation in labor-employer
relations）」は、144ヵ国のうち韓国が129位と極めて低い評価を受けている。
しかし、この労使紛争問題も量・質ともに改善の兆しが見られる。韓国雇用労
働部によると2013年「労使紛争件数」が前年比42件減の63件、「勤労損失日数」
が前年比47万3,500日減の45万9,767日とそれぞれ大幅に減った。また、紛争の
中身も賃上げ要求や大規模紛争が減少している。さらに、注目したいのが、イ
ンド企業が韓国自動車メーカーを買収して設立されたタタ大宇商用車（以下：
タタ大宇）の事例である。タタ大宇は、その成功の秘訣の1つに労使問題の解
決が挙げられる。皮肉なことに韓国企業が解決できない労使問題をインド企業
が解決したのである。この事例を詳細に紹介する。タタ財閥傘下でインド自動
車メーカー2位（世界商用車メーカー5位）のタタ・モーターズが、2004年に経
営破綻した韓国大宇自動車の商用車部門（乗用車部門はGMが買収してGM大宇
を設立）を108億円で買収し、「タタ大宇（100％子会社）」を設立した。タタ財
閥とは、インド3大財閥（ビルラ、リライアンス）の1つで傘下企業100社、社
員数45万人、売上高は7兆円で自動車・製鉄・IT・電力事業がその8割を占める。
タタ大宇は、今や韓国第2位のトラックメーカーとして発展を遂げている。2013
年売上高は前年比7.9％増の817億円で、アフリカ・中東・インドなど60カ国へ
の輸出も行っている。輸出額は300億円を超えた。現在、5トン以上の大型トラ
ックなど年間1万台を生産しており、韓国大型トラック市場シェア30％を占め
ている。タタ大宇は今後、小型から大型トラック、バスにまでラインアップを
広げるとともにインドでの一部生産などにより価格競争力の向上を図る。また、
ヒュンダイ自動車が独占する韓国の中小型トラック市場に切り込み、韓国商用
車市場シェア40％を目指している。さらには、韓国を中国への戦略拠点にする

173

ことも視野に入れている。タタ大宇の成功要因の1つは、円満な労使関係である。韓国の自動車産業は労使協力の基盤が最も脆弱と言われているのにも関わらず、同社は労働組合専任数を11名から法定限度の3名（フルタイム基準）にまで減らすことで合意している。また、10年間で非正規社員 455名を正規社員に転換し、残りの非正規社員149名の転換が終われば全社員が正規社員となる。これは韓国の自動車業界で初めての取り組みである。労使関係を円満にさせた背景には、現地法人への権限移譲がある。本社工場（全羅北道郡山市）では、キム・ガァンギュ社長（60歳）、韓国人社員約1,300名、インド人社員7名（うち役員は財務担当副社長とマーケティング担当副社長の2名）が働いている。キム社長には、大幅な権限が委譲されており、組織改編や人事など殆どの決定事項は事後報告となっている。また、技術開発はタタ大宇とタタ・モーターズが共同で開発するのみならず、技術所有権も共有している。因みにGM大宇は、すべての技術所有権をGM本社が持っている。このようにほぼ完全な独立経営を可能せしめた秘訣は、インド特有の企業文化にあると考えられる。韓国人社員は、インド企業の収益性と経営倫理を重んじる欧米企業のような社風を肯定的に受け止めている。一方、インド人社員は、大きな気候環境や生活様式の違いにも関わらず、韓国に見事に溶け込んでいる。亜熱帯の温暖な気候が体に馴染んでいるインド人にとって、零下15度にもなる韓国の厳冬期は寒さが身にしみるはずである。また、韓国のカレーライスの味は、到底、インド人の口に合うはずがない。まさしくこのような韓国人社員から受け入れやすい経営倫理や、現地に自然に溶け込むビジネス姿勢を育む企業文化は、インド企業特有のものではなかろうか。これは、一見、至極当然のことであり、他国企業も同じようなことを実践しているように思われるが、どこか何かが違うようである。このタタ大宇の成功に後押しされたのが、インドのマヒンドラ財閥である。同財閥傘下で、インド自動車メーカー4位のマヒンドラ・アンド・マヒンドラ（M&M）が、2010年に経営破綻して再建中の韓国5位の双竜（サンヨン）自動車を518億円（持ち株70％）で買収した。ただ、双竜自動車は、「労使問題のデパート」と言われるほど根深い労使問題を抱えており、中国の上海汽車による再建も図られたが、失敗に終わっている。上海汽車は、2004年600億円（持ち株51.3％）

で買収したが、2009年に経営から撤退した。双竜自動車の買収に名乗りを挙げていたのはルノー日産をはじめ6社であったが、最終的に買収案を提示したのは、インドのマヒンドラ財閥とエッサール財閥、韓国の帽子メーカーのヨンアン帽子の3社であった。これほどの労使問題を抱える企業にも関わらず、なぜ2社ものインド企業がこれほどまでに欲しかったのか。または、どのような勝算や戦略があったのであろうか。M&Mのアナンド・マヒンドラ副会長（59歳）やゴエンカ社長は、「韓国市場のロングタームプレーヤー（長期参加者）になる」、「韓国式経営を尊重する」、「双竜の最高経営者（CEO）をはじめとする大半の経営陣を韓国人にする」と述べている。この発言は、M&Mがいかにタタ大宇の経営スタイルを意識しているかが伺える。果たしてM&Mは、中国3大自動車メーカー（第一汽車、東風汽車）でさえできなかった労使問題の解決ができるのであろうか。この経営再建が成功したとすれば、やはりインド企業の企業文化や経営スタイルを注目せざるを得ない。韓国企業と日本企業は、インド企業の企業文化や経営スタイルのみならず、買収戦略や経営戦略も再考する余地がある。

　韓国企業の弱みの3つ目は、「グローバルマネジメント力」の不足である。韓国企業は、グローバル市場で製造・販売する能力、所謂「グローバルセールス力」に長けているが、グローバル市場に対応した経営・労務管理の能力、所謂「グローバルマネジメント力」には課題がある。たとえばサムスン電子が経営幹部昇進者200人を対象にした研修で「サムスン電子はグローバル企業なのか」というテーマで議論をさせた時、「サムスン電子はグローバル企業である」と答えた昇進者は50％に過ぎなかったとされる。グローバル企業でないとする理由としては、「グローバルな製品を作るだけで、グローバルな経営ができていない」などが挙げられた。また、サムスン経済研究所の某研究員は、「韓国企業は、中国企業やインド企業よりもグローバル化が遅れている」と指摘している。さらに、外国人社員が、韓国独特の厳しい社内競争システムの中で能力を発揮できるか、疑問である。2010年初めにショッキングな事件が韓国の新聞で報じられた。サムスン電子で、一時は最年少で副社長（メモリー研究所長、当時51歳）を務めていた人物が、自宅マンションから転落して死亡したというも

175

の。紙面には「自殺」の文字が躍っていた。この人物は、研究開発の担当で実績をあげて華々しく昇進したものの、いったん出世街道のレールから外れると今度は下向きのエスカレーターに乗ってしまったらしい。亡くなった時には、受託生産部門のチーム長でしかなかったという。研究開発部門からも外された彼が悲観的になったのではという推測も報じられた。これまではこのような韓国独特の厳しい社内競争システムが、サムスン電子の成長を支えたことは紛れもない事実である。しかし、このシステムは外国人社員にも上手く機能するであろうか。今後、サムスン、ヒュンダイ自動車、LG、SK財閥などは、真の意味でのグローバル企業を目指し、「グローバルマネジメント」に注力せざるを得ない。その1つが、海外企業の買収や本社の中核的事業本部の海外移転である。ただ買収した海外企業の経営では、先進国企業と新興国企業の狭間で中進国企業である韓国企業なりの大きなジレンマを抱えている。なぜなら買収した新興国企業の経営は上手くいっているが、買収した先進国企業の経営には手こずっているからである。たとえば某韓国企業では、数年前に先進国の企業を買収したが、そこの幹部たちが自尊心が傷ついたなどの理由から会社を辞めたがったり、社員がやる気を出さないなどの問題が起きている。その結果、その買収先の経営がしっくりいっていない。一方、韓国の電線メーカー最大手LS財閥は、中国の紅旗電気を買収したが、買収後も現地役員が1人も辞めず、組織統合に見事に成功している。その成功の秘訣は、国別に発行していた社内報を統合するなど両社の文化を融和する「LSファミリー」キャンペーンの実施や、本社の経営首脳陣の中国語学習などが奏功したからである。2つ目は、韓国本社の外国人役員や社員の採用目標を決めるなどのハイブリッド企業作りである。たとえばサムスン電子は、外国人役員が16人であり、2020年までには本社勤務の外国人社員数を現在の800人から2,000人に増やす計画である。LGエレクトロニクスは、外国人役員が8人であり、外国人社員数は全社員数8万2,000人のうち5万2,000人で65％を占める。3つ目は、グローバル・リーディング・カンパニーとしての経験を積むことである。これまで韓国企業は、キャッチアップ経営により日本企業や米国企業を追いつけ追いこせとがむしゃらに突っ走ってきた。しかし今後は、キャッチアップ経営から脱し、先頭を走る覚悟が求め

られる。1970年代の日本と韓国との技術力や生活水準の差は、歴然としていた。当時、日本国民はソニーのカラーテレビとウォークマンで生活する一方、韓国の国民はLGの17インチの小さな白黒テレビ（1969年韓国初の国産）とサムスンの枕のような大きなカセットテープレコーダーを使っていた。このように見える世界、情報量、ライフスタイルには、大きな格差があったに違いない。しかし今や、サムスンやLGは、日本の家電メーカーを相次いで追い越している。これは、韓国国民にとって一大事であり、誇らしいことである。ただ、いつまでも喜んではいられない。次は、韓国企業が追われる側となったからである。加えて、グローバル・リーディング・カンパニーとしてより普遍的なビジネスモデルが求められる。韓国企業がインド企業に買収されて立ち直ったケースは前述の通りである。今後は、韓国企業が外国企業を買収して救済できるのか。それも、またグローバル・リーディング・カンパニーになれば、突きつけられる課題となる。韓国企業は、これまで積み上げてきた成果の数よりも、克服すべき課題の数の方が増えることとなるであろう。日本企業は、「グローバルマネジメント力」が「ある」と判断するのであれば韓国企業との競争優位性を発揮すべきである。逆に「ない」と判断するのであれば韓国企業と連携し、「グローバルマネジメント力」を相互補強するという戦略も考えられる。

　韓国企業の弱みの4つ目は、対日輸入に頼る部品素材である。2013年韓国の対日貿易赤字254億ドル（対日輸出346億ドル、対日輸入600億ドル）で、このうち約35％が部品素材である。韓国は、主力産業である電子・半導体・自動車で、その部品素材分野での対日依存度が高い。その結果、第3国への完成品輸出が増えるほど対日貿易赤字が拡大するという貿易構造にある。この部品素材の対日依存に伴う対日貿易赤字は、韓国のアキレス腱と言われている。日本は、韓国から毎年のように2兆～3兆円の対日貿易黒字を計上し、稼いでいる。片や、韓国は、対日貿易赤字の拡大を顧みず、日本から部品素材や機械装置を買って組立・加工したものを世界市場に売って、食べて行っている。このような日韓の貿易関係を見て、「韓国は、日本に首根っこを掴まれている」という見方をする専門家が少なくなかった。しかし2011年東日本大震災以降は、「韓国に買ってもらって助けられている」という見方が出始めている。すなわち「日本は

韓国に売ってあげるという関係」から「持ちつ持たれつの関係」に変わりつつ
ある。最早、日本にとって韓国は最大の貿易黒字相手国であり、多くの日本の
企業やビジネスパーソンは韓国とのビジネスで食べて行っているといっても
過言でない。韓国政府は、部品素材の対日依存からの脱皮と対日貿易赤字の解
消を図るべく、官民連携で国内産業の育成策を打ち出している。これまでこの
アキレス腱の打開策は、なかなか見出せなかったが、ここへきて成果が見られ
るようになった。その1つは、日本メーカーが切り開いた電気自動車（EV）の
基幹部品であるリチウムイオン電池市場に韓国勢が凄まじい勢いで食い込み
始めていること。リチウムイオン電池市場の世界シェアは、2007年には三洋電
機とソニーが1位と2位を占め、日本勢が圧倒していた。しかし、2012年小型リ
チウムイオン電池市場の世界シェアでは、韓国勢が日本勢を抜くどころか圧倒
した。メーカー別シェアは、1位サムスンSDI:25％、2位パナソニック:21％、3
位LG化学:16％となっており、韓国勢が世界シェア41％を占めるまでに至った。
2つ目は、部品素材の対中国輸出において、日本よりも韓国からの対中輸出の
方が伸びていることである。2010年通商白書「アジア内における中間財、最終
消費財の主な流れ」によれば、日本から中国・香港への中間財輸出は1998年に
比べて2008年が3倍伸びたのに対して、韓国から中国・香港への中間財輸出は
11倍に急増している。実額で見ても日本の367億ドル（3兆7000億円）に対し
て、韓国が294億ドル（3兆円）と迫っている。韓国では最近、高機能メッキや
超大型の精密金型など際だった技術を持ち、小さな領域であるが世界市場で大
きなシェアを持つ会社、いわゆる「強小企業」が注目を集めている。こうした
企業からの部品が中国に流れているということだろう。3つ目は、米国アップ
ルのiPad（アイパッド）を分解してみるとわかる。韓国企業の部品が多用され
ている半面、日本企業の部品はほとんど採用されていない。主要部品で最も高
額なのは、65ドルする9.7インチのカラー液晶画面であるが、これはLGディス
プレーが製造したものだ。また、フラッシュメモリーとDRAMは、サムスン電
子が供給している。つまり、リーズナブルな技術水準の部品を適正価格で供給
するという面では、韓国企業の方が先を歩んでいる。最先端の技術を搭載して
高く売るという路線と一線を画し、マーケティング主導で世界を席巻している

178

アイパッドにその韓国勢の強みが表れている。ただ、サムスンとアップルは、アイパッドやスマートフォンの特許技術やデザインが酷似しているなどとして、10カ国で50件以上の訴訟が起こされている。アップルが自社の技術をサムスンにコピーされて使われていると訴え、サムスン側が訴え返すという構図である。米国では、2014年5月アップルとサムスンによるソフトウエアの特許侵害訴訟で、米カリフォルニア州北部連邦地裁の陪審団は、サムスンがアップルの特許2件を侵害したと認定、サムスンに1億1,960万ドル（122億円）の賠償金支払いを命じる評決を下した。アップルは、これにより訴えた特許5件のうち3件が認められた。しかし、別の2件は、サムスンの特許侵害が認められなかった。また、アップルは今回の訴訟で22億ドル（2,245億円）の損害賠償を請求したが、認められた賠償額は請求額の1割にも満たなかった。これは、アップルがこの裁判にかけた費用相当にしか過ぎないとも言われている。したがって米国でのアップルとサムスンとの訴訟戦は、裁判の勝者はアップルであるが、ビジネスの勝者はサムスンだという見方もできる。部品素材の対日依存の解決策としては、引き続き自国の部品素材メーカーを育成するとともに、日本の部品素材メーカーを積極的に誘致することである。特に日本の部品素材メーカーの誘致は、これまで目立った成果がなかった。しかし、ここへきて日本の歴代経団連会長の会社である東レや住友化学などが、相次いで韓国に世界最大級の工場を建設している。また、旭化成や日本電気硝子も大型投資を行っている。これが、大きな突破口になっている。日本企業による本格的な韓国進出は、「アジア進出＝中国進出」や「アジア進出＝東南アジア進出」というこれまでのアジア戦略の考え方を大きく変えようとしている。日本は、FTA戦略で韓国に出遅れている。それならば、日本企業が韓国に生産・販売拠点を設けて韓国のFTA戦略を利用するというのも一つの手だ。東レや住友化学などは、すでに発効済みのEU韓国FTAや韓印FTAだけでなく、年内妥結を目指す韓中FTAを睨んで韓国の輸出拠点化を図っている。また、トヨタやホンダは、米韓FTAを利用して自社の米国工場からら韓国に輸出し、韓国輸入車市場を開拓している。今後、韓国現地での中間材メーカーや最終製品メーカーとの共同生産や韓国の輸出拠点化が、新たなグローバルビジネスモデルとなるであろう。

おわりに

　本章で見られたように、韓国経済の理解において重要なポイントは、4つの構造的問題点であり、この特殊な事情を踏まえて考察する必要がある。4つの構造的問題点とは、①財閥・貿易偏重の経済構造、②日中との熾烈な競争環境、③北朝鮮リスクとチャンスの狭間で揺れていること、④韓国の経済発展と企業躍進の裏で多くの国民が犠牲になるという社会構造問題である。

　また、韓国企業と日本企業の経営比較分析は、単に経営スタイルや戦略の違いを明確にすることが目的でない。日韓企業の強み・戦略は、どちらも優れており、優劣や勝敗がつけられるものでない。ただ、市場の特性、時代のニーズ、タイミングによって一時的に優劣や勝敗に表れるだけのことである。大切なことは、日韓企業が相互ベンチマーキングし、強みをブラッシュアップさせられるか、グローバル戦略を磨けるか、弱みを補えるかである。換言すれば日韓企業連携を深化させることによって、グローバルビジネスモデルとして確立することである。

　さらに、「日韓企業連携による中国進出」や日中韓FTA戦略など日中韓経済連携を拡大するには、日中韓がお互いの企業や経済に対する深い理解が必要となる。したがって中国が、日韓の企業や経済を理解する機会を提供ということも強く意識した。

日中韓は、政治的に対立する反面、日中・日韓・中韓の企業連携が深化し、経済連携が拡大している。日中韓経済は、最早、深い相互依存関係にあり、経済的な共通利益を実現している。今後、世界経済や新時代をリードするグローバル企業やグローバルビジネスモデルの多くは、日中韓企業連携や日中韓経済連携から生まれると考えている。したがって日中韓の相互理解を深めてそれぞれ知恵の絞り出し、それらの知恵を融合・組み合わせる共同の教育や研究の場がより大切となるであろう。

第6章　韓国経済の現状と課題

[演習]

1. 韓国経済の問題点と解決策をいかに考えるか。

2. 韓国企業の強みは何か。

3. 韓国企業の特徴なグローバル戦略は何か。

4. 韓国企業の弱みは何か。

5. 日本企業の強みと弱みは何か。

6. 今後の日本企業のグローバル戦略やビジネスモデルをいかに考えるか議論せよ。

7. 日韓企業の分析を通じてアジア企業やアジアビジネスモデルの在り方をいかに考えるか議論せよ。

8. 日韓の経済連携や企業連携を通じて日韓関係改善やアジア平和実現にいかに貢献するか議論せよ。

[参考文献]

[1] 金美徳[2012a]『なぜ韓国企業は世界で勝てるのか-新興国ビジネス最前線-』PHP研究所、電子書籍 2015年。

[2] 金美徳[2012b]『図解 韓国四大財閥早わかり』角川・中経出版、電子書籍 2015年。

[3] 金美徳[2012c]『한국기업,세계에서 왜 잘나가는가:韓国企業、世界でなぜ上手く行くのか』韓国滄海出版社（韓国語版）。

[4] 金美徳[2013a]『韓国企業だけが知っている日本企業没落の真実-日本再浮上27核心-』角川・中経出版、電子書籍 2014年。

[5] 金美徳[2013b]『図解 韓国四大財閥』台湾大是文化有限公司（台湾語版）。

[6] 寺島実郎[2010]『世界を知る力』PHP研究所。

[7] 寺島実郎[2011]『世界を知る力 日本創生編』PHP研究所。

[8] 寺島実郎[2012]『大中華圏-ネットワーク型世界観から中国の本質に迫る-』NHK出版。

金　美徳（きむ　みとく・多摩大学経営情報学部教授）

第7章　貿易投資に見る日本と中国の経済関係

はじめに

　貿易と直接投資は、日中の経済関係の両輪と例えられるが、実際には貿易のみが戦後長い間両国の経済関係の中心的な担い手であった。戦後間もなく民間から始まった日中貿易は、半世紀余り後の2007年に、中国がアメリカに替わって日本の最大の貿易相手国になるなど飛躍的に規模が拡大した。日本の対中直接投資が本格化したのは1990年代初頭以降のことであるが、2013年にはその投資規模は1990年に比べ15倍も拡大している。こうした拡大する日中間の貿易投資は、両国の経済関係を緊密化させてきた。

　国際貿易の発生要因については、リカード（David Ricardo）は各国間の技術格差に求めたが、ヘクシャー＝オーリン（Heckscher・Ohlin model：HOモデル）では、各国の要素賦存状況（Factor endowments）の相違により貿易が発生し、また各国の貿易パターンはそれぞれの資源賦存状況により決定されるとしている。一般的に、労働が相対的に豊富な発展途上国は労働集約的財を輸出し、資本が相対的に豊富な先進国は資本集約的財を輸出するという各国間の異なる産業間の一方向貿易（One・Way Trade）が行われている。しかし現実には、多くの国には輸出と輸入が同一産業内または同一品目において同時に行うという双方向貿易（Intra-Industry Trade）が存在している。

　また、外国直接投資（Foreign Direct Investment：FDI）は、受入国の雇用創出、技術移転、経営ノウハウの流入、貿易効果などをもたらすものと考えられる。外国直接投資と貿易に関しては、直接投資の拡大は、投資国から投資受入国への資本財・部品などの輸出増加、輸出代替、投資受入国からの逆輸入増加などという強い補完関係にあることが認められている。

　日本と中国の間においては、貿易と投資の拡大だけでなく、比較優位に基づ

第 7 章　貿易投資に見る日本と中国の経済関係

いた貿易パターンの変化や産業内貿易の進行など構造変化が生じており、両国
の経済関係はますます緊密化している。本章では、1978年改革開放後の日中貿
易とその拡大要因としての日本の対中直接投資を通して両国の経済関係を解
説する。以下では、まず、日中貿易と投資の動向を概観する（Ⅰ）。次に、日
中両国の貿易パターンを明らかにする（Ⅱ）。そして、日中の貿易構造を東ア
ジアの分業構造、日本の対中投資との関連から説明する（Ⅲ）。さらに、近年
における日中間の経済摩擦を整理する（Ⅳ）。

Ⅰ．日中の貿易投資の展開

　戦後長い間、日中の経済関係の中心的担い手は貿易であった。1949年の中華
人民共和国建国後から1972年まで日本政府は中国不承認政策を続けていたた
め、日中の経済関係は、民間交流にとどまらざるを得なかった。日中の貿易は、
1950年代に日中民間貿易協定という形で細々と行われていたが、1960年代には
友好商社とLT貿易を中心として活発化していった[1]。1970年代に入ると、1972
年に日中国交正常化が実現し、それに続いて1974年に日中貿易協定が締結され
たため、日中貿易は正常化した。とくに1978年の日中平和友好条約の締結（8
月）と中国の改革開放への政策転換（12月）は、その後の日中経済関係を緊密
化させていった。以下では、日中の経済関係の転換点ともいうべき1978年以降
の貿易投資を、1978年〜1990年、1991年〜1998年、1999年〜2009年、2010
年以降、の4つの時期に分けてみていくことにする。

1　1978〜1990年：激しい変動期

　1978年から1990年までは日中貿易が激しい変動を繰り返した時期である。
1978年には、中国の改革開放への政策転換や日中平和友好条約の締結などによ

---

[1] 友好商社とは 1960 年以降日本側の指定、推薦と中国側の了承を受けた日本の対中
　貿易会社のこと。LT 貿易とは「日中長期総合貿易に関する覚書」に基づいた貿易の
　ことである（LT：両国の通商代表者 Liao=Takasaki のイニシャルに因む）。

183

って、日中を巡るマクロ環境が大きく改善され、両国の経済関係は急速に緊密化していった。1980年に日本の対中貿易総額は対前年比で41.3%増加した（図7-1）。しかし、1982年に日本の対中輸出が大幅に減少したため、日中貿易額は14.7%減となり一気に縮小した。1981年1月の宝山製鉄所2期工事中止とプラント輸出契約破棄などの影響が大きかったと思われる。

その後、日中貿易は回復して、1985年に43.9%と最大の伸び率を見せたが、翌年の1986年に18.2%減と最大の下げを記録した。1985年と1986年の2年間で日中貿易の最大の伸びと最大の下げを引き起こした背景には、外国為替の激しい変動があった。1985年9月のプラザ合意後、急激な円高ドル安により、これまで円安ドル高の恩恵を受けていた日本の輸出は大きな打撃を受けた[2]。そのため、日本の対中輸出は1985年の73%増から1986年の21%減へと変化した。それに加えて、同年8月に中曽根首相が靖国神社に参拝したことに反発して、中国国内で反日デモ、不買運動が起こった。緊張が高まる日中関係の影響を受けて、日本の対中輸出はもちろんのこと、輸入もマイナス12.8%の大幅減となった。

1980年代になると、日本経済のバブル化に伴う対中輸入の拡大を背景に、日中貿易は再び拡大に向かっていたが、1988年から対中貿易は恒常的赤字に陥った。1989年の天安門事件による中国国内の混乱の影響を受けて、1990年日本の対中輸出は28%減と急激に縮小し、対中貿易赤字は1988年の4億ドルから90年の60億ドル近くへと一気に拡大した（図7-1）。

---

[2] 1970年代末から円安ドル高が進行し、1985年始頃に約1ドル＝250円台となった。1985年9月のプラザ合意後、円安ドル高は一気に修正され、年末になると1ドル＝200円まで円相場が上昇した。

第7章　貿易投資に見る日本と中国の経済関係

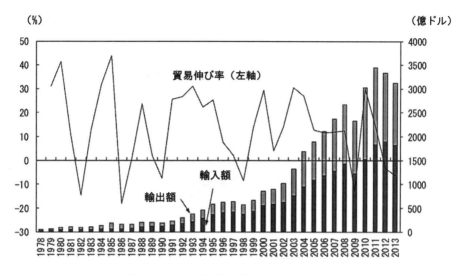

図7-1　日本の対中貿易額と伸び率
出所：日本関税協会[各年版]、経済産業省[2007]、財務省[各年版]（JETRO によるドル換算）に基づき筆者作成。

　1978年から1990年まで、日中貿易は3.6倍も拡大したが、同期間において日本企業の対中投資はまだ少なく、第一次対中投資ブームと言われた1980年代後半においても年間数億ドルに過ぎなかった。この時期に、日本政府の政府開発援助（ODA：Official Development Assistance）が日中貿易の拡大に大きな役割を果たしたと思われる。1989年に対中ODAは8億3,200万ドルで、企業の対中直接投資額（3億5600万ドル）を大きく上回った。ODAは中国の産業が世界市場に供給できるだけの輸出競争力を達成し、日中間の水平分業が確立することに寄与したとされている（外務省経済協力局[2000]）。企業の対中投資がまだ少ないこの期間においてODAが日中貿易の拡大、両国の経済関係の緊密化に果たした役割はとくに大きかったといえる。

2　1991〜1998年：安定的拡大期
　1990年代において、バブル崩壊後の日本経済は長期的低迷期に入ったが、対

185

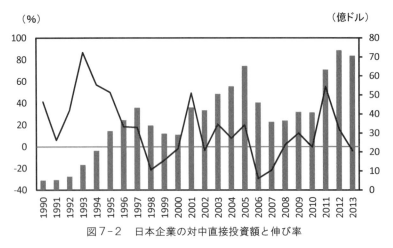

図7-2　日本企業の対中直接投資額と伸び率

出所：図7-1に同じ。

中貿易はむしろ安定的に拡大していた。1991年からアジア金融危機が発生した1997年まで日中貿易の平均年間伸び率は20％にも達した。その背景には、1990年代から日本企業の対中直接投資が本格化したことと、鄧小平の「南巡講話」後の中国における景気拡大などがあった。この時期に日本企業は第2次対中投資ブームを引き起こし、1992年から1997年まで2桁の伸び率を続けたが、1993年には86.5％増を記録した（図7-2）。

日本の対中投資ブームが起きるにしたがって、中国からの「逆輸入」が急増した。たとえば、対中繊維輸入の逆輸入比率は、1993年の3.4％から1997年には12％に上昇した（青木[2001]）。しかし、1997年にアジア金融危機が発生したため、その影響を受け日本経済は低迷し、1998年の対中貿易も対中直接投資も減少した。

3　1999～2011年：飛躍的拡大期

1999年から2008年まで日中貿易の規模は10年連続で過去最高を更新し続け、期間中の平均年成長率も17％であった。2000年代に入ると、日中間で歴史認識を巡って政治関係がギクシャクし始めたが、経済関係は大きな影響を受けなか

った。2001年に中国のWTO加盟が実現し、また、北京五輪（08年）、上海万博
（10年）に向けての需要拡大を受けて、日本企業による第三次対中投資ブーム
が起こった。2005年の投資額は対前年比19.8％増の65億3000万ドルに達し、3
年連続で過去最高を更新した。

　対中投資と生産の拡大を背景に、中国に対する輸出と輸入はともに拡大して
いった。日中貿易の規模は、2006年に日米貿易と肩を並べるまでになったが、
2007年にはついに戦後初めて日米貿易を超えて、中国は日本にとって最大の貿
易相手国になった[3]。日本の対世界貿易に占める各国（貿易相手国）のシェアを
見ると、中国は2000年に10.0％で、アメリカ（25.0％）の半分にも及ばなかっ
たが、2007年には17.8％で、アメリカ（16.1％）を上回った（図7-3）。

　2008年にリーマンショックが発生したが、日中貿易は前年比12.5％増の
2,664億ドルと1999年から10年連続で過去最高を更新した。リーマンショック
発生の影響を受けて翌年、2009年の日中貿易額は12.8％減少したものの、2010
年には堅調な中国経済を背景に急速に回復し、2011年に対前年比14.3％増の
3,450億ドルと過去最高を記録している。他方、対中直接投資も対前年比55.0％
増の63億3,000万ドルに達した。

---

[3]　香港を合わせた中国との貿易額は 2004 年度から国別で最大となった。また、中国単
独での日中貿易額（22.2 兆円）が日米貿易額（20.5 兆円）を超えたのは 2006 年度（2006
年 4 月〜2007 年 3 月）であった（財務省統計）。

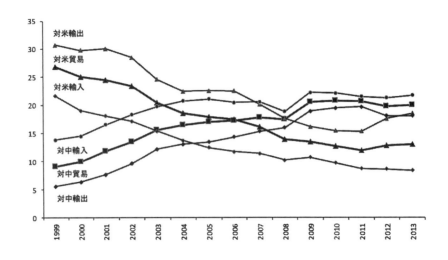

図7-3　日本の対世界貿易における米中のシェア（％）
出所：図7-1に同じ。

4　2012年以降：縮小傾向期

　近年においては、中国経済の減速や尖閣問題を巡る日中対立などの影響を受け、日中貿易は2012年と2013年に2年連続で減少している。2013年の日中貿易規模は、3,120億4,300万ドルと、対前年比で6.5％減少した。日本の対中輸出を対前年比で見ると、2012年に10.4％減、2013年に10.3％減と2年連続の2桁減少となり、これが対中貿易総額の最大の減少要因である。対中輸出の大幅減は貿易収支の悪化要因でもある。2013年の対中貿易赤字額は523億4,000万ドルと前年比で17.8％増加し、過去最大を更新している。また、対中輸出の減少により、日本の対世界輸出に占める中国のシェアは18.1％へと低下し、2007年以来6年ぶりに米国（同18.5％）に抜かれ2位に戻った。

　一方、対中直接投資は2011年に続き2012年に73億5,200万ドルへと拡大し、過去最大規模を更新したが、翌年の2013年には対前年比で3.9％減の70億6,400万ドルにとどまった。中国経済の先行きの不透明さ、労働コストの上昇、製造業の優位性の低下、加工貿易モデルの限界などがその背景にあると見られる

第 7 章　貿易投資に見る日本と中国の経済関係

（滕[2004]）。

　しかし、2013年の日中貿易総額は対前年比で低下したものの、日本の対世界貿易に占める中国のシェアは20.0％であり、アメリカの13.1％を大きく上回っている。日本企業の対中直接投資も史上2番目の規模を維持しており、日中経済が密接な関係にあることに変わりはない。

Ⅱ．貿易構造の変化

　ヘクシャー＝オーリンは、各国の要素賦存状況の相違により各国の貿易パターンが決定されるとしている。土地、労働、資本といった生産要素や天然資源のうち、一般的に言えば中国は土地、労働、天然資源が豊富な国であり、日本は資本が豊富な国である。このような日中間の要素賦存状況は両国の貿易パターンを異なるものにし、また要素賦存状況の変化も両国の貿易パターンに影響を与えると考えられる。

1　1950～1970年代の輸出：日本の資本集約財と中国の資源・労働集約財

　1950年代、1960年代において、日本は中国に化学肥料、鋼材、機械などの工業製品を輸出し、中国から大豆などの農産物、希少金属などの天然資源を輸入していた。1970年代には、日本は中国に化学品、金属品、機械、軽工業品、原料品を輸出したのに対して、中国からは原油類、大豆、魚介類、果実・野菜などの農水産品、繊維製品などを輸入した。このように、1950年代から1970年代まで、日本は中国にハイテク工業製品のような資本集約的財を輸出し、中国から原油、農産物のような土地・資源集約的な財や繊維、軽工業品のような労働集約的な財を輸入していた。

189

2 1980～1990年代の対中輸入：資源集約財の退場と資本集約財の登場

1978年の改革開放後、日中の貿易パターンに様々な変化がみられるようになった。1980年代後半から1990年代にかけて、日本の対中輸入における最大の変化は、上位品目から天然資源集約的財が退き、かわって資本集約的財が進出したことであった。1970年代後半から1980年代半ばころまで、原油および粗油の輸入額は日本の対中輸入の最大品目であったが、その後次第に順位を落として、1998年にはついに上位5品目から姿を消した。それは、原油など賦存量が一定の天然資源が、中国国内の経済成長に伴うエネルギー消費の急速な拡大により、相対的に豊富な要素から相対的に希少な要素になったからである。中国はかつて原油の輸出国であったが、1993年頃から原油純輸入国へ転じている。他方、1990年代に入ってから対中輸入の上位品目には、機械機器、金属品、化学品が相次いで進出しており、特に機械機器は1995年に第2位の対中輸入品となった[4]。

3 2000年代の対中輸入：資本財の拡大

2000年代以降の日中貿易の構成を財別貿易統計（日本財務省の通関統計）でみよう[5]。2000年に日本の対中貿易における主要な輸出財は、資本財（52.4%）と工業用原料（38.5%）で、主要な輸入財は、非耐久消費財（33.4%）、資本財（22.0%）、工業用原料（18.5%）であった（図7-4）。2013年になると、対中輸出において、資本財と工業用原料のシェアが日本の比較優位構造から上昇したのは予想通りであるが、対中輸入では、資本財から非耐久消費財、工業用原料、耐久消費財まで多岐にわたるようになっている。中でも資本財のシェアが2000年から2倍以上の45.5%へと大きく上昇したことは特筆すべき変化である。対照的に、食料およびその他の直接消費財は10.9%から5.0%、非耐久消費財は33.4%から18.6%へと大幅に低下している。

さらに、品目別にみると、2000年から2013年にかけて、資本財の一般機械は

---

[4] 臧[2005]は財務省「貿易統計」などを基に日中貿易の上位5品目のデータ（1970～2002年）を整理している。

[5] 財務省貿易統計（円ベース値）をジェトロがドル建て換算した通関統計である。

6.9%から17.1%、電気機械は12.1%から24.7%へと上昇したのに対して、非耐久消費財の繊維製品は27.6%から14.4%へと減少した（図7-5）。

　要するに、近年において日本は工業用原料としての化学工業製品、金属、繊維品、資本財としての電気機器、一般機械などを中国に輸出し、非耐久消費財の繊維製品、資本財の電気機械、一般機械、工業用原料などを中国から輸入するようになったのである。

　日中のこのような貿易パターンは、ヘクシャー・オーリンモデルを用いて基本的に説明できるが、対中輸入では繊維製品のような労働集約的な財だけでなく、電気機器、一般機械などの資本集約的な資本財も拡大していることについては説明できない。その一つの要因は、東アジアにおける日中間の国際分業の進展にあると考えられる。財務省『貿易統計』によると、2013年の日本における電算機類部分品の対中輸出額が124億ドルであるのに対して、対中国の電算機類（含周辺機器）の輸入額は157億ドルである。また、電気機械についても、日本は中国へ半導体等電子部品（366億ドル）、重電機器（89億ドル）、電気計測機器（135億ドル）を輸出し、中国から映像機器（71億ドル）、通信機器（206億ドル）を輸入するという分業関係が存在することを確認することができる。その背景には、機械製造、とくに電気機器を中心とする東アジアの分業体制があると思われる。

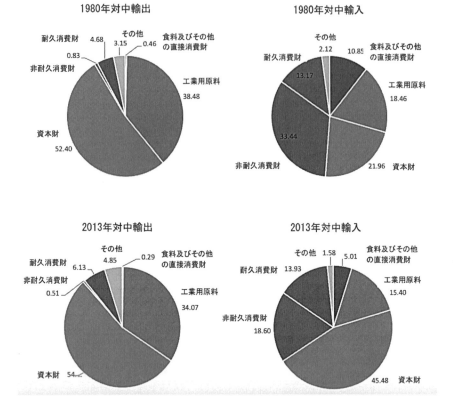

図7-4　日本の対中貿易の構造変化

出所：財務省[各年版]（JETROによるドル換算）に基づき筆者作成。

第7章　貿易投資に見る日本と中国の経済関係

7-5a　主要資本財

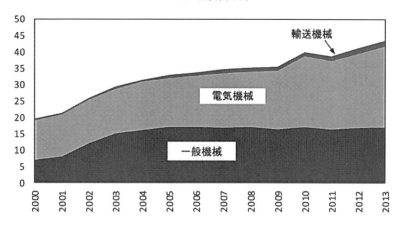

7-5b　主要消費財

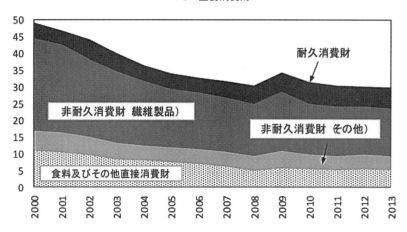

図7-5　日本の対中輸入額に占める主要資本財、消費財のシェア（%）
出所：図7-4に同じ。

Ⅲ．東アジアの分業構造と日本の対中直接投資

　日中の国際分業は、両国の貿易を活発化させているが、その国際分業の背景には、東アジアにおける分業構造の深化がある。また、日中間ないし東アジアの分業構造の中で中国の製造業に対する日本の直接投資が大きな役割を果たしている。

1　東アジアの三角貿易と日本の直接投資

　東アジアでは、日本やNIESが中国・ASEANに中間財や資本財を供給し、そこで加工、組み立てをした後、完成品を日米欧へ輸出していくといういわゆる三角貿易に見られる分業構造が形成されている。たとえば、本章Ⅱで見たように、日本は中国から繊維製品のような労働集約的な財だけでなく、電気機器、一般機械などの資本集約的な財も輸入するようになっているが、その要因は電気機器を中心とする機械製造の分業体制に求められる。2000年代以降、機械製造分野において、日本をはじめ韓国、台湾、ASEANなど東アジア各国が原材料、部品等の中間財を中国に輸出し、中国国内で組み立て、日米欧先進国市場へ輸出する国際分業が確立されている。日本の対中輸入における電気機器、一般機械のシェア上昇はこの分業体制を反映するものと考えられる。

　東アジアにおける国際分業の形成には、日本のアジア投資、とくに「世界の工場」としての中国向けの投資が非常に大きな役割を果たしてきた。1985年のプラザ合意以降の円高を受けて、日本企業はアジアへの投資を本格化させた。日本のアジア投資は、最初はNIESに、次にASEANに集中していたが、これらの地域における賃金などのコスト上昇に伴い、1990年代から中国に向けられるようになった。投資の目的も、当初の生産拠点シフトから現地の消費市場獲得へと変わってきた。

　日本の対中投資は、当初、繊維・雑貨・食品加工などの労働集約的産業に集中していたが、1990年代半ば以降中国を生産拠点とする電気、電子機器、機械産業への投資も増加した。日本企業の対中直接投資を業種別に見ると分かるように、生産拠点の中国シフトを背景に、製造業のシェアが圧倒的に高いことが

第7章 貿易投資に見る日本と中国の経済関係

最大の特徴である（表7-1）。中でも、輸送機械、一般機械、電気機械向けの投資が多く、製造業の牽引役となっている。

表7-1 日本の業種別対中直接投資

（単位：億円、%）

	2005年		2012年	
	金額	構成比	金額	構成比
食品	249	3.4	211	2.0
繊維	325	4.5	186	1.7
木材・パルプ	38	0.5	339	3.2
化学・医療	688	9.5	690	6.4
石油	37	-	4	0.0
ゴム・皮革	209	2.9	219	2.0
ガラス・土石	102	1.4	108	1.0
鉄・非鉄・金属	417	5.7	729	6.8
一般機械器具	507	7.0	1375	12.8
電気機械器具	950	13.1	1035	9.6
輸送機械器具	1137	15.7	2257	21.0
精密機械器具	395	5.4	1	0.0
製造業計	5634	77.6	7.334	68.2
農・林業	5	0.1	0	0.0
漁・水産業	6	0.1	-	-
鉱業	5	0.1	-	-
建設業	5	0.1	10	0.1
運輸業	46	0.6	124	1.2
通信業	27	0.4	112	1.0
卸・小売業	534	7.4	1572	14.6
金融・保険	597	8.2	494	4.6
不動産業	141	1.9	803	7.5
サービス業	19	0.3	303	2.8
非製造業計	1628	22.4	3425	31.8
合計	7262	100.0	10759	100.0

注；「製造業（計）」「非製造業（計）」は、各内訳項目、－にそれぞれ「その他製造業」「その他非製造業」を加えた合計で、各業種の合計と必ずしも一致しない。

出所：2005年は日本銀行統計、2012年は財務省統計（ジェトロによるドル換算）に基づいて作成。

2　日中間の相互供給体制

　経済産業省によると、東アジア域内における中間財の貿易比率は大きく増加しつつある。域内では、日本は中間財供給拠点となっており、また、ASEANも近年中間財の供給能力を高めている。一方、中国は、最終財の組立加工・輸出拠点となっているが、東アジア域内における中間財輸出総額に占める割合は拡大傾向にある。このように、中国・ASEANの中間財供給能力が急速に高まった結果、東アジア域内における中間財の相互供給も拡大しているものと考えられる（経済産業省[2007]）。

　経済産業省は、域内での中間財相互供給が、主にどの産業で拡大しているのか、また、産業ごとにどの国・地域が中間財の域内供給を拡大させているのかについて、電気機械にかかわる中間財の貿易額が最も大きく、域内取引が活発化していると指摘している（経済産業省[2007]）。この中間財貿易の中心産業となっている電気機械分野では、2000年から2005年にかけて、従来主要な貿易フローとなっていなかったASEANから中国への輸出が大きく増加するなどダイナミックな産業展開が生じている。これは、中間財貿易額で電気機械に次ぐ化学製品分野が貿易フローのパターンを基本的に維持したまま量的拡大をしている状況と対照的である（図7-6、図7-7）。

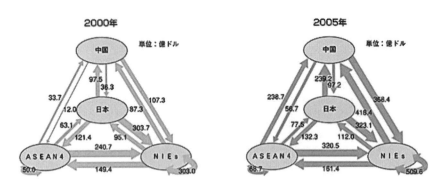

図7-6　東アジア域内における中間財貿易額の変化（電気機械）
出所：経済産業省[2007]。

第 7 章　貿易投資に見る日本と中国の経済関係

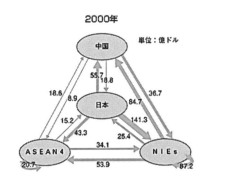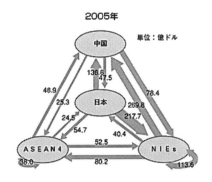

図7-7　東アジア域内における中間財貿易額の変化（化学製品）
出所：図7-6 に同じ。

　一般的に、外国直接投資には貿易を促進する効果が認められている。その投資による貿易促進効果は、異なる産業間より、同一産業内の貿易の方が一層発揮される。とくに、同一産業の異なる工程間の国際分業は、産業内における貿易の原動力になる。たとえば、日本の対中輸入における資本財の増加、日中間の資本財における産業内貿易の進展は、日本と中国に進出した日系直接投資企業との間で行われている資本財の相互供給（輸出入）によるところが大きいと考えられる。

　再び表7-1に戻って、日本の対中投資の業種別シェアを見てみよう。日本から中国の製造業への投資は、2005年の77.6％から2012年の68.2％へと低下してきているが、世界の対中直接投資に占める製造業のシェア（2012年43.7％、商務省統計）に比べて依然として高い[6]。輸送機械と一般機械は、中国での生産機能を強化したため、同期間に15.7％から21.0％、7.0％から12.8％へとそれぞれそのシェアを伸ばしている。このように、日本の対中製造業への直接投資は、日中間の中間財相互供給の形成を促している。

　他方、プリンタ・複合機などの事務機器や半導体（後工程）のような組み立

---

[6] 中国の商務省側の統計には金融・銀行・証券・保険が含まれていない。この基準にしたがうと、日本の対中投資の製造業のシェアは、2005 年に 84.5%、2012 年に 71.4%となる。

て工程では生産コストに占める人件費の割合が比較的高いため、その生産拠点の一部は中国からASEANなどへと戻っている。たとえば、電気機械のシェアは2005年の13.1％から2012年の9.6％へと低下した。また、中国における人件費の上昇や人手不足の深刻化を受け、食品、繊維のような労働集約的産業の生産拠点はASEANなど中国以外の地域へ分散するようになっている。

　2000年代に入ってから日本企業は、従来の生産拠点を強化すると同時に、現地の消費市場を獲得することを目的として販売拠点設置のための投資を拡大させている。対中投資における非製造業のシェアは、2005年の22.4％から2012年の31.8％へと上昇した。その内訳をみると、金融・保険業が8.2％から4.6％へと低下しているのに対して、卸・小売業は7.4％から14.6％へと上昇しており、中国での販売機能を強化させているとみられる。

Ⅳ．日中経済摩擦

1　貿易不均衡の拡大

　貿易と投資を通して日中の経済関係が緊密化するに伴い、両国の政治・行政面、経済・社会面の対立が先鋭化している。その上、日中間の貿易不均衡が拡大するにつれて、貿易摩擦が生じている。

　日本側の貿易統計によると、対中貿易赤字が恒常化したのは1988年である（図7-8）。赤字規模は1988年に3億8,300万ドルであったが、2001年に270億1,400万ドルへと大幅に拡大した。2000年代後半には、北京五輪や上海万博などの国際的イベントに向けた中国の内需が旺盛だったため対中輸出が輸入以上に伸びた結果、対中赤字は縮小傾向を辿っていた。だが、2011年以降、中国経済の減速などを背景に対中輸出が低迷したため貿易収支は大幅に悪化してきた。2013年の貿易赤字額は523億4,000万ドルで、前年比17.8％増加し、過去最大を更新している。他方、中国側の貿易統計では、対日貿易は1970年代から1980年代まで例外的な年を除けば、貿易赤字というのが一貫した傾向であっ

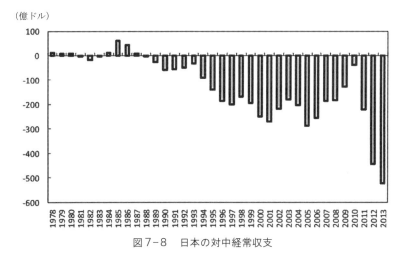

図7-8　日本の対中経常収支

出所：図7-1に同じ。

た[7]。1990年代に入ると対日貿易収支は黒字と赤字を繰り返すようになるが、2002年以降は対日赤字が恒常化し、赤字の規模も2002年の50億3,000万ドルから2012年の262億1,200万ドルへと10年間で約5倍以上拡大した。

　日中双方の貿易統計とも相手国に対して貿易赤字となるのは、香港を経由した貨物に対する異なる扱い方など統計上の理由によるものである。貿易統計では、通常輸入は原産地を輸入相手国とするのに対して、輸出は仕向け地を輸出相手国とするのが原則である。日本の対中輸出統計には、香港経由の対中輸出（仕向地を香港としている財）が、対中輸出に計上されない。そもそも貿易赤字の基本的要因は、標準的な経済学によれば貿易相手国ではなく自国の財政収支、投資と貯蓄バランスなどのマクロ経済にある。とはいえ、貿易赤字の持続的な拡大は、相手のナショナリズム感情を刺激し貿易摩擦を引き起こす誘因の一つになったことも事実である。

---

[7] 中国国家統計局[各年版]による。

2 貿易摩擦

2001年には、日本の対中貿易赤字（日本側の統計）は、それが恒常化した1988年当時と比べて65倍に相当する規模にまで拡大した。日中間の貿易摩擦もこの頃から頻発するようになる。主なものを年ごとに列挙してみると、2000年に東芝ノートパソコン欠陥疑惑と中国消費者の不買運動、2001年に日本側の中国農産物3品目に対するセーフガード暫定措置と中国側の報復措置、2001年に三菱自動車工業の「パジェロ」の安全上の欠陥問題と中国の輸入禁止、2002年に輸入中国産冷凍ほうれん草の残留農薬問題、2004年に中国産偽粉ミルクと農薬汚染漬物問題、2008年に中国製冷凍餃子中毒事件、中国のメラミン混入の牛乳事件と日本側の製品回収・輸入品の検査強化、2010年にレアアースの事実上の対日禁輸と日本などのWTO提訴など、日中間の経済的緊張が起きた。とくに相次いだ輸入中国産食品の安全性問題がメディアにクローズアップされたことにより、日本の対中食品輸入に大きな影響を与えた。

これまでで最も象徴的な貿易摩擦は、日本政府による対中農産物3品目セーフガード（緊急輸入制限）の臨時措置と言えよう。2001年に日本政府は、中国のネギ、生シイタケ、畳表の農産品3品目に対するセーフガードの暫定措置を発動した。これに対して中国政府は、日本製自動車、携帯電話、クーラーの工業品3品目に対する特別関税（100％）という対抗措置を発動した。日中両国で交渉を重ねた結果、2001年12月21日に覚書を交わし、日本政府は、農産品3品目に係るセーフガード確定措置を実施しないこと、中国政府は日本からの輸出工業品3品目に対する特別関税の追加徴収措置を撤廃すること、農産物貿易協議会を組織して民間関係者で協議することで決着した。

この貿易摩擦により、一時的に双方の消費者が比較優位に基づいた対象輸入品を購入することができなくなり、より高い国産品を購入せざるを得なくなった。また、輸入により打撃を受けたとされる日本の農業（野菜産地）とは直接関係のない輸出工業製品の業界にも犠牲を強いたというコスト問題が発生した。

この貿易摩擦の直接的な要因は、中国の廉価な農産物の輸入が日本国内の農家に大きな打撃を与えたことだとされている。しかし、日本の少子・高齢化に

伴う専業農業人口の減少や後継者難、自給率の低下などを背景に、中国の東部沿海地域を日本向け野菜の生産・輸出基地とすべく「開発輸入」（逆輸入）を行っていた日本の関係者（商社、スーパー、稲苗メーカーなど）と日本国内の野菜生産者との利害対立問題であったとも指摘されている。

　このような日本の直接投資企業による開発輸入は、農産物だけでなく、製造業にまで及んでおり、日中貿易の不均衡をもたらした原因の一つでもある。1990年代に日本の対中投資が本格化して以降、中国からの逆輸入は急増していた。青木（2005）によると、中国からの繊維品輸入のうちほぼ全量（93.4％）は直接投資関連の「逆輸入」である。

3　知的財産権と対中投資環境

1）知的財産権

　もう一つの経済摩擦は、知的財産権侵害に起因する投資摩擦である。中国では、進出外国企業への商標・意匠・特許侵害等の知的財産権に係わる問題が多発しており、日本企業はとりわけ多くの被害を受けている。日本貿易振興機構（ジェトロ）による模倣品の市場調査（2013）では、日本企業が多く進出している上海市、江蘇省および浙江省における代表的な卸売市場に模倣品を販売している店舗が少なくないことが明らかにされた。たとえば、上海の上海北京東路賽格電子市場では、調査対象の30店舗のうち、日系ブランドの模倣品を販売している店舗は11軒で、全体の37％を占めていた。

　日本企業の製品への模倣や商標の不正登録がある一方、日本企業等外国企業が中国企業に特許権侵害で訴えられるケースも急増している。2001年に日本富士化水工業株式会社が中国企業の武漢晶源環境工程有限公司の特許権を侵害したとして訴えられ、2009年に5,061万2,400元（約7億6,000万円）の損害賠償の支払いが命じられた（河野[2013]）。

201

2）外資政策の変更

　中国における外国投資環境の大きな変化の一つは、外資政策の見直しである。WTO加盟に伴い、外国企業と中国企業の格差をなくすため、従来の外資系企業に対する「超国民待遇」から「内国民待遇」へと外資政策が転換され、外資企業に対する優遇措置が多く見直された。2008年には外資優遇税制が原則廃止された（外資系企業に対して中国企業と同様に25％の企業所得税率を課すため、既存外資系企業の優遇税制が5年間の猶予期間後撤廃）。ほかに、外資企業を対象とした増殖税還付率の引き下げ（2008年）や税金還付措置の撤廃（2010年）などが行われた。

　このような「内国民待遇」（無差別原則）に基づいた外資政策は、外資企業にとって、市場アクセスや関税障壁など不利な条件が撤廃される一方、外資企業を誘致するための優遇面が享受できなくなり、規制や義務が課せられるケースも出てきた。たとえば、2010年12月1日から従来中国企業のみが対象であった都市維持建設税と教育費付加制度は、外国企業、外資系企業並びに外国人に対しても適用されることになった。

3）独禁法適用の強化

　2008年から独占禁止法が施行された。最近、日本企業がこの独占禁止法に基づくカルテルや支配的地位濫用に関する調査や取り締まりを受け、多額の課徴金を課されたことは、日中関係が冷え込んでいる中、高い関心や様々な憶測を呼んでいる。

　中国の独占禁止法当局は、2014年8月20日に住友電気工業や矢崎総業、日本精工などの日本の自動車部品メーカー12社を独禁法違反があったと認定し、9月18日に「行政処罰決定書」（中国国家発展改革委員会）を公表した（表7-2）。処罰の理由は、価格カルテルを結ぶなど業界ぐるみで自動車部品の価格をつり上げる不正行為があったためとし、12社のうち10社には合計12億3,540万元（約220億円）の罰金支払いが命じられた。中国では、2008年の独禁法施行以来、過去最大規模の摘発となった。「行政処罰決定書」では、処罰の理由として、日本企業8社の自動車部品メーカーは2000年1月から2010年2月まで、4社のべ

第7章　貿易投資に見る日本と中国の経済関係

表7-2　中国の独禁法違反認定と制裁を受けた日本企業

企業名	制裁金	減免率（％）
日立オートモティブ	0	全額免除
不二越	0	全額免除
デンソー	1億5,056万元	60
日本精工	1億7,492万元	60
住友電気工業	2億9.040万元	40
矢崎総業	2億4,108万元	40
NTN	1億1,916万元	40
古河電気工業	3,456万元	40
ジェイテクト	1億936万元	20
三菱電機	4,488万元	20
ミツバ	4,072万元	20
愛三工業	2,976万元	20
合計	12億3,540万元	-

出所：『環球時報』2014年9月19日。

アリングメーカーは2000年から2011年6月まで製品の価格情報を交換したり、不正な価格協定を結んだりしていたと説明している（『環球時報』2014年9月19日）。

　日中関係が緊張する中、これは日本企業を狙った政治的報復ではないかなどと言われている。実は今回の独占禁止法の適用は日系企業のみならず、ＩＴ（米マイクロソフト）や粉ミルク、食品などの欧米企業も対象となっている。また、国内産業の保護などを目的とした「外資たたき」に過ぎず、外資の中国ビジネスに悪影響が及ぶのではないかとも懸念されている。しかし、最近、中国国内では外資だけでなく、ローカルの蒸留酒「白酒」製造大手の貴州茅台酒廠集団（貴州省）と宜賓五糧液（四川省）の違反行為も摘発されている。8月に独禁法違反の調査を受けているトヨタ自動車とホンダは、中国で提供する補修用部品の一部を値下げすると発表した。欧米企業、たとえば、ベンツ、クライスラーも、自動車部品価格とメンテナンス価格を引き下げる方向で調整しており、ジャガー、ランドローバーは完成車の値下げ計画を発表したが、これらは中国

203

の独占禁止法当局による調査に対応する動きと言える。今後、中国当局は、摘発をさらに強化していく可能性が高いと見られる。日本企業においては、社内調査や自主申告など積極的な対応が急がれる。さらに、中長期的課題として、中国でも日米欧と同じような法令順守体制を築くことが必要である。

もともと、中国の独禁法の運用強化は国内産業を育成するための外資叩きではないかという疑念をもたれているが、それには理由がある。最近の独禁法調査、摘発の対象産業は、中国の国際競争力が弱いITや自動車産業などに集中している。また、独禁法の運用、執行面では当局の裁量が大きいと指摘されている（『日本経済新聞』2014年8月21日）。とくに、日中間の政治的対立の中で、日本企業を対象とした独禁法の適用について「チャイナリスク」として捉える向きさえある。独禁法の運営強化により公正な競争環境が期待される一方、運営、執行の透明性、公正性が強く求められる。

おわりに

本章で見てきたように、戦後民間から始まった日中貿易は、1980年代までの日中関係を担っていたが、1990年以降は、日本の対中直接投資とともに、車の両輪として日中の経済関係を支えてきた。

日中の経済関係は各国の比較優位構造から基本的に補完関係にある。日中の比較優位について、全体的に言えば、中国はある程度の競争力を持っている。財別にみれば、日本は資本集約型の乗用車で、中国は労働集約型の非耐久消費財、食料およびその他の直接消費財で、それぞれ絶対的な競争力を維持している。資本財は日中間で中立的な比較優位性のもとにある。その背景に、日中間で競合している側面と、同一資本財産業内で相互供給を行っている側面がある。

日中の分業関係では、中国を生産拠点として対中投資を進めてきた日本企業が大きな役割を果たしている。日本の対中投資は、製造業に集中しており、とくに、輸送機械、一般機械、電気機械向けの投資は、日中間の相互供給を形成させている。

第7章　貿易投資に見る日本と中国の経済関係

　日中の経済関係が緊密化するにつれて、経済摩擦も生じている。貿易摩擦については、2001年の中国農産品3品目に係わる貿易摩擦を巡る日中間の協議、調整の結果、一層の対立激化と政治問題化は避けられたが、貿易不均衡の抜本的解決には至っていない。ほかにも、食品安全問題をはじめ様々な摩擦が生じている。中国の外国投資環境についても従来の「超国民待遇」の外資政策が見直され、近年の独禁法運用に見られるように、洋の東西を問わず中国市場における企業を対象に、規制と義務が強化されるようになっている。

　今後、さらに日中の経済関係の緊密化を図るために、知的財産権問題や対中投資環境の改善が求められる一方、中国でも日米欧と同じような法令順守意識を持つことが必要である。同時に、日中経済の構造的変化に起因する不可避な経済摩擦に対応できる貿易投資に関する制度的枠組を構築することが日中両国のいずれにとっても重要な課題である。

[演習]
1.　1978年の中国の改革開放以来、貿易と投資から見た日中経済関係の特徴と背景は何か。
2.　日中の貿易構造にはどのような変化が生じたか。また、その要因は何かまとめよ。
3.　東アジアの分業構造とは何か、日中の産業内の相互供給体制とは何かまとめよ。
4.　日本の直接投資と、中国、東アジアの分業構造との関連についてまとめよ。
5.　日中の貿易不均衡の実態と原因は何かまとめよ。
6.　日中の経済摩擦の実態と背景は何かまとめよ。
7.　日中の持続可能な経済関係を目指すために何が必要か議論せよ。

[参考文献]
[1]　青木健[2001].「日本のセーフガード発動の政治経済学」、『ITI季報』(国際貿易投資研究所)、No.45。

[2] 青木健[2005]. 「急増する製品「逆輸入」とその含意」、『季刊　国際貿易と投資』（国際貿易投資研究所）、No.59。

[3] 外務省経済協力局[2000]. 「対中ODAの効果調査」（外務省国際協力政府開発援助ODAホームページ）

[4] 河野英仁[2010]. 「中国特許権侵害訴訟の傾向と分析」、『Patent』（日本弁理士会）、Vol.63、No.4。

[5] 経済産業省[2007]. 『通商白書　生産性向上と成長に向けた通商戦略―東アジア経済のダイナミズムとサービス産業のグローバル展開』時事画報社。

[6] 財務省[各年版].『貿易統計』。

[7] 臧世俊[2005].『日中の貿易構造と経済関係』日本評論社。

[8] 日本関税協会[各年版]. 『外国貿易概況』。

[9] 日本貿易振興機構（ジェトロ）[2013]. 「華東地域における模倣品実態調査」（ジェトロホームページ）。

[10] 滕鑑[2004]. 「近年における日本の対中直接投資―影響要因、「脱中国」の虚実などについて」、『岡山大学経済学会雑誌』、第46巻、第1号。

[11] 中国国家統計局[各年版]. 『中国統計年鑑』。

　　　　滕　　鑑　　（TENG Jian・岡山大学大学院社会文化科学研究科教授）

第8章　東アジア政治関係と経済協力の課題

—日中関係を中心に—

はじめに

　領土問題をめぐり日中関係が緊張していることに象徴されるように、東アジア地域の国際関係には未だ解決されていない懸案がいくつか残っている。もちろん、ポスト冷戦と東アジア地域国際秩序の再編に向けて、関係諸国は経済交流と地域協力の親密化を図ると同時に、相互信頼のある政治関係を拡大し地域の安定と発展を大いに力を入れて進めていることは言うまでもない。

　このような歴史的流れの中で、東アジア地域に関する研究も脚光を浴びるようになり、特に東アジア共同体の構築、地域の自己認識（アイデンティティ）と絡んだ地域文明の再発見などが提起され、ことに地域の研究がより重視されるようになった。

　中でも、次のような問題が次第に浮上し、東アジア地域協力研究の再検討の手がかりとして提起されている：⑴激動する東アジア国際関係の中での地域協力のあり方の再検討、⑵リージョナリズムの視点からの東アジア地域協力の限界とその見極め、⑶時代の変化に伴う「政経分離」または「政経不可分」という視点の見直し、⑷東アジア地域協力の推進に必要な要素の検討。事例研究として、日中関係ならびに日中経済協力は如何に推進されるべきか、またそれが何を意味するのか、といった考察も進められている。

　たしかに、東アジア地域諸国は経済発展レベルの接近や、構造的に相互補完性を保つ地域として更なる経済連携を構築できる、という一般的な見方がある。しかしながら、東アジア地域諸国の経済協力は、未だ強固で安定的な状態ではなく、日中関係も摩擦が生じて、経済協力においても大きな曲がり角に向かいつつあると言われているのが現状である。本章では、日中関係を中心にこうした問題を整理、分析していく。

Ⅰ．日中関係と経済協力へのアプローチ

1　日中関係および東アジア地域協力の問題点

　東アジア地域全体の視点から日中関係および地域経済協力を考える際に、地域の未来につながる共通の利益から考えなければならない。一国の利益だけではなく地域諸国の利益も視野にいれなければならない。より広い視野で地域協力を実現させ、日中関係そして東アジアのみならず、ユーラシアおよび世界の人と物の交流に役に立つ地域ネットワークを構築することは肝要である。

　主な東アジア地域協力の問題点として取り上げられるのは、政治的分野においては地域安全保障情勢の不透明化、朝鮮半島問題の進退、日中関係と日韓関係の変動、特に領土問題や歴史認識問題などがある。また、法的インフラ整備の格差もしばしば指摘されている。

　経済的リスクとして見られているのは、まず世界的金融不安と経済減速、日本経済回復の遅れなど世界経済先行きへの不安感がある。次に「チャイナリスク」論で見られるように、日中韓経済の緊密性問題や、構造変動による経済的競合、さらに関係各国経済情勢と政策選択などが上げられる。

　そして、社会的・文化的な相違性という面で問題視されているのは、世論誘導のリスク、つまり、作り上げた「民意」問題、国民感情変化に表れている相互理解の前提となる相互認知の不足問題、具体的に言えば、相互認識の先入観、相互理解の欠如、歴史記憶のすれ違いなどである。

　2000年以上続いている日中関係においては、ついに一昨年に国交正常化40周年という節目を迎えた。それが日中関係にとって、なにを意味しているか。ましてや「四十にして惑わず」とは、すでに日中関係には期待が込められないだろうか？また、日中関係の現状は地域協力に対してどのような影響を与えているかは、やはり視点の転換が必要ではないだろうか。

　また、2011年の日本東北大震災からの教訓として、自然災害を乗り越え、社会復興を図るためには国際連携が必要であるという共通認識が強まっている。また地域連携と相互依存の観点から、震災と核発電所事故という危機をいかに地域復興、さらに東アジア地域全体の発展につながるチャンスにするには、わ

第8章 東アジア政治関係と経済協力の課題 －日中関係を中心に－

れわれの知恵が求められる一方、地域共生を求める強い信念が必要となってきた。

2 東アジア地域協力の変容に日中経済関係は？

今の時代において、時代の流れにそって地域振興戦略を策定することは、単なる視点の転換だけでなく、自己認識とも位置づけることができる。

一国の地域経済発展がこれほど近隣諸国との間に緊密な関係を有するのは、時代の背景もあれば、その地域の特別な政治、文化、そして地縁経済学的な理由もある。経済連携の緊密化は、地域の緊張関係を緩和し、地域連携の強靭性を補完する役割がある。経済連携の緊密化は、領土問題や国際関係の解決の糸口となると同時に、民族感情や民族的アイデンティティが高まって政治的阻害要因となることを排除する有効な道でもある。

経済政策の策定や転換は、単に経済的合理主義に基づき決定されるものではない。その判断にはつねに政治、社会的な動きも影響を与えている。地域経済振興の戦略や政策を決定することには、国全体の政策方針が作用するのみならず、その時々の社会状況も深く関与している。

東アジア地域協力においてもっとも大きな変化が見られたのは、なによりも「地域内国際分業」、「広域協力のメリット」、「共生意識の受容」に注目し、その間の相互影響と相互作用を重視する傾向が現れたことである。新しい地域交流の可能性として注目されているのは、(1)東アジア共同体、東北アジア経済共同体や、二国間協力より多国間協力という地域共生意識の受容、(2)日中韓地域協力の枠組み構築、とくに日中韓ＦＴＡ交渉問題、(3)日中経済関係の促進、である。具体的には、戦略的互恵関係の内容をどう作り上げていくか、中央と地方を戦略的にどう連動させるか、経済協力を限定的二国間地域協力から広域にわたる多角的経済交流へどう進展させていくか、経済協力と政治戦略の折り合いをどのようにつけていくかという課題である。

東アジア地域における多国間の協力体制を推進することは、この地域の平和、安定および繁栄を発展させるため絶対に必要な条件である。また、日中関係の進展および日中両国の経済協力は、東アジア地域協力の枠組みの中でも重要な基礎となり、逆に多国間の協力体制が進展することで日中両国の協力関係を一

層発展させることにもなる。冷戦後の国際情勢の変遷にしたがって、世界経済の成長を担う東アジア地域における安定的な協力関係が待望されているが、とりわけ日中関係の改善が重視される。

3 「政冷経熱」または「政冷経涼」と言われた日中関係

東アジア地域における日中関係を考察するためには、各分野にわたり繰り広げられている日中間の競争と対立を論じる前に、より広い視野で東アジア地域そして地球レベルで政治、経済および文化など多分野の視点から日中両国のことを俯瞰しなければならない。それに歴史的および現実的な分析がよりうまく取り組まれていることが必要であることは言うまでもない。

第一に、東アジア諸国には、日中両国をはじめ政治制度や社会経済制度が大きく異なった国が存在し、その存在自体が地域の平和と発展にとって格別な意味を持っていることがあげられる。日中国交正常化以来40年間、日中関係はいくつかの大きな変動と波乱を経験してきた。冷戦後、大国関係の調整に伴い、日中関係も新たな戦略的協力の基盤を構築しなければならない時期に入りつつある。日中関係の変化は東アジア、特に北東アジア地域の平和と安定と繋がっていることは自明である。

ここ数年来、マスコミおよび一部の研究者の間では日中関係の現状を「政冷経熱」、そして「政冷経涼」と表現している。その最大の理由は、「靖国参拝」問題などのいわゆる歴史問題で日中関係がぎくしゃくしていることと対照的に、日中経済関係の分野では相互信頼と相互依存という関係はますます深まっていることにある。政治的分野では、日本の一部政治家と政治勢力は過去のアジア侵略戦争への反省意識が乏しく、たびたび「靖国参拝」などを利用して周辺諸国の神経を刺激している。それと関連して、それぞれの国内ナショナリズムの台頭も表面化してきた。国交回復後40年を経過した今、日中関係は進むどころか後退する傾向が見られるようになっている。そして、日中両国の国際社会においての戦略的選択や政治安全保障などに関する立場の相違、経済的競争など諸要因の相互作用により、日中関係はますます「脱友好合作」（友好協力関係の解消）へ傾いているように見られる。しかしながら、これまま日中関係が崩壊

210

第8章　東アジア政治関係と経済協力の課題　－日中関係を中心に－

の危機に向かっていくというのも事実とかなり離れていると言わざる得ない。表面上困難が重なる日中関係ではあるが、背後で日中両国関係の緊密さは高まっている。それと同時に、両国の政府要人や民間人の努力により、日中両国関係は一定の安定さを保っていることも無視できないだろう。

　第二に、近年、日中両国の競争と摩擦（対立）は、政治と安全保障分野から経済と社会分野へ発展する傾向が見られるようになっている。周知のように、日本政府が政治と安全保障分野において戦略的修正を試みていることにより、戦後数十年来日本が維持してきた平和主義の「立国方針」が放棄される危惧が内外に蔓延している。もちろん、それは国際的安全保障環境の変動、そして同盟国アメリカからの圧力という背景もあるが、中国の台頭および急速な経済発展に対す不安感も背景にあることは否定できないだろう。このように、国際情勢に対する認識の相違や日中両国それぞれの対応の違いによって、日中両国関係は従来にない協力と競争の並立時代に突入してきた。とくに経済協力分野では、「China＋1」論に象徴されるような日本海外投資の中国離れという動きは、日中両国経済協力が新しい様相を呈している表れと言えるだろう。いうまでもなく、日中両国は国際政治、安全および経済情勢に対する認識も違い、対応もそれぞれ異なる。とくに、冷戦後の東アジア地域統合の流れにそって、互いに競争と対立が生じるのも自然の結果だと言えよう。もっとも、東アジアにおいては、日中両国は共に地域の安定と発展に対して共通的利益や戦略的目標もあり、両国間の競合いは東アジア地域全体の枠組みの中で捉えなければならないだろう。

　第三に、日中関係は「理想」から「現実」へと転換しつつあると指摘されている。日中関係の歴史と現実を考察する際、確かにこのような印象を強く受ける。もちろん、その過程でかならず矛盾と競争ないし対立が伴うことは言うまでもない。そして、両国関係はこういう移行期にあたって苦痛や挫折をしばしば味わえざるを得ない。そして、日中関係の行方に対して不安感が高まっていることも否定できないだろう。如何に日中関係の「理想」と「現実」を見るのか？それはまさに日中関係を如何に位置づけ、如何に日中両国の相互関係を処理する原則を打ち立てるかということにある。もちろん、この点には、日中両

211

国はそれぞれ違い立場と認識を持っていることも周知の通りである。確かに、1972年の日中国交回復以来、日中関係はある種の理想から現実に辿りつくような経路を描いていた。しかし、その背後に特定の歴史の経緯や国際政治的と経済的背景があることも無視できない。より長い歴史の流れの中に日中両国の相互関係を考察してみれば、むしろ戦後日中関係においてはその推移過程には理想的「ロマン」がなかなか見えず、いずれも当時の国際政治と経済情勢の変動と連動し、それぞれの国内情勢の変動と連動して発展してきた。安易に理想から現実への「移行論」で戦後日中関係をまとめることは、むしろ中国のこれまでの対日外交への努力、そして日本の日中関係を処理する過程に対して武断的判断だろうと言わざるを得ない。

　第四に、日中関係はその発展と変化が常に現実主義的考慮の上に推移していることを指摘できる。ことに経済協力分野には日中両国はそれぞうれの努力が日中関係の主流を作り上げ、安定する両国関係および東アジア地域の安定と地域交流に大きく貢献してきた。21世紀初頭以来、日中両国は共に社会移行期と国力が上昇する時期を迎えている。この背景の下で、日中両国は政治、安全、経済および社会など各分野でそれぞれの挑戦を受ける一方、共通する困難と問題にも面している。戦略的互恵関係を構築すると同時に、多分野にわたり競争と協力を推進するという局面にある。こういう社会経済移行期に当たって、日中両国は互いに適応する過程も必要となっている。日中関係に対する期待感は、中国側にも日本側にもある。肝心なところは如何に日中関係の主流や方向性を正しく把握し、それに相応しき政策をとり、日中関係を良好な方向に向かって発展させることに対して寄与することであり、われわれが日中関係を考える際の出発点でもある。

　要するに、日中両国は経済発展を図る上で政治関係を立て直す重要な時期にさしかかっており、東アジア地域の多国間協力体制というフレームによって日中関係を安定的に発展させることが肝要である。日中経済協力関係が過去にないほどその緊密さをわれわれに示していることを踏まえ、東アジア地域にある日中経済協力を考えるには、さらに経済以外の要素も顧慮しなければならない。

　目下、日中関係の現状は一応安定を保っているものの、その今後の見通しは

第8章　東アジア政治関係と経済協力の課題　－日中関係を中心に－

なお不透明な点がいくつか残っている。民主党政権時代に「釣魚島衝突事件」によって日中外交が危機に面したこともあったが、「東日本3.11大地震」の際には中国が積極的に震災救援外交を行い、日中両国関係を大きく改善したこともあった。戦略的互恵関係の構築は、日中両国にとって長期的な利益と繋がっていることがすでに日中両国政府の共通認識となっているが、その推進過程には多くの挫折や不都合が生じていることは承知の通りである。

Ⅱ．東アジア地域における日中関係と経済協力

1　2000年以降の日中貿易関係の推移

　2000年以来、中国の対外貿易額は年々増え続けている（図8-1）。とくに2001年のWTO加盟後の10年間、中国の対外貿易総額は2001年の5,096.5億ドルから2010年の2,9729.2億ドルに増加し、6倍近くに成長した。その後、2008年の世界的金融危機の影響もあり2009年の対外貿易額は落ち込んだが、翌年に再び34.7%の増加を見せた。

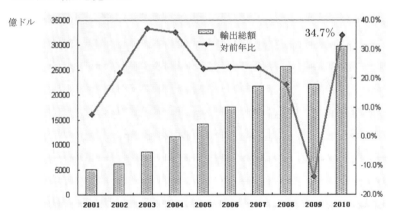

図8-1　2001-2010年中国対外貿易状況
出所：国研ネット統計データに基づき筆者作成。

図8-1で示した通り、中国の対外貿易拡大の勢いは確かに強く、市場の潜在力と将来性を見せている。第十二「五カ年計画」に示された経済発展のモデル変革案に応じ、中国の対外貿易政策は「輸出安定、輸入拡大、貿易黒字減少」という方針を採用し、輸入の数量と総額の向上に力を入れている。

　一方、地域別で見れば、図8-2のように、2010年の中国対外貿易総額におけるアジア諸国の比率は53％を占めており、アジア地域に占める日本および韓国向け貿易額はそれぞれ19％、13％で、全体の3分の1に近くなっている。こういう構図からも、はっきりと日中貿易および中韓貿易は中国の対外貿易にとって重要な意味を持っていることが読み取れる。

　改革開放以来、日中貿易は順調に拡大する道程を見せていた。今日の中国では、日本から輸入している品物はすでに一般庶民の生活に深く浸透している。図8-3に示されたように、2009年の金融危機の影響で日中貿易額はある程度で減少したものの、近年の日中貿易額は常に安定成長の曲線を描いている。2009年には、中国は日本の第1貿易相手国となった。

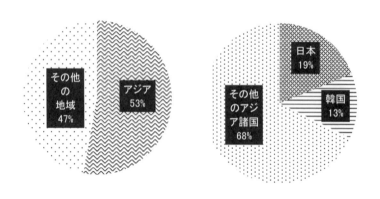

図8-2　2010年中国対外貿易額の内訳
出所：国研ネット統計データに基づき筆者作成。

第8章　東アジア政治関係と経済協力の課題　−日中関係を中心に−

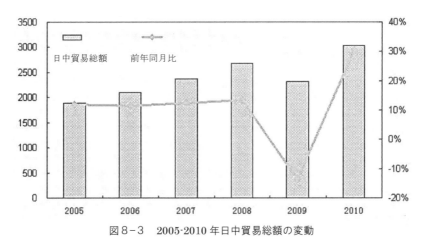

図8-3　2005-2010年日中貿易総額の変動
出所：日本国税関統計、国研ネットのデータに基づき筆者作成。

　2010年までの5年間、日中貿易額は年々増加したが、とりわけ日本の対中輸出の増加幅は大きく対中輸入のそれに上回っていた。日本の対中貿易赤字も、2005年の285.4億ドルから2009年の128.7億ドルに縮小した。赤字幅は2010年にさらに71.6%減少し、36.8億ドルになった（表8-1）。日中貿易赤字の減少は、ある程度日本経済の回復に貢献したことが分かる。

表8−1　2005-2010年日本対中輸出入一覧

（単位：億ドル、%）

年	対中輸出	輸出成長率	対中輸入	輸入成長率	貿易差額	差額率
2005	779.7	8.1%	1085.2	14.9%	-285.4	39.6%
2006	927.5	16.0%	1183.4	9.0%	-255.9	-10.3%
2007	1092.8	17.9%	1278.4	7.9%	-185.6	-27.8%
2008	1250.2	14.4%	1437.1	12.3%	-185.9	0.1%
2009	1096.1	-12.3%	1224.8	-14.7%	-128.7	-31.2%
2010	1496.9	36.6%	1533.7	25.2%	-36.8	-71.6%

出所：日本国税関データ、国研ネットデータにより筆者作成。

日中両国の貿易促進は、日中両国の経済発展と社会の安定にとって益々重要性が増大する一方、世界経済の回復およびグローバル化にとっても重要性が増している。

　日中貿易の構造を見ると、中国の日本向け輸出商品は、主に機械電気製品、紡績品とその原料、そして家具と玩具という品目に集中し、中国の対日輸出品総額の65.7%に占めている。日本市場においては、中国からの労働力密集型製品は依然大きくウェイトを占め、たとえば紡績品とその原料、靴と傘およびバックケースなどの軽工業製品は、日本の輸入品市場で占有率が50%以上に上っている。もちろん、近年、東南アジア諸国などからの製品も徐々に輸入市場に参入し、中国製品にとって新しい競争者になっている。

　中国の日本からの輸入品は、主に機械電気製品、一般金属製品および運輸設備などである（2010年）。これらの製品は、中国向けの日本輸入品総額の64.7%に上っている。うち、機械電気製品の増加は際立っている（表8-2）。一方、日本の中国からの輸入品総額に占める貴金属およびその製品の増加幅は一番大きく、前年比93.7%の伸びになっていた。

表8-2　2010年日中輸出入主要製品の増大

輸出入方式	商品分類	総額（億ドル）	前年比増加率
対日輸出	電機製品	648.6	40.6%
	紡績品および原料	254.6	3.8%
	家具と玩具	88.3	0.2%
対日輸入	電機製品	657.3	46.1%
	一般金属および製品	172.0	19.1%
	運送設備	153.7	51.2%

出所：日本税関のデータ整理、国研ネットデータにより筆者作成。

第8章　東アジア政治関係と経済協力の課題　－日中関係を中心に－

2　日中韓協力の枠組みにおける日中環境協力

　中国、日本と韓国は共に東アジア地域にある近隣国家であり、東アジア地域
協力を促進する主要国家でもある。世界的金融危機の衝撃を受け、日中韓３カ
国の協力を拡大し、共に世界経済の難局に乗り越えることは、日中韓３カ国に
とって「ウィン、ウィン」効果が期待できる戦略的選択となっている。2008年
12月、ASEANと日中韓3カ国首脳会議（10＋3）の枠組みの外で第一回日中韓
首脳会議が開かれた後、2009年10月、北京で第二回日中韓首脳会議が実現し、
日中韓3カ国の協力関係は10年以上の模索期を経て、新たな発展時期に入った。
毎回の日中韓3カ国首脳会議で発表された共同声明などの重要文献から、3カ国
が東アジア地域安定と地域協力のためにパートナーシップを樹立する決意と、
アジアの未来ビジョンを描いていることが読み取れる。また、日中韓3カ国の経
済協力は機能的協力から制度的協力体制に向かって発展しつつ、社会経済協力
などを通じて政治分野の相互信頼、安全保障分野での対話と協力を促進するた
めの方向性がより明確に世界に提示されていたと言えよう。

　2010年5月29日、第三回日中韓サミットが韓国・済州島で開催された。会議
でまとめられた「2020日中韓協力ビジョン」は今後の東アジア協力の一つの方向
性を示していた。その基礎は「日中韓3カ国協力関係推進宣言」、「日中韓パート
ナー関係共同声明」、「日中韓協力十周年共同声明」という政治文書に求められ
る。これらの文書には、「3カ国パートナー関係の強化とメカニズムの向上；　持
続可能な発展と協力を目指した共同繁栄の実現；　環境協力の推進；　人的交
流と文化交流を拡大を通じた友好関係の促進；　地域および世界の平和と安定
実現」するという内容が盛り込まれている。このうち、「環境協力」に関する取
り決めがもっとも重要である。

　2010年5月、日中韓3カ国環境担当大臣会議で「3カ国環境協力共同行動計画」
を採択した。また、第五回日中韓サミットでも「投資の促進、円滑化及び保護
に関する日本国政府、大韓民国政府及び中華人民共和国政府の間の協定」（通
称：日中韓投資協定）に調印した（2014年発効）。計画はコペンハーゲン会議
（COP15/CMP5）の成果を歓迎、「コペンハーゲン協議」を支持すると表明。
そして、環境協力を強化し、10項目優先的協力分野を指定した：(1)環境教育；

環境意識発揚および住民参加；(2)気候変動；(3)生物の多様性保護；(4)黄砂防止；(5)汚染コントロール；(6)環境友好型社会・減量化、リサイクル、資源循環型社会；(7)電子廃棄物の国境越える移動；(8)化学品の無害管理；(9)東北アジア環境マネジメント；(10)エコ産業と環境技術。

これら一連の東アジア環境協力の新動向に関して、とくに次の点をあげる必要がある：(1)日中韓自由貿易区交渉の開始についての合意、地域一体化の促進、(2)産業と金融分野の協力強化、投資保護協定、地域経済協力モデル地域建設、(3)持続可能な発展を目指し10項目環境優先分野および共同行動計画実施、東北アジア環境管理制度樹立、循環型経済モデル地域建設、新エネルギー、防災など、(4)人文社会分野の交流促進、相互理解の促進、キャンパス・アジア計画、青少年交流などの促進、人材往来の活性化。

事実上、東アジア地域という枠組みにおける日中韓3カ国の協力で、一番初めに動き出した協力分野は環境協力であり、成果も多く達成された。たとえば、日中韓3カ国環境担当大臣会議においては環境政策に関する対話が進み、地域全体の持続可能な発展をめざすフレームとして、定期的に3カ国の間で開かれることになった。こうした環境分野における多国間協力は、経済発展と貿易、そして海外投資などを大いに促進した。たとえば、1999年から2011年間にかけて日中韓3カ国の相互貿易額は1,300億ドルから6,900億ドルに躍進した。

2012年3月、日中韓3カ国は「中国水利部、日本国土交通省と韓国国土海洋部水資源大臣会議メカニズム形成に関する覚書」に調印した。具体的には、3年ごとに少なくとも1回の担当大臣会議を開き、環境協力分野において政策対話、経験と情報の共有、共同研究、能力の向上および協同立場に関する声明を発表することを定めた。これによって、水資源保護における3カ国の協力体制は新たな段階に入った。

さて、日中環境協力事業はこれまでに社会経済に影響が大きい分野だけに注目され、進められてきた。酸性雨、黄砂対策、砂漠化防止、植林、河川の水質浄化などが上げられる。環境教育などソフト面での協力と交流はこれまでに多くの実績をあげてきたが、日中両国事情の違いなどの要因によってまだ多くの課題が残っている。とくに青少年の間に環境問題に関する交流が計画されてい

たが、まだ平行線のまま進められていないケースが多く、お互いに「状況説明」、親善交流の段階に止まり、実質的な協力は少ない現状である。

　環境問題の先進国である日本では、政府海外援助事業（ODAなど）における環境協力に関するものがかなり重要な位置づけをされ、そのうち中国に対する環境協力も多くの成果をあげた。たとえば、鳥取県などによる松花江の水質浄化援助事業は中国東北地方の主要河川の水質改善に大いに貢献した。

　1972年6月、中国と日本はともに国連人類と環境会議に参加し、環境保護問題で共通認識を示していた。その後、日中国交回復を経て、両国は環境保護での協力を推進した。とくに1980年代以後、日本は国際環境保護と協力問題に力を入れ始めた。当時、日中両国の間の環境問題に関する対話と協力は、主に中国の生活環境状況の改善（動物保護、人工的森作り、砂漠化の防止など）および都市生活施設の建設などに集中していた。環境問題は日中関係においてごく一部に過ぎず、ある種の単純な議題であった。1990年代以後、日中両国は環境問題に対する認識の向上につれて、より地球レベルで環境問題に取り組むようになり、環境協力分野では日中経済協力における位置づけが益々上がってきた。無論、日中環境協力の進化は日中経済協力の一環として、日中関係の改善に大いに貢献したこともその後の実績で証明されたことは言うまでもない。

　1994年3月、日中両国政府はさらなる環境保護および環境協力を推進するために、日中科学技術協力協議の元で「日中環境保護協力議定書」を調印した。そして、それをベースにして日中両国は国際環境保護を積極的推進し、「大気汚染防止など公害に関する研究」、「東アジア酸性雨共同研究」など協力プログラムを実施した[1]。

　日本の対中環境協力は、政府開発援助からスタートしたものであり、対中円借款計画では、常に環境分野の内容が重要なウェイトを占めていた。1997年の京都会議以後、日本の対中環境協力はより重視されるようになった。

　21世紀初頭、日中関係は調整と変動時期に入った。とくに日本政府開発援助

---

[1] http://www.env.go.jp/policy/hakusyo/hakusyo.php3?kid=206

政策の調整によって、環境外交と環境協力は日中関係の悪化に対し、「政冷経熱」の局面を打開するための有効手段としてたびたび重視された。対中政府開発援助の総額は年々減少し、中国「発展途上国卒業論」など世論が高まった。しかしその結果、環境問題と環境協力に対する注目度が逆に上昇し、日中経済協力分野の主役となりつつある。その特徴として、日中環境協力は多くの場合に北東アジア地域多国間の環境協力の枠組みにおいて実施されていたことがあげられる。北東アジア諸国は政治経済制度および社会制度が大きく異なるので、国の主権に関わりの少ない環境分野での経済協力は、関係諸国の間に共通利益を求め地域の求心力を高めるために手をつけやすい分野である。その分野で、日中両国が主役的役割を果たしていることは大いに強調しなければならない。

このほか、日本の対中環境協力の特徴は、次の2点をあげることができる。その一つは、政治経済の一体化ということである。環境協力の技術的特性は、いつも日本政府開発援助の一部として重視されているが、政治レベルでの相互信頼の醸成と協力体制への補足的役割にもしばしば利用された。とくに、日中関係が緊張の時期に入った際に、環境分野での協力は他の経済協力分野のように影響を受けるどころか、かえって大いに重視され、日中関係を調整・改善する道具として活躍していた。もう一つの特徴は、民間協力で環境分野の協力を推進してきたことである。日本政府の対外経済援助の規模は大きく、対象分野も多岐にわたるため、対中経済援助および経済協力においては政府の力だけでは限界がある。環境協力分野では、地方政府および民間レベルの役割分担が大きな意味を持っている。事実上、地方政府（自治体）と民間団体は日中環境協力に対して大きな役割を果たしている。

日本政府レベルの対中環境問題協力は、多種多様な形態・方法があると言われているが、大別して言えば、政府開発援助（ODA）、国際協力銀行、および新エネルギー・産業技術総合開発機構による環境関連協力に分けられる。

日本政府の「政府開発援助大綱」（1992年）、および「政府開発援助に関する中期政策」（1998年）に基づいて、対中国協力においては環境保全に係る援助が重点課題とされた。その具体的な内容は、無償資金協力、技術協力および有償資金協力に区分されている。実際に協力事業を担当し実施するのは、国際

第8章 東アジア政治関係と経済協力の課題 －日中関係を中心に－

協力事業団と国際協力銀行である。

　無償資金協力は、主に中国の環境政策の根幹にあたる施設建設、資材機材の調達、災害復興支援などに向けられている。その具体的な案件は、いくつかのプロジェクトという形で実施されているが、中国における環境所管省庁である国家環境保護総局の下部機関として、実質的に中国環境行政実務の重要な一翼を担っている「日中友好環境保全センター」の整備もその一つである。そこでは、環境問題に関する情報の収集、環境教育の指導などが行われている。

　また、技術協力は、日本の技術、技能、知識を移転・普及し、あるいは開発途上国の環境にあった適正な技術などの改良や開発を支援するものであるが、中国の環境協力分野においては、研修員の受け入れ、日本の環境専門家の派遣、機材の供与、プロジェクト方式技術協力、開発調査、青年海外協力隊派遣、国際緊急援助などが実施されている。

　地方自治体の国際協力のほとんどは、従来から行われてきた友好交流を土台にして発展していたものである。その形も、主に友好姉妹関係先と連携して交流事業と技術協力プロジェクトを行うというものである。地域同士の相互利益に着目した友好関係を持たない地方政府間の協力関係も生まれている報告があるが、友好交流を目的にしながら、実際の協力活動を通じて相互の利益を模索する地方自治体が多い。そして、その協力分野では、環境保全、公害対策などが年々増えている。その理由は、中国の環境問題は、隣国である日本にとって関心の高い問題であるからである。また、中国にとっても日本の高度経済成長期における公害対策の経験は、中国の環境対策における一つのモデルであり、盛んに研究が行われているところである。

　2000年以後、環境協力はますます日中経済貿易関係における重要な分野として注目されている。まず、日中両国は政府レベルの環境協力においては、アジア太平洋環境会議、図門江地域開発計画、北東アジアサブ地域環境協力計画、北西太平洋行動計画など地域協力分野に関する事例があげられる。政府レベルの環境協力は環境保護の最先端技術および設備だけでなく、政府管理部門の環境保護技術と理念に関する交流と利用も重要な内容となっている。その事例として「日中友好環境保護センター」があげられる。1996年に設立されたこの施

221

設は、日本政府の提供した無償援助資金105億円および中国政府が出資した6,630万元を利用して作られた国家レベルの環境保全施設である。中国環境保護部の直轄下に置かれた当センターは、総合的研究施設の機能を有すると共に、国際環境協力および日中環境協力の管理と業務遂行の機能も有する。この施設は日中環境協力の重要施設として日本側の専門家を146名（うち、長期専門家34名、短期専門家112名）を受け入れ、中国側から102名の研修生を日本に派遣した。また、日本から各種機材支援を2.28億円を受け入れた。2008年10月、新しい日中環境協力プログラム−循環型経済の推進が実施された。当該プログラムは5年計画であり、総額5,000万人民元に上った。主に企業の環境保護事業、公民の環境意識の向上などを中心に循環型経済の推進に力を入れた。

　さらに、ハイレベル対話メカニズムの形成は、日中両国政府が経済分野において意見交換と対話を進める重要なフレームである。2007年4月、当該ハイレベル経済対話が東京で正式にスタートした。エネルギー、環境保護、金融分野などが対話の重点に指定されていた。毎回の対話には省エネ環境保護分野における日中協力が重要項目として取り上げられていた。

　また、民間レベルの環境協力も近年になってますます注目されている。2011年4月、北京で第6回日中省エネ環境保護フォーラムが開かれた。日中両国政府や研究機構そして民間企業の関係者が数百名参加していたこのフォーラムでは、日中双方で50個を超える省エネ環境保護プロジェクトが調印された。省エネ基準の制度化、火力発電所の効能アップ、半導体照明の基準化、海水の淡水化、移動式知能都市、泥の無害化などの分野で調印が行われ、契約金総額は20億元を超えた。

　日中関係において環境協力は益々重要性が認識され、日中関係のテコの一つとなっている。日本の対中政府開発援助の内容と金額の変化もこの点を証明している。環境協力は、日中経済協力において重点分野として今後も注目されるだろう。そして民間外交の活躍場として、環境分野における日中環境協力は日中関係の改善と進化にとっても重要な役割を果たすであろう。

3 「戦略的互恵」を求める日中経済関係-エネルギー協力を例として

　2010年、日中関係は大きく変化を見せ始めた。戦略的互恵関係の推進を訴える日中両国政府の思惑と逆に、2010年の日中関係において特に注目されたのは、中国のレアアース輸出に関する規制、そして日本（西側諸国を含む）の強い反応であろう。もともと日中戦略的互恵関係を推進する上で一番期待されているのは省エネ・環境分野でありながら、まさにそこから先に問題発生するのはなぜだろうか。おおよそエネルギー協力は経済問題でもあれば政治的問題でもあるという視点から見れば分かるかもしれないが、なぜレアアースは問題になったか。日中戦略的互恵関係の視点に立って、日中エネルギー協力それに日中経済関係の本質と将来性について真剣に検討する必要がある。

　まず、簡略的に日中戦略的互恵関係を推進するという日中両国政府の考え方から整理してみたい。冷戦後の日中関係は決して平穏なものではなかったが、かつて「政冷経熱」と言われた時期もあったように、経済関係に限りみればむしろ相互依存的な緊密関係は深まりつつあった。小泉政権後の日中関係は、双方の努力によって長い冬のトンネルから抜け出して改善の道に辿り着いたばかりでなく、戦略的互恵関係を推進しようという共同認識まで発展してきた。民主党政権に変わっても、日本は自民党政権時代の対中政策を受け継ぎ、日中関係を重視してきた経緯がある。鳩山内閣時代の東アジア共同体に関する話題は、日中戦略的互恵関係の推進にもより明るく材料となったことが記憶に鮮明に残っていた。

　しかし、2010年の後半から、日本の外交姿勢の転換に伴い、日中関係にも冷たい風が吹き始めた。いうまでもなく、日本の巡視船と中国の漁船衝突事件は政治的に日中関係のもっとも敏感な所を突いた。それまでの日中両国の相互イメージは大きく変わり、日中関係は戦後最悪の状態に陥ったといえるほど冷え込んだ。そこで、戦略的互恵関係はもちろん、日中関係自体も疑問視されるようになり、日中関係を見直そうとする動きさえも見える。それに火に油を注いだのは、日本をはじめ西側のマスコミで大いに騒がれた中国のレアアース輸出制限問題である。これをきっかけとして、日本経済界などでは「中国依存」を脱却し、資源獲得に限らずもっと広い範囲で対外経済関係を再構築するような

動きが出始めた。日中経済関係は大きな岐路にさしかかっているかのように見える。

　日中戦略的互恵関係はこんなに脆いものなのか、と疑問を投げたい一方、日中関係、さらには日中戦略的互恵関係の中身と本当の狙いに関してもう一度検証する必要があろう。日中関係、ことに経済関係にいたっては、さまざまな分野でそれぞれのレベルにおいて緊密な関係を保っている。レアアースの問題だけで日中戦略的互恵関係を損なうことは避けたいとしても、もう一度日中戦略的互恵関係の意味を確かめる必要があると思われる。

　2008年5月、中国の国家主席胡錦涛が訪日した際に、日中両国政府は「『戦略的互恵関係』の包括的推進に関する日中共同声明」を発表した。この政治的取り決めにおいて、過去の3つの政治文書に加え、今後の日中関係の根本的原則を明示した。また、政治的、軍事的そして文化的各分野で戦略的対話や各レベルの交流を通じ相互信頼関係を高めようとする提案とともに、経済交流に関してより互恵的協力関係を構築するよう、ハイレベル経済対話を通じ双方の経済発展の政策決定や協力目標などについて指針が示された。具体的には、資源・省エネ、環境、金融、情報通信、ハイテク技術分野の協力などで戦略的互恵関係を推進するものとなった。中でもエネルギー・環境分野の協力関係はより重要な位置づけとなっている。

　日中関係に対して「戦略的互恵関係」と位置づけること自体を疑問視する声は少なかった。とくに、長年にかけて日中友好のために尽力してくれた人々にとっては、単なる経済的な計算に基づく考え方で日中友好関係を後退させ、実利計算と相互警戒の国家関係になったことに悔恨の念がある。たしかに、今回のレアアース問題から見てもその影がひそかにあると認めざるを得ないだろう。しかし、戦後日中関係の進展について考察すると、「日中友好関係」から「戦略的互恵関係」への変化は本当に「退一歩進両歩（一歩下げて更なる前進を図る）」というようなものだと思われる。「仮面夫婦」より堂々たる緊密経済関係と共通利益を有する両国関係にしたほうがむしろ両国ないし地域発展にとって寄与できると思われる。

　相互依存時代を背景に、日中両国にとって「戦略的互恵関係」を選択したこ

第8章　東アジア政治関係と経済協力の課題　－日中関係を中心に－

とは政治的意味が大きいけれど、経済的な緊密関係をより深める思惑はむしろ根本的な点だと見れば良いだろう。過去の日中関係を見ても分かるように、いかに政治的な混乱が起こっても、日中経済関係には大きな動揺が見られず、これが日中関係の根幹として大きな役割を果たしている。「政治的に冷え込む中で経済関係の維持と強化が「攻めても破らず、細くなっても途絶えず、喧嘩しても別れず」という日中関係の基礎固めとなる。「両国間に問題はあるものの、日本経済の復興には中国という巨大市場が必要であり、中国の発展にとっても日本の技術や資金が必要」だというものだ。

　さて、戦略的互恵関係を推進しようと言っても、どこからすればより効率的に効果を挙げることができるだろうか。当然、日中の戦略的互恵関係は単なる経済関係ではないことは自明だが、昨今のような日中関係の波乱が収束に向かうためには、政治的な配慮は必要としても、その基盤となるのはやはり共通利益を求める経済協力関係の進化に集約できる。戦略的には大局的な視点が必要となり、日中関係を2カ国関係だけでなく、もっと東アジアないし世界の視点から見る必要がある。また、互恵関係について、互いに利益を与える以上に共通利益または共同利益を追求しなければならない。その場合、決して日中両国の経済協力という狭い視野でものを考えるものでないことは指摘したい。

　資源・エネルギー開発と利用問題は、すでに日中両国の範囲を超え、地域共通の問題として注目すべきである。2009年10月に、第3回日中韓3カ国首脳会議における持続可能な発展に関する共同声明で「国際エネルギー協力分野という枠組みにおいて、3カ国は努力を重ね、クリーンエネルギーの開発そして高効率の利用を高めて、持続可能な発展を目指そう」と強調されたように、資源・エネルギー協力における国際的協力の枠組みの重要性が益々高まっている。

　一般的に、環境分野の協力から戦略的互恵関係を推進すれば良いという見方がある。過去私自身何回もそう訴えてきた。しかし、日中戦略的互恵関係をより強固的なものにすればするほど、日中共通の利益を具現する重要性が増している。環境と資源とは持続可能な発展にとってともに不可欠要素として認知されている時代に、両者のバランスを保ちしながら経済社会の発展を図ることは一番望ましい。しかし、視点を両国関係ないし地域協力に移せば、資源・エネ

ルギー協力の重要性がより顕著になることは否定できないだろう。

　よって、経済協力より戦略的互恵関係の視点から見ればエネルギー協力は大きなポイントとなってくる。そして、一概にエネルギー協力といっても、民間経済に重点を置いて考えるべき点も指摘したい。そこで、いちばん日中戦略的互恵関係を本質から突っ込めるエネルギー協力を重点的に議論すべきと考える。

　実際、日中両国のエネルギー協力は2国関係を超えるものが多い。資源・エネルギーの獲得から、輸送、製品化などは通常2国の範囲に留まらず、第三国の関係する事例が多い。レアアースの事例の場合でも、一見すれば比較的単純な供給源と需要国との関係だが、その実態は実際に第三国も関係し、より国際的な場において日中両国間で資源・エネルギーをめぐる協力と競争を繰り広げている。一つの事例をあげて日中エネルギー協力関係の現状と問題点を探ってみよう。

　2009年の国連気候変動会議をきっかけに、低炭素経済はより身近なものとなり、そして化石燃料価格の高騰や地球温暖化問題への関心が高まった。こうした状況を背景に、再生可能なエネルギーや次世代自動車（電気自動車）などの省エネ高効率機器が普及し、さらにそれと関わっている環境・エネルギー先端技術も世界に注目されている。レアアースのような重要なエネルギー資源も、より注目度が上がっている。日中両国の持続可能な経済発展にとって、レアアースのような資源は欠かせない戦略的物質とも言える。

　レアアースといえば、もともと埋蔵量が多い中国が主要生産輸出国の座を占めてきた。日本など先進国は、埋蔵量はないか生産しない関係でほぼ100パーセント輸入に頼っている。しかし、この再生できない資源に関して、中国も国内経済の発展、とくに持続可能な発展という観点に立ち、従来の輸出政策を厳しい国家管理の元に置く大幅な改正をした。このことから、日本など西側諸国は大いに懸念を示し、中国に対して圧力をかけその安定的供給を求めてきた。

　もともと2008年5月、日中両国政府が発表した「日中戦略的互恵関係を推進する共同声明」には、「日中レアアース交流会議」という従来日中双方に存在していた協力機関があり、都合の良い時期に再開することで合意していた。しかし、実際は単純な輸出入関係のみの協議で、時代の変動や両国関係に大きく左

右されている貿易交渉の域にとどまっているのが現状である。レアアース開発
における日中協力の可能性が検討され始めるのは、ごく最近のことである。

　また、この日中間の生産輸出と輸入製品化との単純な構図のほかに、海外に
おけるレアアースなどの資源開発に関しても、日中両国間はすでにいろいろな
関わりがあった。世界的に見ればレアアースの埋蔵量は均衡的なものでなく、
中国には埋蔵量が多いが、立地関係で採掘が困難な場所が多い。アメリカや特
に南アメリカ地域ではそれほど難しくないことから、世界各国の注目を集めて
いる。

　しかし、国際協力によるこの資源の共同開発に関しては、日中両国はまだ協
力体制を整えることができず、競争を演じた場面がしばしばあった。2009年10
月、ボリビア国際リチウムイオンフォーラムにおいて、ボリビア山地のリチウ
ム開発権をめぐり、日中間で激しい争いがあった。韓国やフランスなども参入
し大混乱となった。日中両国の競争は次世代自動車市場で優位に立とうという
思惑によるものであることは明白だが、両者のそれぞれの利点を生かし国際協
力体制を組んで共同開発しようという発想も協力もなかったわけだ。

　中国と日本は資源開発においてはそれぞれ長所をもっている。中国は自国の
資源開発に長期的に携わり、鉱産採掘や初級製品化において長年の経験がある。
これに対して、日本は資源の製品化、省エネ高効率機器開発などのハイテク技
術を有している。このことから、資源開発における日中協力の潜在的可能性が
大きいといえよう。

　ただ、現実には、資源開発をめぐる日中協力はいくつかの障害を取り除かな
ければならないが、その状況はなかなか改善されていない。要するに、日本側
の心配は、中国のエネルギー協力の目的は日本の技術獲得であり、そしてそれ
を自身の国力増強に回し、結果的に日本の強力な競争者になるであろうという
ことであり、それが対中協力に消極、ないしは躊躇する原因となっている。中
国のレアアースの輸出削減問題に対しても、中国の真意を疑い、否定的な受け
入れ方をとっている。例えば、東京財団の政策提言に見られるように、「日本の
競争力の源泉であり先端優位性のある加工技術、応用技術を無計画に供与する
のではなく、互恵関係が築ける日中双方の共通課題となる分野——レアアース

のリサイクル技術、レアアース開発に伴う環境問題への対応など——について共同研究を行う」[2]という姿勢に止まっている。また、中国以外の他国で独自に開発を行うなど、日中協力への配慮は全く見られていない。

　協力より競争の道を取る日本側は何を求めているのか。このような例から見ても、如何に戦略的互恵関係を構築するかについて、単なる原則論に集中し議論することがどれぐらい意味があるか疑問を感じざるをない。次世代自動車開発と市場での優位性を獲得するような経済的事案の背後には、日中両国の戦略的発想の違いが見えてくる。一方で、東アジア地域協力の視点から考えれば、政治的思惑を取り除かない限り戦略的互恵関係は容易に構築することができないばかりか、その推進する体制自体もなかなか組み立てない状況が当分続くといえるだろう。

　日中は、友好関係にしても、戦略的互恵関係にしても、肝心なのは同じく東アジア地域にある重要な大国であることを自覚しなければならない。時代の変化に伴い、相互依存関係をより実質的に推進し、互いに共通の利益を求め、共同発展を図るべきではないか。狭いナショナリズムに挟まれずに地域共生を目指して相互関係を考えなければならない。

　日中両国には、ともに地域大国である以上、相互関係を考える際に、自国の利益追求や両国の共通利益の共有などは勿論、地域全体の視点に立ち、より戦略的な発想が求められるはずである。経済互恵に力点を置くより、戦略的・相互的な日中関係が必要であり、そして地域的、世界的な日中関係をめざしてこそ戦略的互恵関係なのだ。

　資源・エネルギー協力に関して、長期的な視点がどうしても必要となってくる。というのは、持続可能な経済発展をはかる時代において、エネルギー開発と利用は環境保護、技術の進歩と普及、社会民生の向上、國際関係改善への寄与などと合わせて総合的に考えなければならないからである。短絡的ナショナリズムの発想は、目先の利益を獲得するが、同時に、より長期的戦略的な利益は失う可能性も十分ありうるだろう。

---

　[2]　東京財団[2009]。

第8章　東アジア政治関係と経済協力の課題　－日中関係を中心に－

　私は、日中関係の本来の姿とはなにかといつも自問しているが、未だに明確な答えは得ていない。日中戦略的互恵関係を推進しようという認識は、日中両政府および有識者の間に定着するようにみえる。しかしながら、日中両国の数千年の歴史から、また、これからの世界の展望からみれば、どうも「戦略的互恵」という言葉に違和感を覚えている。国境を越える共通利益の追求はまさに時代の変動に応じ、「互恵」から「共益」へと、地域社会の一員としてともに発展していく上に必要なものだと思われる。

　再生可能資源の開発および代替不能の資源・エネルギーの開発と利用に関する議論は、東アジアに地域協力の枠組みにおいて長年にわたり注目されていた。また、資源開発と環境そして社会問題との関係を総合的に検討した成果も少なくない。しかし、これらの検討は日中戦略的互恵関係の展望に寄与できれば良いと思えば、現状はそうでもないようだ。今後、いかに具体的な分野での日中協力を通じて日中関係全体の改善に寄与できるかについて研究を重ねるのは重要な課題だろう。

Ⅲ．日中関係および日中経済協力の課題

1　「チャイナ・プラス・ワン」と日中経済関係の競合

　「チャイナ・プラス・ワン」とは、最初に日本人学者が提起した経済学の仮説であった。即ち経済貿易および投資に関する理論として、対外経済貿易関係（ことに対中経済関係をさす）を推進する際に、単純な中国依存を避け、その代替地や並行するパートナーを求める必要がある、それによって対中経済貿易のリスクを最小限に収めることができるという説である。

　1972年の日中関係正常化以来、日中経済協力が目覚しい発展を遂げて、相互補完的産業構造が形成された。こうした経済協力、貿易関係の順調推移はアジア地域ないし世界経済全体に大きな影響を与えてきた。

　2001年の中国のWTO加盟以来、日系企業の中国進出は顕著となり、日中経済関係の緊密さが一段と高まった。これとは対照に、2004年から2005年にかけて

中国において「反日行動」は日本企業の利益を脅かすようになり、一部の日系企業はリスク回避のためにベトナムなど東南アジアに移転する、いわば「チャイナ・プラス・ワン」戦略をとり始めた。一般的に、企業が対外投資リスクを回避し、利益の最大化を求めるには、ある国に集中的に投資することは禁物と認識されている。しかし、そうした対象となる地域はだいたい政治動乱や社会の不安定などによるリスクの高い地域であり、中国のように国内政治や対外外交関係の安定している国もそのリスク回避の対象国になるということは、近年の日中関係の変動がいかに日本企業の海外進出に対して影響を与えたかを物語っている。

対外投資戦略に関しては、経済的視点に基づいて「チャイナ・プラス・ワン」を理解したほうがより分かりやすいだろう。

利益を求めて対外投資を行うのは、日本企業だけでなくどの国の企業も同じである。中国のWTO加盟後、安い労働力のメリットを求めて多くの日本企業が中国に投資し工場を設けるようになった。日系企業が対中投資リスクを回避するために、投資先を一つにせず、複数の選択肢を選ぶのは自然である。2010年、中国にある日系企業では賃金上げを求めるストライキが発生したことに加え、レアアース輸出規制の問題など、日本企業の間に「チヤイナリスク」に対する警戒感がいきなり高まった。2003年から2011年にかけて、中国の都市就職者の賃金総額から見ても、確かに中国の労働力のコスト上昇が著しくなったことが分かる（表8-3）[3]。

表8-3　中国業界別都市就職者賃金総額（2003-2011年）

（単位：1億元）

年	2003	2004	2005	2006	2007	2008	2009	2010	2011
金額	153.3	176.2	206.3	242.6	284.7	352.9	402.9	472.7	599.5

出所：筆者作成。

---

[3] 国家统计局人口和就业统计司、人力资源和社会保障部规划财务司编[2013].

第8章　東アジア政治関係と経済協力の課題　－日中関係を中心に－

表8-4　アジア主要都市従業員月給金額

（単位：ドル）

都市	大連	ビエンチャン	ヤンゴン	ホーチミン	バンコク	ジャカルタ	プノンペン
賃金	316	118	68	130	286	209	82

出所：筆者作成。

　したがって、日中経済関係に限って分析しても、労働力コストの上昇につれて、近隣諸国に比べて中国の低労働力の優位性がだんだん無くなったことは事実である。日本経済新聞の記事、そして中国国家統計局の公表したデータによれば、2012年の中国一般都市の住民の平均収入総額は26,959元であり、平均月給は366ドルに相当している[4]。近隣諸国の主要都市にはるかに超えていた（表8-4）。

　単なる労働力のコストを考える場合、中国の経済成長と労働力構造変動など諸要素の相互作用によって、中国では以前の安価な労働力市場の優位性は崩壊した。日本企業、とくに製造業の中小企業は生産拠点を分散し、中国以外のアジア諸国に移転せざるをなくなったことは理解できるだろう。

　「チャイナ・プラス・ワン」は、対外投資と経営戦略として、日本経済がアジア地域産業構造における優位性を維持するための選択でもある。この選択の利点は、日本企業が中国依存を減少させ、利益率を向上させると同時に、中国市場における日系企業に対する需給も維持し、日本のアジア市場に対する影響力の拡大を狙うという点である。ある意味で「チャイナ・プラス・ワン」という発想は、21世紀版のアジア経済発展「雁行型モデル」への模索でもあると理解すれば正しいだろう。

　日本銀行の国際収支統計によると、2011年のASEANに対する直接投資は1兆5,000億円であり、3年連続で対中投資（約1兆円）を超え、日本の対外投資の新

4　「日本中小制造企业也在摆脱依赖中国[N]」、『日本経済新聞』、2013年3月19日；
　　「2012年全国城镇居民人均收入同比增长9.6%」、中国广播网：
　　http://gb.cri.cn/27824/2013/01/18/3365s3995360.htm.

天地になった。2012年第2四半期には、日本のASEANに対する直接投資額は3,800億円となり、対中国投資の約3,000億円を超えた[5]。

　「チャイナ・プラス・ワン」論の浸透につれて、その経済的効果が見えると同時に、日中関係全体とくに政治関係に対する影響もだんだん現れてきた。一つは、この戦略的選択の変化は、東アジア地域において日本が政治リスクの回避を求めることを意味する。日中関係における経済的要素の減少は、少なくとも日本が対中関係を処理する際に、経済的要素より他の要素を考慮する余地が増大することを意味し、日中関係の維持には従来にない方式に転換しなければならない局面も出てくるだろう。次に、この戦略的選択は、日本のアジア外交をより主体的にし、さらに日本のグローバル外交を円滑し、対米依存脱却にも繋がっている。第三に、日本が東アジア地域において中国に対する優位性を形成するためにも相当な効果があるだろう。

2　「四点原則共通認識」後の日中関係の行方

　2014年11月10日、2年半ぶりに日中両国の首脳会談がついに実現した。APECという国際の場を利用して低迷中の日中関係改善を模索する糸口となった格好であった。首脳会談の実現が日中両国の信頼回復にとって格別な意味を持っていることは言うまでもないが、首脳会談実現の土台となった「四点原則共通認識」はむしろ戦後日中関係の歴史と現在を総括し、未来志向の日中関係を示唆する意味が読み取れる重要なステップとなった。

　日中両国政府は、両国関係の処理と改善に対して、次の4点で原則的共通認識に達した：

- ・　日中双方はこれまでの4つの政治文書で示した原則と精神を遵守し、日中の戦略的互恵関係を引き続き推進すること。
- ・　「歴史を直視し、未来に向けて」と言う精神に基づき、両国関係における政治的障害の克服に一定の共通認識を持つこと。

---

[5] 「日企为规避"中国风险"将投资转向东盟[EB/OL]」、共同社、2012年11月6日。http://china.kyodonews.jp/news/2012/11/40847.html.

第8章　東アジア政治関係と経済協力の課題　－日中関係を中心に－

- ・　尖閣諸島（釣魚島）など東シナ海海域にある緊張状態をめぐって日中双方は主張の違いを認識し、対話協商により情勢悪化の防止、危機管理メカニズムの樹立を図ることで、不測の事態の回避に努めること。
- ・　日中双方は2国間および多国間ルートを利用し、政治、外交と安全保障に関する対話を再開し、政治的相互信頼を構築すること。

　これと同時に、日中両国は政治、安全保障、経済および文化など各分野での交流と協力を再開し、政治的相互信頼を構築することで一致した。この「四点原則共通認識」から、少なくとも次の意味合いが読み取れる：

　第一に、日中首脳会談実現の先決条件とも読める「四点原則共通認識」は、日中関係における歴史問題や領土問題など政治懸案に対して新たな基準とルールを決めたといえよう。少なくとも立場の相違を乗り越えて問題解決に向けて共に努力することで一致するのは、日中関係の安定と発展にとって重要な意味があるに違いない。

　第二に、日中両国はそれぞれの国家利益に基づき、各国内における産業構造の調整と経済発展モデルの転換などを求める。そのため、日中関係の改善が強く望まれ、結果として首脳会談が実現したという分析があるが、これは政治的要因が作用した結果というより、むしろ長年に蓄積してきた日中経済関係の内面的な需給が働いた結果と言えよう。2014年9月、日本国内閣府の公表した第二上半期GDPの減少幅は7.1%であり、過去5年間最大の減少幅となった。今後の経済の見通しに対する国民の不安感が増える一方、「アベノミックス」の政策も大きな壁に直面した。国内の経済的圧力を受け、日本経済の新たな成長を目指して対中経済協力を重視する意見も台頭し始めている。一方、中国の経済発展も転換期に向け、持続可能な発展モデルが求められており、省エネ循環型経済を推進するには日本の技術や資金が不可欠である。相互に果たす役割への期待も高まっていると言えよう。

おわりに

　冷戦後、日中関係は戦略的な転換期に向かいつつも、各種の利益衝突と地域問題が表面化し、日中関係の発展と変化は常に国際政治と国際関係の変動に揺

り動かされてきた。とりわけ、グローバル時代の到来にしたがって、北東アジア地域も日中関係も新たな変化が見られつつある。新しい時代における東北アジア地域の政治的安定と経済的発展を展望するにあたって、日中両国は牽引車としての役割を大いに期待されている。冷戦後、日中関係の発展は従来にない複雑な局面を迎え、日中友好の戦略的基盤が新しい時代に再構築され、時代の課題に応えるのは大変困難であると思われるが、経済協力分野でその答えを探すのは一つの近道だろう。

[演習]

1. 東アジアにおける経済協力の進展は、この地域の諸国の政治的な関係にどのような影響を与えると考えるか議論せよ。
2. 日中関係の現状は「政冷経熱」と表現されるが、これを具体的に説明せよ。
3. 近年、日中政治・経済関係はどのように変化してきたかまとめよ。
4. 「2020日中韓協力ビジョン」の内容を調べ、その基本構想をまとめよ。
5. 日中の環境分野での協力は、どのような政治的効果をもたらしているかまとめよ。
6. 東アジアの資源・エネルギー分野における対立と協力の構図をまとめよ。
7. 「戦略的互恵関係」をキーワードに、東アジアにおける政治経済協力がどのようにあるべきか議論せよ。
8. 「チャイナ・プラス・ワン」戦略が提起された背景について議論せよ。

[参考文献]

[1] 東京財団[2009]. 『日本の資源・エネルギー外交の優先課題』。
[2] 国家統計局人口和就业统计司、人力资源和社会保障部规划财务司编[2013]. 中国劳动统计年鉴2012[R] (『中国労働統計年鑑　2012年版』)、中国统计出版社.

沈　海涛（SHEN Haitao・吉林大学日本研究所／東北亜研究センター教授）

編著者略歴：

田 口 雅 弘（たぐち　まさひろ）

岡山大学大学院社会文化科学研究科教授、岡山大学学長補佐、岡山大学キャンパス・アジア　プログラムマネージャー、岡山大学キャンパス・アジア共通教科書編纂委員会委員長。専門は、移行経済論、経済政策論。研究領域は、現代ポーランド経済史、ポーランド経済政策論。ワルシャワ中央計画統計大学（SGPiS）経済学修士学位取得卒業、京都大学大学院経済学研究科博士課程後期単位取得退学（京都大学博士）。ハーバード大学ヨーロッパ研究センター（CES）客員研究員、ポーランド科学アカデミー（PAN）客員教授等を経て現職。著書に、『ポーランド体制転換論　システム崩壊と生成の政治経済学』（御茶の水書房、2005年）、『現代ポーランド経済発展論　成長と危機の政治経済学』（岡山大学経済学部、2013年）、他。

金 美 徳（きむ　みとく）

多摩大学経営情報学部事業構想学科長・教授、同大学院経営情報学研究科（MBA）教授、岡山大学キャンパス・アジア共通教科書編纂委員会副委員長。（株）三井物産戦略研究所を経て、現職。専門は国際経営学と国際関係学。研究領域は企業戦略、グローバルビジネス、アジア経済、朝鮮半島、アジア・ユーラシアダイナミズム。早稲田大学大学院アジア太平洋研究科国際経営学修士・国際関係学博士課程修了。著書に、『なぜ韓国企業は世界で勝てるのか-新興国ビジネス最前線-』（PHP研究所、2011年）、『図解韓国四大財閥早わかり』（角川・中経出版、2012年）、『日本企業「没落」の真実－日本再浮上27の核心－』（角川・中経出版、2012年）、他。

執筆者一覧（五十音順）：

金　　美徳（きむ　みとく・多摩大学経営情報学部教授）　第2章、第6章

下井　直毅（しもい　なおき・多摩大学大学院経営情報学研究科教授）　第4章

沈　　海涛（SHEN Haitao・吉林大学日本研究所／東北亜研究センター教授）　第8章

田口　雅弘（たぐち　まさひろ・岡山大学大学院社会文化科学研究科教授）　第1章

釣　　雅雄（つり　まさお・岡山大学大学院社会文化科学研究科准教授）　第3章

滕　　鑑（TENG Jian・岡山大学大学院社会文化科学研究科教授）　第7章

巴　特　尔（バートル・多摩大学大学院経営情報学部准教授）　第5章

企画・編集補助：

云　　洪凌（YUN Hongling・岡山大学グローバル・パートナーズ　CAMPUS Asiaプロ
　　　　　グラム・オフィサー）

増田　鈴子（ますだ　れいこ・岡山大学グローバル・パートナーズ　CAMPUS Asiaアシ
　　　　　スタント）

JCOPY 〈㈳出版者著作権管理機構 委託出版物〉

本書の無断複写（電子化を含む）は著作権法上での例外を除き禁じられています。本書をコピーされる場合は、そのつど事前に㈳出版者著作権管理機構（電話 03-3513-6969、FAX 03-3513-6979、e-mail: info@jcopy.or.jp）の許諾を得てください。
また本書を代行業者等の第三者に依頼してスキャンやデジタル化することは、たとえ個人や家庭内での利用であっても著作権法上認められておりません。

キャンパス・アジア共通教科書
東アジアの経済協力と共通利益

2016 年 2 月 25 日　初版発行

著　　者　　田口雅弘、金　美徳

発　　行　　**ふくろう出版**

〒700-0035　岡山市北区高柳西町 1-23
友野印刷ビル
TEL：086-255-2181
FAX：086-255-6324
http://www.296.jp
e-mail：info@296.jp
振替　01310-8-95147

印刷・製本　　友野印刷株式会社
ISBN978-4-86186-668-5 C3033　　ⓒ2016

定価はカバーに表示してあります。乱丁・落丁はお取り替えいたします。